会社法概論

國友 順市 編著

小松 卓也／福山 龍／吉行 幾真／瀬谷 ゆり子
小菅 成一／田邊 宏康／増尾 均 著

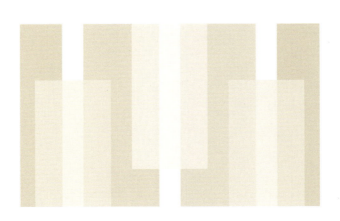

嵯峨野書院

は　し　が　き

　今日，われわれの社会生活や経済活動において，会社の果たしている役割は極めて大きい。会社は，これに参加する社員およびこれと取引関係に立つ者が多数であるだけでなく，いまや国民財産の管理者でもあり，また，国民大多数の生活は会社の提供する商品やサービスに依存しているといっても過言ではないからである。それだけに，会社をめぐる利害関係は複雑でしかも錯綜しており，立法により解決すべき点は多いが，その会社の組織自体も，会社に関する法規制の十分な知識なくしては正しく理解することができない。

　ところで，2017年1月26日の朝刊各紙に，政府の「未来投資会議（座長・安倍首相）」が策定する成長戦略「日本再興戦略2017」の中間報告案が掲載された。そこには日本企業の「稼ぐ力」を強化するためにコーポレートガバナンス改革を一層進めることが柱となったことが記され，具体的な改革イメージは，果断な意思決定ができる環境作りを目指すために，社外取締役を活用して経営機能を強化し，退任した経営陣の相談役・顧問への就任を見直し，これによって，大胆な投資および経営資源の集中ならびに不採算部門からの撤退を図り，「稼ぐ力」を向上させることなどが挙げられている。

　企業の経営の在り方は，日本経済にも大きな影響を与える。その企業の在り方として，「会社法」は中心的な役割を果たすものである。会社法を学ぶことによって，社会との接点を認識し，日本経済の仕組みに思いをはせるのも一興であろう。

　本書は大学で「会社法」を学ぶ法学部の学生はもちろん，それ以外の経営学部あるいは経済学部の学生のためにコンパクトで，しかもできるかぎり充実した内容をもつ，よき手引きとなるようにとの企画のもと作成したものである。

　教科書は，教室において学生がノートをとる労を省き，それによって講義に耳を傾け，あるいはまたそれを理解することに力を注ぐことができるという便益を与えられるだけでなく，教科書を読むことによってあらかじめその日に講

義をうける項目の内容の大体を予習しておき，各自が問題意識をもって教室に臨むというように，自らも考える態度を養うようにしてゆくことが大切であると思う。

　本書が少しでも読者の皆さんにとって会社法の基本的な理解に役立つことができるように望んでいる。また，一通り会社法を学んだ人びとの知識の整理に役立つならば幸いである。

　本書は8名の共同執筆の形式をとっており，全体の調整は編者において行ったが，それぞれの担当部分については執筆者の持ち味が多少とも生かされるように，見解の相違については必ずしも完全に調整していない。本書に見るべき点があればそれはもちろん各執筆者に帰すべく，また，思わざる前後の重複や不統一が残るとすればそれは編者の責めと言うべきであるが，その不備なところは各執筆者ともども，今後の研究や講義の経験を生かして推敲を重ねていきたいと思っている。なお，概説書としての性質上，逐一文献の引用は明示しないこととしているが，執筆に当たっては，多くの先学の貴重な著書・論文を参照しており，これに負うところが極めて大きいことはいうまでもない。

　本書が成るについては，各執筆者には多忙ななかを短い期間内ですぐれた原稿を書き上げていただき，また，各執筆者との連絡，原稿のとりまとめなどの面倒な仕事については，編集部の平山妙子氏の援助に負うところが大きい。記して心から感謝の意を表することとする。

　　平成29年3月

　　　　　　　　　　　　　　　　　　　　編者　　國　友　順　市

目　　次

はしがき …………………………………………………………………… i

第1章　会社制度　　　　　　　　　　　　　　　　　　　　　1
　1　企業の種類 ……………………………………………………… 1
　2　会社の法律上の意義 …………………………………………… 5
　3　会社の種類 ……………………………………………………… 12

第2章　会社法総論　　　　　　　　　　　　　　　　　　　　22
　1　会社の法源 ……………………………………………………… 22
　2　株式会社総説 …………………………………………………… 27

第3章　株式会社の設立　　　　　　　　　　　　　　　　　　34
　1　総　　説 ………………………………………………………… 34
　2　設立の内容 ……………………………………………………… 35
　3　設立に関する責任 ……………………………………………… 48
　4　会社の不成立および設立の無効 ……………………………… 53

第4章　株主および株式　　　　　　　　　　　　　　　　　　57
　1　株主および株式 ………………………………………………… 57
　2　種類株式 ………………………………………………………… 60
　3　株式譲渡と権利行使 …………………………………………… 72
　4　株式譲渡の自由とその制限 …………………………………… 80
　5　無額面株式，株式の消却・併合・無償割当て ……………… 87
　6　自己株式と親会社株式の取得制限 …………………………… 92

	7 株式の質入（株式の担保） ……………………………………… 97	

第5章　株式会社の機関　　　　　　　　　　　　　　　　101

1 株式会社の機関の特色——選択肢の広がった機関構成 ……… 101
2 株　主　総　会 ……………………………………………………… 104
3 取締役，取締役会，特別取締役 ………………………………… 118
4 監査役（会）・会計監査人・会計参与・検査役 ……………… 148
5 委員会型会社制度 ………………………………………………… 162
6 役員等の損害賠償責任 …………………………………………… 172

第6章　株式会社の資金調達と支配権の維持　　　　　　　184

1 新　株　の　発　行 ……………………………………………… 184
2 新株予約権の発行 ………………………………………………… 199
3 社　　　　　債 …………………………………………………… 206

第7章　株式会社の計算　　　　　　　　　　　　　　　　218

1 計算規定の目的と概要 …………………………………………… 218
2 計算書類および決算手続 ………………………………………… 219
3 計算書類の内容と記載方法 ……………………………………… 222
4 資本金と準備金 …………………………………………………… 228
5 利　益　の　分　配 ……………………………………………… 231
6 計算書類の開示・公告 …………………………………………… 235
7 株主の情報収集権 ………………………………………………… 237

第8章　組　織　再　編　　　　　　　　　　　　　　　　242

1 組織再編と企業買収 ……………………………………………… 242
2 合　　　　　併 …………………………………………………… 244

3　会 社 分 割 ……………………………………………………… 254
　　4　株式交換・株式移転 ……………………………………………… 258
　　5　組 織 変 更 ………………………………………………………… 261
　　6　事業の譲渡等 ……………………………………………………… 262

第9章　解 散・清 算　266

　　1　総　　　説 ………………………………………………………… 266
　　2　整 理・更 生 ……………………………………………………… 267
　　3　更生手続・民事再生手続・特定調停 ………………………… 268
　　4　解　　　散 ………………………………………………………… 274
　　5　清　　　算 ………………………………………………………… 277
　　6　破　　　産 ………………………………………………………… 281

参 考 文 献 ……………………………………………………………………… 285
判 例 索 引 ……………………………………………………………………… 287
事 項 索 引 ……………………………………………………………………… 290

執筆者一覧

(＊印編著，執筆順)

＊國　友　順　市（大阪経済大学教授）　　　第1章，第2章
　　　　　　　　　　　　　　　　　　　　　第4章第4節〜7節

　小　松　卓　也（神戸学院大学教授）　　　第3章

　福　山　　　龍（福井県立大学教授）　　　第4章第1節〜3節

　吉　行　幾　真（名城大学教授）　　　　　第5章

　瀬　谷　ゆり子（桃山学院大学教授）　　　第6章

　小　菅　成　一（嘉悦大学教授）　　　　　第7章

　田　邊　宏　康（専修大学教授）　　　　　第8章

　増　尾　　　均（松本大学教授）　　　　　第9章

第1章 会社制度

1 企業の種類

　企業とは，継続的かつ計画的に同種の経済活動を行う独立した主体である。社会が複雑になるにつれて，経済活動は生産・流通・サービスなどと多様化するが，その経済活動を行う単位が企業である。企業は，資本・労力を結合させて，また，事業活動上のリスクを分散・限定できる仕組みとなっているため，大規模事業を営むのに適している。反面，多数の出資者によって構成されるため，一部の者が他の出資者や会社債権者の利益を無視して経営する危険も少なくない。

　そこで，企業をめぐるさまざまなステークホルダー（企業所有者，株主，債権者，従業員など）の利害を調整することが，企業をめぐる法の立法・解釈においては不可欠の前提となる。企業の組織に関する法ルールを対象とする企業組織法（これに対し，企業の取引活動に関する法ルールの総体を企業取引法という）の中心は会社，特に株式会社である。

I 営利企業と非営利企業

　企業には，私人が出資者となって設立・経営する私企業と国や地方公共団体などが公共の福祉のために営む公企業（かつての郵政などの国営企業と市営地下鉄・バスなどの地方公営企業）とに分かれる。私企業は，出資者が企業活動によって利益を得てその分配を受けることを目的とする営利企業と，構成員である出資者が相互扶助を図ることを目的とする非営利企業に大別される。生協，農協，

中小企業などの各種協同組合や相互保険を営むための相互会社が非営利企業の例である。協同組合の中には大規模な事業を展開しているものも少なくない。また，わが国の生命保険会社の多くと損害保険会社の一部は相互会社形態をとっており，金融資本市場においても重要な機能を果たしているが，事業活動の性質としては株式会社形態をとる保険会社と異質性はなく，株式会社に関する多数の規定が準用されているが，非営利企業は，構成員である出資者に利益の分配をなすことを主たる目的としていないことにおいて営利企業と区別される。

II　個人企業と会社

　営利企業には，個人が単独で営む個人企業と複数人が集まってそれぞれ資金や財産を出し合って共同で営む共同企業とがある。個人企業では，その事業で得た利益はすべて手に入れることができるが，個人の資本や労力には限界があり，大きな利益を期待することはできない。また，損失もすべて一人で負うこととなる。これに対して，複数の個人が集まり，共同で事業を行えば，資本と労力を結合しやすいことから，事業資産が倍加し，信用も増すこととなり，大規模な経営を行うことが可能となり，経済の変動にも耐えることができ，その分大きな利益が得られ，また，損失も多数の者で分担することができるので，積極的な経営が可能となる。

　複数の個人が共同で事業を行うにしても，第三者との取引では各個人が代表し，各自の職務内容，利益の分配や損失の負担割合をお互いの契約で定める場合もあれば，第三者との関係でも団体の代表者が対応し，個人の財産と団体の財産とをはっきりと区別する場合もある。前者の典型が組合（ただし，協同組合などと区別する意味で，民法上の組合ということもある）であり，後者の典型が会社である。お互いに契約で決める場合には，その事業内容によってさまざまなバリエーションが考えられる。契約の期限を定めたり，ある者は自分のもっている技術を提供したり，ノウハウを提供するだけで，実際の事業活動は他の者に任せることも考えられる。これも複数人の結合体であることは否定できな

いが，法律的に重要なことはその団体には法人格が付与されないことである。だから第三者と取引するにしても，原則として，全員が表に出なければならないし，損失が出れば，各自が自己の全財産でもって負担しなければならない。また，第三者を訴えるにしても，全員が原告とならなければならない。このような法律的に面倒なことを避けようとすれば，会社を設立し，法人格を得ることが望まれる。

　会社法では，会社に出資した者を社員（株式会社だけは株主）と呼んでいるが，社員は会社の経営に参加し，利益の分配を受ける権利をもつ。そして，その社員であることから生じる権利を社員権と呼んでいる。したがって，社員権をもつ社員が死亡しても，社員権は相続財産として相続人に引き継がれるが，会社自体は，それとはかかわりなく，存続できることとなる。個人企業であれば，企業主が死亡すれば相続人がそれを引き継いで事業を始めるか，第三者に事業を譲渡しない限り，企業としては消滅することとなる。会社は，このように継続的な存在が約束されている点でも重要である。

Ⅲ　共同企業の諸形態

　共同企業形態のうちで出資者が所有者となる形態のものとしてつぎのようなものがある。

1　組　　合

　複数の者が出資をして，共同の事業を営むことに合意すれば民法上の組合契約が成立する（民667条1項）。出資は金銭その他の財産に限らず，労務や信用でもよく，技術や経営能力のような人的資源と資本を組み合わせることも可能である（民667条2項）。

　民法上の組合では，法人格は認められない。事業に供された資産や営業活動により取得した資産は，組合員の共同財産となる（民668条）。通常の共有（民249条）と異なり，共同事業遂行のための制約を受ける（「合有」という）。組合の営業により負担した債務は，各組合員が負担する。組合の債権者は，総債務者を当事者として，組合資産から再建の弁済を求めることもできるし，各組合

員に直接支払を求めることもできる。組合員の負担に制限はなく，組合事業によって損失を被れば，出資額以上の債務弁済を求められるおそれもある。

2　匿名組合

　経営能力（人的資源）と資本を結合させる別の方法としては，匿名組合がある。事業を行う者（営業主）と名前を出さないで出資をする者（匿名組合員）との間で利益分配の契約をすると匿名組合が成立する（商535条）。匿名組合は中世における地中海貿易で活用されたコンメンダ（commenda）に由来する。合資会社も同じくコンメンダから発展したものであるが，この中でも貴族や聖職者のようにその身分から営利行為に関わることを良しとはされなかった人々が出資関係を秘匿しつつ利益を上げるという需要に応えて発展したのが匿名組合であり，出資関係の秘匿を必要としないコンメンダが合資会社へと発展した。

　わが国では，最近，映画の撮影資金，アイドルタレントのデビュー資金を匿名組合で集めるなど，ユニークな事例が出てきている。中でも注目すべきは，本来大規模な資金を必要とするクリーンエネルギー設備資金を，一般市民からの匿名組合出資で薄く広く集める「風力発電ファンド」は北海道で，また，「太陽光発電ファンド」は長野県でそれぞれ例がある。

　日本国内においては悪質な勧誘や詐欺において法律逃れのために匿名組合での形式で勧誘される事例（平成電電匿名組合，ワールドオーシャンファーム）が見受けられるので注意が必要である。

　これも契約であり，匿名組合に法人格は認められない。

　匿名組合では，事業は営業主によって行われる。匿名組合員は事業の執行をなしえず，財産および業務の調査をなしうるのみである（商542条）。営業主が複数の匿名組合員と契約することも可能であるが，匿名組合員相互の間には特別の法律関係は生じない。出資された資産は営業主の所有となり，匿名組合員は営業主の行った事業について，第三者に対して権利義務を有しない（商536条）。したがって，営業主の事業が失敗に帰しても，匿名組合員の損失は出資額に限定される。

3 信　　託

　日本の信託法は主として財産管理の仕組みとして信託という仕組みを想定しているが，これが事業を行う目的で利用される場合もある。いわゆる土地信託などがその例である。委託者が受託者に対して受益者のために信託目的に従って財産の管理・処分をするために財産権を移転すると信託関係が成立する（信託1条）。信託は，複数の者が委託者兼受益者となって財産権を受託者に移転すれば，共同企業の形態として利用できる。

　信託に法人格は認められず，信託財産は受託者の所有となる。受益者は，信託法上は，受益権を放棄した場合にかぎり，信託事務の執行により生じた債務について責任を負わない（有限責任）（同法36条）。業務執行は受託者が行う。受益権の譲渡は可能である。

4 会　　社

　会社法上の会社には，株式会社と持分会社との2つの類型があり，持分会社には，合名会社・合資会社・合同会社がある。これらについては，第3節で述べる。

2　会社の法律上の意義

Ⅰ　法　人　性

1　法人の意義

　会社は法人とされている（3条）。法人格は，団体の法律関係の処理を単純化するための法技術である。団体に法人格が認められていないときは，実質上は団体の権利義務であっても，法律上は団体の構成員の権利義務として取り扱うか，または団体の代表者個人に帰属するものとして処理するほかなく，その法律関係の処理は複雑とならざるをえない。これに反し，団体に法人格が認められるときは，団体自身の名において権利を有し義務を負うことが認められ，その法律関係の処理が著しく簡単となる。法は，法人格取得の要件を定め，その要件がみたされたときは，行政官庁の免許等の取得を問題としないで当然に法

人格を認める（準則主義）。

法人の意味については，学説上争いがある。①法人の名で権利義務の主体となれることのほか，②民事訴訟の当事者能力があるか，③法人財産への民事執行のためには法人を名宛人とする債務名義が必要か，④構成員の債権者は法人財産に追及できないか，⑤構成員に法人の債権者に対する有限責任が認められるかなどの点が指摘されてきた。たとえば，民法上の組合は法人ではないが②が認められているし，合名会社や合資会社は法人であるが，合名会社の社員や合資会社の無限責任社員には⑤は認められないので，結局，法人であることの意味を正確に整理することは困難である。

2　法人格否認の法理

法人格否認の法理とは，会社の法人としての形式的独立性を貫くことが正義・衡平に反する場合，特定の事案に限って会社の独立性を否定して，その背後にある実体に即した法律上の取扱いをなす法理である。これは，特定事案の解決のため会社の法人格の属性・人格異別性を無視しようとするものである。

たとえば，差押えを逃れるために新会社を創りそっくり財産を移してしまったり，税金対策だけのために個人商店を会社にしてしまうこともある。会社を作れば，法人として旧会社や個人とは異なる人格であるということになれば，簡単に差押えや税金を逃れることができることになり，正義・衡平に反する。

そこで，最高裁判所が昭和44年2月27日の判決（民集23・2・511）においてこの法理を解釈論として採用して以来，現在ではこの法理の適用そのものについて消極論はみられない。

判例・学説は，次のような場合には会社の法人格がないものとして取り扱う。もっとも，会社解散命令（824条）のように会社の存在をまるごと否定してしまうのではなく，その具体的事案の解決に必要なかぎりで，会社の行為（権利義務）を背後の個人のそれと同一視したり，会社財産としての独自性を認めなかったり，あるいは株主の有限責任を否認したりするのである。

(1)　法人格の濫用　　法人格の濫用とされるのは，「支配」と「目的」の両要件を満たしたときである。「支配」の要件とは，法人格がその背後にあって

支配している者により単なる道具として利用されていることをいい,「目的」の要件とは，その支配者が法人格を違法または不当な目的のために利用していることをいう。たとえば，競業避止義務を負う者が会社を設立して競業行為をさせる場合，会社を被保険者とする火災保険契約を締結したうえで社員個人が保険事故を招致する場合，などがある。

　(2) 法人格の形骸化　　法人格の形骸化とは，会社形態が単なるワラ人形にすぎず，会社即個人であり，個人即会社であって，その実質がまったく個人企業と認められるような場合である。具体的には，①完全な支配がなされていること，②会社財産と個人財産の混同・業務活動の混同，③株主総会・取締役会の不開催など会社法の手続無視，④過小資本，などがあげられている。

　なお，親子会社間に強度の支配・従属関係があるとき，法人格否認の法理により親会社に子会社従業員の未払賃金の支払義務があるとした下級審判例もあるが，批判が多い。

　ただ，現在のところ，法人格否認の法理の適用範囲や要件にはいまだ明確でないところもあり，安易にこれを用いるべきではないとの批判もある。すなわち，この法理の成文法上の根拠としては「権利の濫用は，これを許さない」（民1条3項）を挙げる者が多いが，このような一般条項は個々の規定を駆使しても解決しえなかったような場合に，初めて最終的に使われるべきものと考えられているからである。

　判例が法人格否認の法理を適用するケースの中には，その事案に適用される個別的規定を合理的・弾力的に解釈することにより，あるいは契約当事者が誰であるかを合理的に認識・確定することにより，解決できるものが少なくないと指摘する有力説がある。

　法人格否認の法理の判例法は維持しながらも，訴訟手続・執行手続には及ばない（最判昭53・9・14判時906・88），あるいは，法理の適用は慎重でなくてはならないとして下級審をいましめるなど（最判昭49・9・26民集28・6・1306），一定の限界を画すのが判例の傾向である。

　チッソ水俣病東京訴訟第一審判決（東京地判平4・2・7判タ72・65）において，

親会社であるチッソの損害賠償責任を前提として，子会社の法人格を否認することによって，子会社にも親会社と同様の損害賠償を負わせることができるか争われたが，判決は，同法理が適用されるためには完全子会社に対する支配の要件のほかに，法人格濫用目的の要件を具備することが必要であるとした上で，子会社の設立および運営に法人格の濫用目的は認められないと判示して，子会社の責任を否定している。

最近，社員に対する強制執行に関して会社が第三者異議の訴えを提起した場合に，会社の法人格を否認して第三者に相当しないとして訴えを却下した判例も登場している（最判平17・7・15民集59・6・1742）。

3　権利能力

会社は法人であるから，自然人と同じく一般に権利義務の主体となりうる資格すなわち権利義務を有している。しかし，会社の活動は自然人の現実の行為を通じて実現するほかなく，この会社の活動を媒介する人を会社の機関という。

したがって，機関の行為はただちに会社自身の行為と認められるので，会社は機関を通じて自ら法律行為をなしうるという意味において，行為能力を有し，また不法行為能力を有すると解するのが通説である。

会社の権利能力自体は，原則として自然人の場合と異ならないが，会社が現実に享有しまたは負担しうる個々の権利義務には，その法人たる性質上一定の制限がある。

(1)　性質による制限　　会社は性質上，自然人であることを前提とする権利義務（身体・生命に関する権利，身分法上の権利義務など）を享有することはできない。しかし，会社も名誉権のような人格権を享有することはでき，受遺者にもなりうる。

(2)　法令による制限　　法令上特別の制限があればそれに服することはいうまでもない。

(3)　目的による制限　　会社の目的は，定款の絶対的記載事項である（27条・576条）とともに登記事項であり（911条3項），会社の営む営業が何であるかをわかる程度に具体的に定められることを要する。会社の権利能力が定款所定の目

的によって制限されるか否かは，法人に関する民法34条の規定と関連して学説上争われ，判例も幾多の変遷を重ねている。

民法34条は，「法人は，法令の規定に従い，定款その他の基本約款で定められた目的の範囲内において，権利を有し，義務を負う」と定め（改正前民法43条参照），法人の権利能力は，定款所定の目的によって制限されるという英米法条の能力外の理論を取り入れている。この規定が会社に適用あるいは類推適用されるときは，会社の権利能力も定款所定の目的によって制限されることとなる。

判例は，ほぼ一貫して民法34条の会社への適用を認める立場（適用説）をとっているが，同条適用の具体的な態様は変遷している。すなわち，会社の権利能力を定款所定の目的に限定して出資者たる社員の利益保護をはかる当初の立場から，企業活動の活発化にともなう取引安全の保護のため，漸次これを広く解する方向への過程をたどり，今日では，会社のなす経済的行為は，多くはその権利能力の範囲内にあるものと認められるにいたっている。

このように判例は，民法34条の適用を会社にも認めながらも，それから生ずる弊害を排除する努力を重ねており，学説も判例の立場を支持してきたといえる。この結果，能力外の理論は，判例によって実質上廃棄され，したがって，定款所定の目的は，会社の権利能力に関しては，いまやほとんど意味をもたない。学説においても，判例の立場と同様に，会社の権利能力が定款所定の目的によって制限されると解するものが少なくない。もっとも，これにおいても定款所定の目的を広く解し，目的の遂行に必要または有益な行為ないし目的に反しない限り一切の行為を含むといい，またある行為が定款所定の目的の範囲に属するかどうかは，行為の客観的・抽象的性質によって判断すべきであるという（八幡製鉄政治献金事件。最大判昭45・6・24民集24・6・625）。

これに対し，近時，会社は公益法人と異なり，利益のための存在であること，会社の活動範囲が実際上きわめて広いこと，定款所定の目的を登記によって知ることの煩わしさ，目的による権利能力の制限は会社に責任免脱の口実を与え，取引の安全を害する危険があることなどから，取引安全の立場に立って，目的

による権利能力の制限を否定する見解（不適用説）が有力である。

（4）会社による寄附・政治献金　会社は，営利活動によって得た利益を社員に分配することを目的とするものであるが，寄附などの無償の出捐をなすこともそれが会社の発展をはかるうえで相当の効果をもつ以上，会社の権利能力の範囲内に含まれる。事実，会社は，災害に際して救援資金を出し，地域社会や各種福祉事業に財産上の寄附をなしており，この点について争いはない。ただ，会社が特定の政党に政治献金をすることについては異論もある。前述の八幡製鉄政治献金事件で最高裁（民集24・6・625）は，社会の要請にこたえることは会社の当然なしうることであり，政治献金は，会社の目的の範囲内の行為であると判示し，この立場はほぼ確定しているが（熊谷組株主代表訴訟事件。最判平15・2・12資料版商事法務274・192），有力な反対説もある。

最近では，巨額損失を出している会社の政治献金について，経営者には経営状況と寄附の必要性を対比して献金の是非や額を検討すべき注意義務があるとした判例があるが（最決平18・11・14資料版商事法務274・192），基本的な考え方は八幡製鉄事件と同じである。

会社以外の団体について，税理士会の政治団体への寄附が税理士会の目的の範囲外の行為であるとし（最判平8・3・19民集50・3・615，労働組合に関して最判昭50・11・28民集29・10・1698参照），他方，生命保険会社による政治献金は，定款所定の目的の範囲内であるとして，取締役の責任を否定したものもある（大阪高判平14・4・11判タ1120・115［上告審：最判平15・2・27（不登載）］）。

II　社　団　性

1　社　団　性

旧商法52条・有限会社法1条は「会社は営利を目的とする社団である」と定め，会社の社団性を明記していたが，会社法ではこの規定は削除された。しかし，会社は社団である。

社団は，組合に対する概念で，法的形式として，出資者である団体の構成員が相互に契約関係で結合する団体を組合，構成員が団体との間の社員関係によ

り団体を通じて間接に結合する団体を社団と呼ぶ。組合では，構成員が契約によって結合するため，各構成員の権利義務は他の全構成員に対する権利義務の形をとり，各構成員は団体の財産上に合有権者として物権的持分を有する。

これに対して，社団では，各構成員の権利義務は社員の地位という団体に対する権利関係の内容となり，団体の財産は団体自身に帰属し，構成員は観念的な持分を有するにすぎない。団体の構成員間の関係を処理するためには，社団の方が組合よりも簡便であり，構成員が多数いる場合には，社団形式による処理が優れている。

2 一人会社

株式会社や持分会社は1人で設立することができ，会社の成立後も構成員が1人の株式会社や持分会社の存在が認められる（持分会社については会社法で認められるに至った）。このような一人会社は社団ではないと解する見解もあるが，これもいつでも社員が複数になる可能性があるのであって，潜在的には社団であるといってよい。

Ⅲ 会社の営利性

会社は営利事業を行い，それによって得た利益を出資者である構成員に分配することを目的とする団体であって，営利団体である。中間法人や公益法人と異なり，構成員の私的利益をはかることを目的とし，利益の構成員への分配は剰余金の配当または残余財産の分配という形をとる（株式会社につき，105条。持分会社につき，621条1項・2項・664・666条。持分会社における出資の払戻しにつき，621条1項・2項・632条以下）。営利事業であるかぎり，どのような業種であるかは問題でないが，営利事業とは対外的に行われるものでなければならない。

したがって，対外的営利活動によらず団体の内部活動によって構成員に直接に経済的利益をもたらすことを目的とする相互保険会社や各種の協同組合，信用金庫，会員組織の取引所などは会社法上の会社とはいえない。

旧商法52条・有限会社法1条は「会社は営利を目的とする社団である」と定め，会社の営利性を明記していたが，会社法ではこの規定は削除された。しか

し，会社は営利法人である。

会社の営利性とは，上述したように，対外的活動により利益を上げて構成員に分配することを目的とすると解するのが通説であり，この立場は，いわゆる公益法人改革の結果成立した一般社団法人及び一般財団法人に関する法律，平成18年改正民法33条2項の定める営利性の概念と一致する。

3 会社の種類

I 会社法上の会社

会社法上の会社には，株式会社と持分会社の2つの類型があり，持分会社には，合名会社・合資会社・合同会社がある（2条1号・575条1項）。これらの会社の類型の区別の基準は，主として，社員の責任の態様にある。

1 社員の責任の態様

社員の責任の態様とは，会社の構成員たる社員が会社自体の債務について会社の債権者に対して弁済の責任を負うか否か，負うとすればどの程度の責任を負うかということである。

(1) 直接責任・間接責任　直接責任すなわち社員が会社債務につき会社債権者に対し直接に弁済する責任を負う場合と，間接責任すなわち社員が会社債務につき会社債権者に対して直接に弁済する責任を負わない場合とに分けられる。後者の場合は無責任といってもよいが，この場合にも，社員の会社に対する出資が会社の財産を構成し，それが会社債権者の担保になることから，社員は会社を通じて会社債権者に対し間接責任を負うということができる。

(2) 無限責任・有限責任　直接責任は，無限責任すなわち社員が自己の全財産をもって会社債権者に対して弁済する責任を負う場合と，有限責任すなわち社員が出資額を限度として会社債権者に対して弁済する責任を負う場合とに分けられる。有限責任という語は，このように直接責任のうちの有限責任を意味するほか，間接責任についても用いられる。合資会社の有限責任社員（580条2項）という場合の有限責任は，直接責任のうちの有限責任を意味し，これに

12

対し，株主の有限責任（104条）という場合の有限責任は，間接責任の場合において，社員（株主）が会社に対して一定限度の出資義務を負うことを意味する。

2 株式会社

株式会社は最も団体性が強い企業形態であり，その組織も最も複雑となっている。株式会社（25条以下）の社員は株主と呼ばれ，株主は，株式の払込みという形で会社に出資する義務を負うだけで（労務や信用の出資は許されないと解されているが，明文の規定はない），会社債権者に対して何ら責任を負わない（有限責任）（104条）。

業務執行と会社代表については，一株一議決権を原則とする株主総会で取締役を選任し，取締役が取締役会を構成し，代表取締役を選定し，代表取締役が業務を執行し会社を代表するというのが典型的な姿であるが，中小会社向けに簡素な機関設計も認められている。株主の投下資本の回収は，原則として持分（株式）の譲渡による（127条）。

特例有限会社　平成17年改正前の有限会社という類型は，会社法上の株式会社という類型に統合された。有限会社法は廃止されたが，会社法施行前に設立された有限会社は，会社法施行後は，法的類型としては株式会社になるものの，なお特例有限会社として存続し，有限会社法のもとでの規律とほぼ同様の規律のもとで運営を継続することが認められている。これを特例有限会社という。会社法の施行時にすでに設立されている有限会社は，定款変更や登記申請等の特段の手続をせずに，会社法施行後は会社法上の株式会社として存続する（会社整備法2条1項），このような会社（旧有限会社）は有限会社の文字を商号中に用い，特例有限会社と呼ばれるが（会社整備法3条），会社法施行後も，とくに期限なく，有限会社法の規律の実質が維持されるように手当てされている。なお，特例有限会社は，いつでも，定款を変更して株式会社に商号変更すれば（登記もする）特例から脱却できる。

3 持分会社

(1) 合名会社　合名会社（576条2項）では，社員の全員が会社の債権者に対して無限の人的責任を負う（法人も社員になれる。合資会社・合同会社も同じ）。

民法上の組合と異なり，合名会社の各社員は会社債務の全額について連帯責任を負う反面，債権者に会社資産からまず弁済を受けるよう求めることができる（580条1項1号・605条）。

　合名会社では，全社員がそれぞれ業務を執行し会社を代表するが，定款等で別段の定めをすることもできる（590条・599条）。持分の譲渡も可能であるが，全社員の同意が必要である（585条1項）。

　なお，社員の氏名や出資の目的（労務や信用でも可。576条1項6号参照）は定款記載事項であり，その変更にも（定款で別段の定めがある場合を除き）全社員の同意が必要である（637条）。持分の譲渡のほか，各社員は全社員の同意等により退社する（606条・607条）。退社した社員は原則として持分の払戻しを受ける（611条）。

　合名会社は，会社の中で最も団体性が希薄であり，社団といっても，その実態は民法上の組合に近い。

　(2) 合資会社　合資会社（576条3項）では，無限責任社員と有限責任社員があり，前者は合名会社の社員と同じ責任を負い，後者は定款記載の出資の額までしか責任を負わない（有限責任。580条2項。未履行の出資額については会社債権者に対して直接責任を負う）。各社員が無限責任社員か有限責任社員かは定款記載事項であり（576条1項5号・3項），有限責任社員の出資の目的・価額または評価の基準も定款記載事項である（576条1項6号）。有限責任社員の出資は金銭その他の財産に限られる（576条1項6号。法文上の「金銭等」とは金銭その他の財産をいう〔151条〕）。

　合資会社における業務執行と会社代表は，合名会社の場合と同様である。持分の譲渡には，全社員の同意を必要とするのが原則であるが（585条1項），業務を執行しない有限責任社員の持分の譲渡は，業務を執行する社員全員の同意があればできる（585条2項）。

　合資会社の起源は匿名組合であり，匿名組合員が共同営業者として名前を出すことから合資会社に発展した。

　(3) 合同会社（LLC）　会社法で創設された新しい種類の会社である（576

条4項)。すべての社員が有限責任社員であり，定款記載の出資の額までしか責任を負わない（有限責任。580条2項)。そこで，株式会社の場合と同様，法は全額払込規制を採用するほか（578条)，さまざまな会社債権者保護規制を設けている。

業務執行と会社代表は，合名会社・合資会社の場合と同様である。また，持分の譲渡には，全社員の同意を必要とするのが原則であるが（585条1項)，業務を執行しない有限責任社員の持分の譲渡は，業務を執行する社員全員の同意があればできる（585条)。

II 一般法上の会社・特別法上の会社

一般法である会社法の規定のほかにさらに特別法の規定が適用される会社を特別法上の会社と呼び，そうでないものを一般法上の会社と呼ぶことがある。特別法上の会社には，特定の種類の営業を目的とする会社のための一般的な特別法（銀行法や保険業法など）の適用を受ける会社と，特定の会社だけのために特別の法律が存在する会社とがあり，後者は特殊会社と呼ぶ（NTTがその例。日本電信電話株式会社法に基づく日本電信電話株式会社)。

III 有限責任事業組合（LLP）

有限責任事業組合契約に関する法律（LLP法）の施行に伴い，日本版LLPとして注目されているのが有限責任事業組合である。

LLPとは，有限責任事業組合契約に基づいて成立する組合契約である。従来の民法上の組合などに比べてその構成員である出資者はその出資金の範囲で責任を負うという有限責任が大きな特徴である。

LLPと合同会社（LLC）は，ともに人的なつながりの強い共同事業を行うのには適した組織形態であるが，以下の点において決定的に異なる。

①LLPはあくまで組合であって会社ではない。したがって，LLPは会社設立の登記ではなく，組合契約の効力発生のための登記を行う。また，会社組織ではないので，株式会社や合同会社への組織変更は認められていない。②課税方

式が異なる。日本では会社に対しては法人税が課されるが，LLPは組合契約であることから，パススルー課税（構成員課税）が行われる。このため，LLPに生じた損益は出資額を基礎として一定の方法で構成員に分配され，各構成員の段階で課税されることとなる。なお，パススルー課税は一定の条件で，通常の法人税課税の場合よりも税額が少なくなるメリットがあるが，条件により不利が生じることもある。

各構成員による確定申告だけでなくLLPにおいても会計帳簿の作成や損益分配契約に基づくLLP損益の各組合員への取込みといった手続が必要となる。また，消費税についてもパススルーされ，LLPでなく各構成員が納税義務者となる。

LLPは組合であることから法人格は有しない。また出資だけの組合員は認められず業務に携わらなければならない。したがって，一般的に会社組織として行うことが適している事業をLLPで営むことには適しておらず，その特徴である組合組織を生かして，独立した個人事業者や法人が共同で事業を行うことに適している。ベンチャー企業による共同事業や専門家同士の共同事業などで期待されている。

IV　会社のその他の分類

1　法律上の分類

(1) 公開会社⇔（株式譲渡制限会社）　　発行する全部または一部の株式の内容として，譲渡による株式の取得について会社の承認を必要とすることが定款で定められていない株式会社。

閉鎖会社とは，その発行する全部の株式について定款による譲渡制限がなされている株式会社である。公開会社と閉鎖会社の区別は，機関設計をはじめとして，会社法上様々な規制内容の差異が設けられる重要な区分である。

(a) 公開会社・閉鎖会社──会社法上の意義と講学上の意義　　会社法上は，公開会社とは譲渡制限がない株式を発行している会社と定義している（2条5号）。これに対して，講学上，公開会社とは社員の持分が取引される市場が

存在する会社であり，閉鎖会社とはそうした市場が存在しない会社をいう。合名会社，合資会社，合同会社は，閉鎖会社であるが，株式会社は，公開会社と閉鎖会社がある。公開会社の典型である上場会社の株式は，証券取引所の証券市場で大量に取引され，一般に大規模会社がこれにあたる。したがって，会社法上の公開会社と講学上の公開会社とは異なることに注意しなければならない。

　(b) 区別の意義　　上述したように講学上の公開会社とはその会社の株式を取引する市場が存在する会社をいい，閉鎖会社とは株式を取引する市場がない会社をいう。株式を取引する市場があるということはその株式の譲渡がきわめて容易であると同時に取引市場の規律を受けることを意味する。これに対し，株式を取引する市場がないということはその会社の株式を譲渡することは事実上困難であることを意味する。

　(c) 所有と経営の分離と一致　　公開会社は，その典型は東京証券取引所で株式が取引されているような会社（上場会社）である。日々膨大な取引が可能となるだけの多数の株式が発行され，流通していることになる。これらの会社は市場（発行市場）において株式を発行することにより，資金を調達している。市場においてその会社の株式が流通するためには，その株式が少数の株主に集中することなく，きわめて多数の株主に広く分散していることが必要となる。きわめて多数の株式がきわめて多数の株主に分散していれば，出資者（資金提供者）である株主全員が集まって会社経営の意思決定に参加することは不可能であるから，株主は経営者に経営を任せるほかないし，その方が合理的である。これにより，公開会社では，所有と経営が必然的に分離することとなる。

　閉鎖会社は，株式を取引する市場がないから一般に発行される株式の数は少なく，また，その株式に関心を示すこともほとんどないため株式は流通せず特定の者の間だけで保有されることになる。これにより，閉鎖会社の株主はお互いによく知っている少数の者同士であり，会社の運営に強い関心を持つ者は，会社に多く出資している者，すなわち大株主であり，その大株主が会社の経営も行うこととなる。つまり，閉鎖会社においては，所有と経営が一致するのが普通である。この点において，閉鎖会社は，個人営業や民法上の組合に実質的

17

に接近する。

(2) 大会社　資本金として計上した額が5億円以上か，負債の部に計上した額の合計額が200億円以上の株式会社。

(3) 子会社⇔親会社　子会社とは，他の会社（持分会社も含む）によりその総株主の議決権の過半数を持たれている株式会社，また他の会社がその経営を支配している法人として法務省令で定めるもの。親会社とは，株式会社を子会社とする会社（持分会社を含む），また株式会社の経営を支配している法人として法務省令で定めるもの。

(4) 取締役会設置会社⇔（取締役会非設置会社）　取締役会を置く株式会社または会社法により取締役会を置かなくてはならない株式会社。設置強制されるのは，公開会社，監査役会設置会社，監査等委員会設置会社，指名委員会等設置会社である（327条1項）。

(5) 会計参与設置会社　会計参与を置く会社。設置するか否かはまったく任意である。

(6) 監査役設置会社　監査役を置く会社または会社法により監査役を置かなくてはならない株式会社。設置強制されるのは，取締役会設置会社で指名委員会等設置会社でないもの（327条2項）および会計監査人設置会社である（同条3項）。

(7) 監査役会設置会社　監査役会を置く会社または会社法により監査役会を置かなくてはならない株式会社。設置強制されるのは，公開会社でないものおよび指名委員会等設置会社を除き，大会社である（328条）。

(8) 会計監査人設置会社　会計監査人を置く会社または会社法により会計監査人を置かなくてはならない株式会社。設置強制されるのは，指名委員会等設置会社を除き，大会社であれば公開であると否とを問わない（328条）。

(9) 指名委員会等設置会社　指名委員会，報酬委員会，監査委員会を置く株式会社。なお，平成17年の改正で「指名委員会等設置会社」と名称変更。

(10) 種類株式発行会社　剰余金の配当等に関し内容の異なる2以上の株式を発行している株式会社。

(11) 監査等委員会設置会社　監査等委員会設置会社は，監査役会設置会社と指名委員会等設置会社の中間に位置づけられる。すなわち，監査役会設置会社と比較した場合，監査等委員会設置会社では，取締役会の一組織であり，取締役である監査等委員から構成される監査等委員会が監査を行うところに特徴がある（331条6項・399条の2第2項）。監査等委員は取締役であり，監査役と異なり，取締役会での議決権を有する。また，監査等委員会設置会社には監査役および監査役会が設置されないので，社外取締役に加えて社外監査役を2名以上選任する必要はない。

また，指名委員会等設置会社と比較した場合，監査等委員会設置会社では，指名委員会および報酬委員会を設置する必要がないところが大きく異なり，社外取締役が過半数を占める報酬委員会や指名委員会で役員人事や報酬が決定されるという抵抗感がないので,指名委員会等設置会社とくらべると，導入のハードルは低いと思われる。

(12) 外国会社⇔（内国会社）　日本の法律によって設立された会社か外国の法律によって設立された会社かによる分類であるが，正確には，外国会社とは，外国の法令に準拠して設立された法人その他の外国の団体であって，会社と同種のものまたは会社に類似するものをいう。

2　講学上の分類（人的会社・物的会社）

この分類の基準は学説により一定しないが，多数説は，社員の個性が濃く，会社の人的要素が重視される会社を人的会社といい，社員の個性が薄く，会社財産という会社の物的要素が重視される会社を物的会社という。要約すれば，会社のなかで団体性が緩やかなもの，すなわち，社員と会社の関係および社員相互の関係が密接かどうかによる区別である。

合名会社は人的会社の典型であり，株式会社は物的会社の典型である。合資会社は，その中間形態にあり，人的会社に近い性質のものである。

人的会社と物的会社の分類は，以下の諸点で顕著な特色を示している。まず，①機関構成の面で，人的会社では社員が原則として経営に参与するが（自己機関），物的会社では社員の選任する者（第三者機関）をして経営に当たらせる。

②社員の地位の移転に関し，人的会社では著しく困難であるのに対し，物的会社では容易である。③資本維持の面で，人的会社では干渉を受けないが，物的会社では厳格な干渉を受ける。④責任体制の面で，人的会社の社員は会社債権者に対し直接・連帯・無限の責任を負うが，物的会社の社員は会社に対して間接・有限の責任を負うにすぎない。

　また，平成17年改正では，新たな会社形態として合同会社を創設した。従来の講学上の分類である人的会社・物的会社の範疇に収まらないものである。社員は有限責任しか負わず，会社債権者にとって会社財産の充実だけが関心事となる会社であるが，一方で，この会社は内部関係においてはきわめて自由な社員間の信頼関係も重要視される。そのため，人的資本会社と呼ばれることもある。

Column

日本版　LLC・LLP制度

　日本版「合同会社」(LLC：Limited Liability Company)」と「有限責任事業組合」(LLP：Limited Liability Partnership)」の制度が導入された背景には，次のような経緯があった。

　わが国の企業組織には，従来，有限責任の物的制度（株式会社と有限会社）と無限責任の人的制度（合名会社と合資会社）の2類型しかなく，「有限責任の人的制度」は用意されていなかった。しかし，欧米で成功しているLLCやLLPの制度に触れてその利便性を体感した日本企業から，産業構造の変化に応じた新しい時代にふさわしい新事業体制制度の導入を望む声が上がったことである。

　かつて日本の高度経済成長を支えた鉄鋼・造船などのいわゆる重厚長大産業の源泉は多くの資金を集めるのに適した株式会社制度等の物的組織であった。しかし，現在の成長分野であるアニメーション・テレビゲーム・ソフトウエア開発などの産業においては，個人の専門的能力によって事業の成果が大きく変わってくるために，人的資源の獲得とその活用に関心が集まるようになってきている。

　これらの産業が規模を拡大し，日本経済全体への影響力が大きなものとなるに従い，「出資比率」ではなく「個人ごとの貢献の度合い」によって利益分配が行われ，内部の取決めについても厳しい制約を受けずに，個別事情に合わせて自由に設定できるような「人的組織」制度が有用との声が高まってきたため

である。
　アメリカでは，各州ごとにその設立に関する法令が定められており，業界としては，研究開発を行う製造業・金融業・不動産業・リース業・保険業・弁護士・会計士・コンサルタント業など多くの分野で利用され訴訟の増加に頭を痛めていた会計士・弁護士業界から，無限責任のリスクの高まりを問題視する声が上がり，その後，多くの業界でも活用が進んでいる。
　なお，LLP制度は2000年にイギリスで創設されたものである。
　たとえば，映画会社，プロダクション，広告代理店，テレビ会社，書店などが共同で映画を制作する際，従来は，民法の組合を利用していたが，組合は出資者全員が無限責任を負うため，そのリスクを恐れて，初めから，有名監督やベストセラーとなった本だけが映画化されていった。そのため，数多くの映画プロジェクトが消えていったといわれている。
　日本版LLC・LLPは，有限責任であるため，出資した分だけの責任を負えばいいので，お金のない監督や脚本家にもチャンスが増え，業界の活性化につながる。ちなみに，映画大国のアメリカでは。スピルバーグ監督のDream Worksなど映画業界でのLLCの活用が盛んである。

第2章 会社法総論

1 会社の法源

I　会社法の法源と変遷

　会社法の法源は，会社法（1条から979条まで）が主なものであるが，そのほかに特別法，商慣習，個々の会社の定款等が含まれる。

　会社に関する法律関係には，まず定款の規定が適用され，つぎに会社法の規定が適用される。これらの法律についての一般的な特別法があればそれが優先的に適用され，また，特定の営業を行う会社について，特別法がある場合には，それがさらに優先して適用される。以上に規定がなければ，商法1条2項により，商慣習，民法が適用されるが，これは他の商法上の法律関係と同じである。

1　実質的意義の会社法と形式的意義の会社法

　理論的に法の観念を定めてこれを実質的意義の法と呼び，実際に当該分野について存する法律を形式的意義の法と呼んでこれらを対比することが学界では以前よく行われた。このような見地からは，実質的意義の会社法を会社にかかわるさまざまな関係者間の利害を調整する私法的ルールであると定義すれば，形式的意義の会社法である会社法典は，訴訟法や罰則等を含んでいる点で異なることになる。

2　特別法

　社債，株式等の振替に関する法律（平成13年法75号）のほか，担保付社債信託法（明治38年法52号），金融商品取引法（昭和23年法25号），会社更生法（平成14年法154号），企業担保法（昭和33年法106号），商業登記法（昭和38年法125号）等がある。

II 会社法の沿革

1 近代株式会社法の成立

　株式会社の起源は，通常，1602年に特許状によって設立されたオランダの東インド会社に求められ，それが広がりをなしてヨーロッパ各国に伝えられたとされている。この初期の株式会社は，前期的商業資本の独立形態であり，その設立については特許主義が行われ，その機構においては専制的・非民主的色彩を有していた。しかし，平和的・民主的な産業資本の進出と，それにともなう政治的・社会的民主化とともに，株式会社は公法的なものから私法的なものへ，その設立は特許主義から免許主義を経て準則主義へ，その機構は，専制的組織から株主総会中心の民主的組織へと移行した。

　フランス革命の後に成立した1807年のフランス商法典の株式会社に関する規定は，世界初の一般的株式会社立法であり，近代的株式会社法の中核をなすものであるが，設立についてはまだ免許主義をとっていた。設立について準則主義をとり，少数株主権をも定めた近代株式会社法が，ドイツ・フランスおよびイギリスにおいて確立したのは，19世紀後半においてであり，それぞれの株式会社は各法系諸国における株式会社立法の模範となった。

2 会社法の変遷

　わが国の会社法は，明治23（1890）年にドイツ人の草案にもとつく商法典（旧商法）の中に規定がおかれたのが最初である。それ以前には，一般的な会社法はなく，特別な会社について単行法を制定したり（日本銀行条例・国立銀行条例・私設鉄道条例など），法規にもとつかず随時設立の免許を与えたりしていた（東京海上保険会社・明治生命保険会社・日本鉄道会社など）。旧商法の会社法の部分は，一部修正されて明治26（1893）年に施行された。

　次いで明治32（1899）年に，ドイツ法の強い影響の下に新商法が制定・施行され，その第2編に会社法の規定がおかれた。会社法の基本となるものである。これは，準則主義をとり，その機構については株主総会を最高かつ万能の決定機関としつつ，執行機関たる取締役・監督機関たる監査役の三機関相互の牽制

と均衡による民主的機構を確立し、株主にある程度の監督是正権をも認めるもので、19世紀後半にヨーロッパで確立した近代株式会社法を継受したものである。同法はその後数度の改正を受けたが、明治44年の改正でとくに取締役などの責任が強化された。

その後、わが国の経済が飛躍的な発展を遂げ、企業はその数を増しかつ資本の集中・企業の大規模化が進み、従前の会社法では十分にその機能を果たしえなくなったために、それに応ずるための大改正が昭和13（1938）年に行われた。なお、この改正とともに、中小企業のための有限会社法が制定されたことが注目される。

第二次大戦後、アメリカ会社法の影響のもとに、昭和23（1948）年には、株式会社につき従来の株式分割払込制に代わる株金全額払込制度が採用されたのを機に、昭和25（1950）年に、授権資本制度の導入を中心とする株式会社法の根本的改正（その他、無額面株式の採用・会社機関の再編成・株主の地位の強化など）が実現した。

また、これと同時に、明治44年以来存在した株式合資会社も廃止され、昭和30（1955）年の一部改正で株式会社の新株引受権規定が補完された。その後、昭和37（1962）年に株式会社の計算規定の改正が実現し、次いで昭和41（1966）年の一部改正により、株式会社においても株式の譲渡制限が容認されたが、昭和49（1974）年にはその監査制度を中心とする重要な改正が実現された。

さらに、昭和56（1981）年に、会社法の基本的改正作業の一環として、株式制度その他株式会社法の中枢部分の改正が行われ、平成2（1990）年には、株式会社および有限会社の最低資本金の法定、無記名株券の廃止、現物出資等の調査の簡略化などの改正が行われた。

平成5（1993）年には、監査役制度・社債制度・株主の代表訴訟制度について改正が行われ、平成6（1994）年改正では、自己株式取得禁止の緩和措置がとられている。また平成9（1997）年には、合併制度の改正に加え簡易合併の制度も新設され、さらに、ストックオプション制度が発足した。

平成11（1999）年には、株式交換・株式移転制度の新設や子会社の業務内容

の開示等の充実，その他，時価評価制度の導入が認められた。平成12（2000）年には，会社分割制度の新設等が行われた。

　平成13年および14年には，戦後50年ぶりの会社法の大改正が行われた。平成13（2001）年には，3回に及ぶ改正がなされたが，まず6月の改正において，金庫株の解禁，額面株式制度の廃止，単元株制度の創設等が行われた。次いで11月改正では，株式制度の改善・会社関係書類等の電子化等が行われ，続いて12月改正では，取締役の責任軽減化に関する改正等が行われた。さらに平成14（2002）年には，株式関係（委員会等設置会社制度の新設など），計算関係等大幅な改正がなされ，平成15（2003）年には，再び自己株式の取得に関する規制の改正が行われた。平成16（2004）年には，株券不発行制度および電子公告制度が導入された。

　平成17（2005）年の改正の趣旨は，商法第2編「会社」，有限会社法，商法特例法を廃止して「新会社法」として1つの法典として再編し，また，用語を整理して，平仮名口語体化をはかったことである。内容面での改正は，多岐にわたり，株式会社・有限会社が一体化されるほか，設立関係，株式・持分，機関，計算，社債，組織再編，清算関係等すべての分野で大幅な見直しが図られ，合同会社という新たな会社形態が導入されるなど抜本的な改正となっている。

　平成17（2005）年改正法は，実質的にも内容的にも新たな会社法が誕生することとなった。明治に生まれた商法が，昭和の第二次世界大戦を経て大きな改正を経験し，そして，今日に至り，具体的には，頻繁な改正によって生じた制度の不均衡の是正をなすことはもちろんであるが，内容の多くは，近時の社会情勢の変化への対応を図るべく根幹からの改正がなされたのである。そして，世の風潮に倣い，規制緩和も改正の大きなねらいであった。「私法としての会社法」の理念から脱却し，「経済政策法」あるいは「社会法」としての会社法の色彩を強め，事前規制から事後救済へとパラダイムシフトを図った新会社法が施行された平成18（2006）年は，まさに「会社法元年」の幕開けといえる。

　平成26（2014）年6月20日，会社法改正法が可決，成立した。改正法は，平成24（2012）年9月に法制審議会が採択した「会社法制の見直しに関する要綱」

を踏まえ，①社外取締役・社外監査役の社外要件の見直し，②多重代表訴訟制度の創設，③監査等委員会設置会社制度の創設，④支配株主の異動を伴う第三者割当に対する規制，⑤特別支配株主の株式等売渡請求制度の創設などが盛り込まれている。

　平成26（2014）年改正は，近時，経済のグローバル化が進展する中，取締役に対する監督の在り方を中心に，コーポレート・ガバナンスの強化を図るべきであり，また，親子会社に関する規律の整備の必要性が指摘されていたために，これらの指摘等を踏まえて，コーポレート・ガバナンスの強化および親子会社に関する規律等の整備等を図るために，以下の改正がなされた。この改正により，日本企業に対する内外の投資家からの信頼が高まることとなり，日本企業に対する投資が促進されひいては，日本経済の成長に大きく寄与するものと期待されている。

（1）　社外取締役の機能の活用　　取締役会の業務執行者に対する監督機能を強化するために，社外取締役をより積極的に活用すべきであるとの指摘が強くされていたことを受け，次の3つの改正がされた。

①　監査等委員会設置会社制度の創設　　現行法における監査役会設置会社および委員会設置会社（改正後の名称は，指名委員会等設置会社）に加えて，監査等委員会設置会社制度が創設された。この制度は，3人以上の取締役からなり，かつ，その過半数を社外取締役とする監査等委員会が監査を担うとともに，業務執行者を含む取締役の人事に関して株主総会における意見陳述権を有するというものであり，社外取締役の機能を活用しやすい機関設計を創設するものである。

②　社外取締役等の要件の厳格化　　株式会社または子会社の業務執行者等に加え，親会社の業務執行者等および兄弟会社の業務執行者等や，その株式会社の業務執行者等の近親者も，その株式会社の社外取締役等となることができないこととし，社外取締役等による業務執行者に対する監督等の実効性を確保することとしている。

③　社外取締役を置くことが相当でない理由の説明　　社外取締役を置いて

いない上場会社等の取締役は，定時株主総会において，社外取締役を置くことが相当でない理由を説明しなければならないこととし，社外取締役の導入を促進することとしている。

(2) 会計監査人の独立性の強化　会計監査人の選解任等に関する議案の内容の決定権を有する機関を，取締役または取締役会から監査役または監査役会に変更することとして，会計監査人の独立性を強化した。

(3) 多重代表訴訟制度の創設　完全親会社の株主を保護するため，一定の要件の下で，完全親会社の株主が，その完全子会社の取締役等の責任を追及する制度（多重代表訴訟制度）が創設された。

(4) 組織再編の差止請求制度の拡充　合併等の組織再編における株主を保護するため，通常の組織再編についても，株主は，一定の要件の下，組織再編の差止めを請求することができることとされた。

(5) 詐害的会社分割によって害される債権者の保護規定の新設　詐害的会社分割（分割会社が，承継会社に債務の履行の請求をすることができる債権者［承継債権者］と，当該請求をすることができない債権者［残存債権者］を恣意的に選別した上で，承継会社に優良事業や資産を承継させるなどする会社分割）が行われた場合に，残存債権者の保護を直接的かつ簡明に図るために，分割会社が残存債権者を害することを知って会社分割をした場合には，残存債権者は，承継会社等に対して，承継した財産の価額を限度として，債務の履行を請求することができることとされた。

2　株式会社総説

I　株式会社の特質

　株式会社は，社員の地位が株式と称する細分化された割合的単位の形をとり，その社員すなわち株主が会社に対して，その有する株式の引受価額を限度とする有限の出資義務を負うだけで，会社債権者に対しなんらの責任も負わない（有限責任）会社である（104条）。

株式会社では，社員である株主は，引受価額を限度とする間接有限責任を負担するにとどまる（200条1項）。すなわち，会社に対して株式の引受価額を限度とする出資義務を負うだけであり，会社債権者に対して直接に責任を負うことはない。株主は，株主総会における会社の基本的事項の決定には加わるが，日常の経営には参加しない。日常の業務執行については，株主総会によって選任された取締役によって構成される取締役会が決定し，代表取締役が会社を代表する。会社の実質上の所有者が会社経営には直接には関与せず，経営の専門家である別の会社機関に委ねられている（所有と経営の分離）。

　会社の運営が不適切になされることから株主の利益を保護するために，取締役会・代表取締役・監査役と機関を分化して相互に牽制・監視させたり，取締役に一定の義務を課したりするなどの規制もおかれる。

　株式会社では，会社財産だけが会社債権者に対する引当てになるから，会社財産の充実・維持に関する規制が求められるとともに，持分の払戻しによる退社は原則として認められない。しかし，社員の個性は重要でなく，社員の地位は株式という細分化された割合的単位の形をとり，株券という有価証券に表章され，原則として自由に譲渡されうる（204条）。株主は株式を譲渡することによっていつでも投下資本を回収することができる。相互の信頼関係のない多数の者が株主となることも可能であり，したがって，株式会社は，社会に存在する小口の資金を集中して大規模な事業を営むことに適した企業形態である。

　なお，従来型の会社の他に，平成14年改正により，経営は執行役に任せて，取締役会は委員会を設置して執行役の業務執行を監督することに主眼を置く委員会等設置会社が認められた。そして，これまでの改正の集大成として会社法の全体的な現代化を実現する会社法が平成17年に成立した。これにより，有限会社は譲渡制限のある大会社でない株式会社として会社法の中へ取り込まれることとなり，株式会社の機関構成は，株主総会と取締役は必須であるが，取締役会，監査役，監査役会，会計監査人，会計参与，委員会設置会社（従来の委員会等設置会社の名称変更）など定款による自由な定めが認められるようになった。

株式会社では所有と経営が分離しているため，経営とそのモニタリング（監視）の問題はコーポレート・ガバナンスの課題となり，また，会社をめぐる債権者，従業員，取引先等のステークホルダー（利害関係人）との利害調整をいかに図るか，などさまざまな議論がある。

　会社とステークホルダーとの関係を考える際に，「会社はだれのものか」ということが問題とされる。これは，会社の主権者論ともいわれ，かつて株式会社の本質論として議論されてきたが，近時は，企業の社会的責任論やコーポレート・ガバナンスの観点からも議論がなされており，古くて新しい問題である。

　また，会社のステークホルダー間との利害対立がある場合の経営決定は，株主の利益を最優先にさせるのが原則である（株主利益最大化原則）。すなわち，株式会社の経営者は，原則として株主の利益を最大化するような経営を行わなければならない（5条参照）。

II　株　　　式

　株式とは，株式会社における出資者である社員の地位を細分化して割合的地位の形にしたものである。なぜ会社法は，株式会社における社員の地位を細分化して株式という割合的地位の形をとることを要求するのか。それは，個性のない多数の者が株式会社に参加できるようにするための法的技術である。すなわち，株主の会社に対する法律関係を明確にし，株主の権利行使や会社から株主に対する各種の通知や配当の支払等を容易にするためと，株主が投下資本回収のために株式を譲渡することを容易にするためである。それでこそ多数の者が安心して株式会社に株主として出資することができ，株式会社制度が成り立つ。

　この株式を基礎として，株主と会社間の法律関係が生じる。このような理解の仕方は，社員の地位が社員の種々の権利の基礎となるという意味で，社員権説といわれる。

　株式会社への出資（資金提供）は投資の一手段である。したがって，株式は投資の対象とされ，市場で取引される。市場での株式の価値（株価）は，会社

の業績だけでなく，様々な要因で決まっていくが，ある株式を株価が安い時に買い，高い時に売ることができれば，売却益を得られるし，会社の業績が良ければそのまま保有しつづけて配当を得ることもできる。

　株式が投資の対象であることから，出資単位を小口にして出資しやすいようにすることで多くの人から出資を集め，また，株主の地位を均一の大きさ（割合的単位）に細分化し，出資に応じた持分を表わすことで，多数の出資者の取扱いを簡略化できるのである。

　株式は投資の対象としての側面とは別に，さらに会社の意思決定に関与できるという側面も有している。すなわち，株主は，株主総会を通じて，取締役や監査役などの役員を選任することができる。このことも株式という金融商品の重要な特性となっている。また，株式は，会社にとっては証券市場での資金調達手段として重要な機能を果たしている。

Ⅲ　株主の有限責任

　株式会社の出資者（株主）は，出資額を超えて会社の債務について会社債権者に対して責任を負わない（104条）。株式会社は大規模な共同企業であることを法は想定しているため，このような出資者の有限責任を認めないと，出資をしようとする者にとってのリスクが大きく，多数の出資者からの資本の結合ということが困難になるからである。また，有限責任は，会社債権者にとっては，会社の財産だけが債権の引当てとなり，株主の債権者にとっては，その債務が有限であることを認めるものであり，債権者にとって明確な基準を提供し，取引を容易にするという機能がある。

　さらに，有限責任は，出資者と会社債権者との間のリスク分配を容易にし，そのため出資持分（株式）の価格形成と譲渡を容易にするという機能もある。

　会社法は，株主の責任は，その有する株式の引受価格を限度とすると規定し（104条），株主はそれ以外の義務や責任は負わないとされている。104条は「株式の引受価額」と規定しているが，会社に対する出資義務は，株主となる前の義務であり，出資義務を履行して株主となった後には何等の義務も負わない。

これが株主の側面からみた株主有限責任の原則であるが，会社債権者からの側面でみれば，会社の債権者にとって引当てとなる財産（責任財産）は会社が有する財産に限られるため，会社債権者は，会社の財産で満足を得ることができなくても，出資者である株主に対して債務の履行を求めることができない。株式会社は，大きな資金を集めるために出資者の責任を限定する制度を採用しているのであるから，会社債権者に不測の損害を与えないための制度的な裏付けが必要となる。

Ⅳ 資　　本

資本という制度は，会社債権者の保護，言い換えれば株主と会社債権者との利害調整のために設けられた制度である。株式会社では，株主有限責任のため会社財産のほかには財産的基礎がないので，会社法は，資本金という一定額を基準として，それにさらに準備金という制度を設け，これらに対応する会社財産を維持することを求め，原則としてそれを超える部分に限って剰余金として株主に配当することを認める。したがって，資本金と準備金の制度は，剰余金配当規制との関係で意味をもつ制度である。資本金および準備金の額に相当する財産が会社のなかでどのような形で保有されるかはまったく問題ではない。

資本金や準備金の増加・減少といっても，貸借対照表上の資本金の額または準備金の額という数字（計数）が増加または減少することを意味するのであって，これによって現実の会社財産の増減を意味するわけではない。

1　資本金（最低資本金制度の廃止）

会社法では，設立時の最低資本金規制は廃止されたが（したがって資本金の額は設立時も会社成立後も1円でもよい），剰余金分配との関係ではその趣旨が残されている（458条）。

2　株式と資本金の額との関係

会社法は，実際の払込み・給付額の全額を資本金の額とすることを原則とする（445条）。ただし，株式発行の際に，払込み・給付額の2分の1までの額を資本に組み入れないこととし，資本準備金とすることが認められる（445条2項・

3項)。また,資本金の額を減少したり増加したりすることも認められる(447条・450条)。

3 資本に関する諸原則

平成17年改正では,資本制度は残しながら,具体的な規制を大幅に柔軟化させるというドラスティックな変更を行った(最低資本金制度の廃止,資本充実規制の緩和,資本金と準備金に関する手続の緩和,剰余金分配についての統一的財源規制など)。したがって,従来は,①資本充実の原則,②資本維持の原則,③資本不変の原則,④資本確定の原則が認められると説明されてきたが,会社法のもとでは,存在するといえそうなのは,②だけである。わが国の立法者は,ドイツ・フランスのように資本制度を維持するのか(資本と財産が不一致となると,解散や増資義務),アメリカのように資本制度自体を廃止してしまうのか(表示機能もない),その間でゆれ動いている。その典型が,剰余金分配規制に関し純資産額が300万円未満の場合には分配を禁止するとの規定である(458条)。最低資本金制度は廃止しながらも,基本的には株式会社は一定の自己資本を保有すべきとの思想から脱却できないのである。

～ *Column* ～
株式会社の起源と大航海時代

　16世紀から17世紀の大航海時代,ヨーロッパでは,共同資本により,貿易や植民地経営のための大規模な企業が設立されるようになった。イギリスのレヴァント会社やイギリス東インド会社(1600年設立)である。もっとも,初期の貿易会社は,航海の都度出資を募り,航海が終わる度に配当・清算を行い,終了する事業であった。

　株式会社の発生史については,大塚久雄・株式会社発生史論に詳しいが,1602年に設立されたオランダ東インド会社は,継続的な資本を持った最初の株式会社であるとされ,これが広がりをなして,ヨーロッパ各国に伝えられたとされる。株式会社は小口の資本(資金)を社会全体から広汎に集めることが可能であると同時に,各種の保険や金融制度同様,当時にあってはリスク分散の仕組みでもあった。17世紀のイギリスでは,設立許可を受けた会社か否かを問わず,共同資本の会社形態(ジョイント・ストック・カンパニー)の事業が,従

来の個人事業やパートナーシップに代わって急速に増加し，貿易のみならず国内事業も取り扱うようになった。もっとも，1720年にはイギリスで南海会社が引き起こしたバブル経済が崩壊したのを機に（南海泡沫事件），無許可会社に対する取締りを行うバブル法が制定され，多くの会社が打撃を受けた。

　当時の株式会社は許可制であった（勅許会社）。設立のための勅許は，通常，独占権の付与を伴っていたため，イギリスでは17世紀から18世紀にかけて，国王と議会との間の権限争いの場となった。また，株主の有限責任も，特別に与えられる特権であって，イギリスでは1855年になるまで一般的なものではなかった。

　日本初の株式会社は，坂本龍馬が中心となり，薩摩藩・福井藩などの資金援助を受けて結成された私設海軍・貿易結社である海援隊であるといわれている。龍馬亡き後，土佐藩士の後藤象二郎は海援隊を土佐商会として，岩崎弥太郎が九十九商会・三菱商会・郵便汽船三菱会社（後の日本郵船株式会社）・三菱商事などに発展させる。

第3章 株式会社の設立

1 総　　説

　会社法は，第1条において，「会社の設立，組織，運営及び管理については，他の法律に特別の定めがある場合を除くほか，この法律の定めるところによる。」としつつ，第25条以下において，株式会社の設立に関する定めを置いている。株式会社の設立については，会社法が定めた方法ないし手続きに従うことが要求されているのであるが，それらに従えば，株式会社が成立することとなり，法人格が付与される（3条）のである。

　このように，現行の会社法では，株式会社が成立し法人格が付与されるためには，会社法が定めた一定の要件が満たされれば足りるのであり，行政機関等による認可等は必要ではない，という立場がとられている。こうした制度を，準則主義という。本章では，株式会社が成立するに至る過程すなわち株式会社の設立について，概観する。

　なお，旧制度の下では，株式会社の設立には，1000万円以上の資本金が必要であった（旧法168条の4）。現行の会社法では，そうした最低資本金制度が撤廃されたため，制度上，株式会社の設立がより容易になった。他方で，最低資本金制度が撤廃されたことは，会社法上重要な利害関係者である会社債権者の保護という点で懸念が生じうる。この問題に関して，現行法の制度設計にあたって，つぎのような考え方がとられた。すなわち，会社設立時の財産状況それ自体を問題視するよりも，会社設立後の財産状況が適切に開示されかつその財産が適切に確保されることのほうが，会社債権者の保護にとって重要である，と

されたのである。

2 設立の内容

I 前　説

　いうまでもなく，実際の企業活動自体は，様々なかたちで行われる。そして，株式会社の設立という局面においても，たとえば，身内や知人といった少人数によって小規模な会社が新しく作られる場合や，既存の大企業によって子会社が作られる場合など，様々な態様がありうる。これに対して，会社法は，設立されようとする会社のそうした具体的な態様等に明示的に応じた設立の仕組みを用意するのでなく，一般的なかたちで設立の手続き等を定めているにすぎない。そこで，具体的に株式会社を設立するにあたってそれらの規定をどのように用いるかが，とりわけ実務的には重要となる。

II 発起人

1 基本的役割

　株式会社を設立するためには，定款が作成される必要がある。定款は，各々の会社における基本的な規律を定めたものである。設立にあたって定款を作成する者が，発起人である（26条）。要するに，発起人は，会社の創設において中心的役割を担う存在であり，設立手続きにおいて，発起人の行為が中心的なものとなる。

　発起人は，その全員が，定款に署名または記名押印し，あるいは，電磁的記録でもって作成される定款では所定の記録措置を，行わなければならない（26条）。他方，設立に際して実質的に発起人に相当するような働きをした者であっても，定款に署名等がなければ，発起人には当たらない（大判明41・1・29民録14・22）。要するに，発起人は，署名等を行ったかどうかという形式的なかたちで判別されることになる。後述のように，発起人は特別な責任を負うことになるのであり，それと相まって，誰が発起人であるかは明確に画定される必要が

ある。

　発起人は，1名でも複数名でもよく，また，自然人は無論のこと法人であってもよい。自然人の場合，民法上の要件を満たすのであれば未成年者であってもよい。法人が発起人になることは，いわゆる親子会社関係の形成にとって有用である。発起人の資格や人数などに関して，会社法はとくに制限を置いていない。こうした点は，株式会社の設立をより柔軟に行う余地を認めたものと解することもできる。

2　発起人組合

　複数の発起人によって会社の設立行為が始まる場合，通常は，彼らが共同で当該行為をするという旨の契約が締結される。こうした契約は，民法上の組合契約であると解されている。発起人組合が成立したときには，定款作成や所要の事務処理といった会社の設立に際して行われる各々の発起人の行為は，組合契約の履行という意味合いをもつ。

Ⅲ　定款の作成

1　意　　義

　定款とは，その実質的な意義において，各々の会社において基幹となる規則をさすものであるが，他方，その形式的な意義において，それを表した書面ないし電磁的に記録されたものをさす。

　株式会社は，成立して法人格を付与されれば，それ自体が権利義務関係の主体となる。そうした各々の会社の法的な実体を明らかにするものが定款である，とみることもできよう。くわえて，株式会社は，出資者である株主，会社の債権者および取締役等の経営者といった各々の立場間で，利害関係が錯綜する場である。そうした利害関係を具体的に規律するのは，いうまでもなく会社法の個々の規定である。しかし，場合によっては，定款もそうした機能をもつといえる。

　なお，発起人が作成する定款は，公証人の認証を受けなければ，その効力を生じない（30条1項）。そうした原始定款ではなく，会社成立後に行われる定款

変更の場合には，公証人の認証は不要であると解されている。また，定款は，備え置かれかつ閲覧に供される（31条）。

2 定款の内容

定款の記載または記録される事項は，3つの種類に区別できる。絶対的記載事項，相対的記載事項および任意的記載事項である。

(1) 絶対的記載事項とは，必ず記載しなければならないものであり，その記載がなければ定款が無効となるものである。会社法27条は，5つの項目を挙げる。

① 目的（1号）。株式会社としての事業内容を明らかにするものである。複数の目的を記載し，「その他これらに付帯関連する事業」などと記載することもできる。

② 商号（2号）。商号中には，株式会社という文字を含めなければならない（6条2項）。

③ 本店の所在地（3号）。市町村等の独立最小行政区画が記載される。会社の住所は，本店の所在地となる（4条）。

④ 設立に際して出資される財産の価額またはその最低額（4号）。出資額との関係でいうと，その対価として発行される株式数も問題となるが，現在では，発行される株式数と出資額とは直接関係がない。現行法では，予定する出資額を先に決定するとともに，会社成立後の発行可能株式総数は会社成立時までに定款に定めればよい（37条・98条）。発行可能株式総数は27条に列挙されていないが，絶対的記載事項に該当する。なお，公開会社でない場合を除いて，設立時の発行株式総数は，発行可能株式総数として定められたものの4分の1以上でなければならない（37条3項）。これは，会社成立後に取締役会がその権限で発行できる株式数を，設立時の発行株式総数を基準として制限する趣旨である。定款で定められた発行可能株式総数は，授権株式数とよばれる。

⑤ 発起人の氏名または名称および住所（5号）。この記載は，発起人が定款作成の際に要求される署名（26条）とは別個のものである。

(2) 相対的記載事項とは，定款に必ず記載すべき事項ではないが，定款に定めておかなければその効力が生じないものである。会社法28条は，4つの項目を挙げる。

① 金銭以外の財産を出資する者がいる場合，その氏名または名称，当該財産およびその価額，その者に対して割り当てる設立時発行株式の数（ただし種類株式発行会社の場合には，その種類および種類ごとの数）（1号）。これは，いわゆる現物出資が行われる場合である。ある会社がその子会社を設立する場合や，個人商人が株式会社に衣替えするような場合にはとくに，金銭ではなく既存の事業財産でもって出資するほうが都合がよい。現物出資の対象となりうるのは，動産や不動産，有価証券，知的財産権などである。現物出資の対象物が過大評価されることによって会社財産が不当に流出するということがないように，当該出資者の氏名や対象物の価額などを，定款上明記させるのである。

② 会社の成立後に譲り受ける財産がある場合，当該財産およびその価額，その譲渡人の氏名または名称（2号）。たとえば，会社が事業を行うにあたって不動産などの財産が必要ないし有用であるけれども，それが第三者の所有物であるという場合がありうる。会社は成立以前の段階ではいまだ法人格を取得していないから，会社自身が，その第三者との間で，その財産を譲り受ける契約を締結することはできない。とはいえ，そうした財産を前もって確保しておくほうがよい場合もありうる。そこで，発起人が，会社のために，その財産を譲り受ける契約を第三者と締結することがある。これを財産引受けという。ここでも，現物出資と同様の趣旨から，対象財産やその価額などを明らかにすることが必要となる。なお，発起人が締結する契約は，のちに会社が成立することを条件とするものである。

③ 会社の成立によって発起人が受ける報酬その他特別な利益およびその発起人の氏名または名称（3号）。報酬は，発起人全員の総額を記載するのでよいが，特別の利益は，対象となる発起人ごとにその内容を記載する必要がある。

④　会社の負担する設立に関する費用（定款認証の手数料その他会社に損害を与えるおそれのないものとして法務省令で定めるものを除く）（4号）。設立時に発起人が会社のために立て替えた費用であり，たとえば，設立事務所の賃借費，設立事務員の人件費あるいは必要書類の印刷費その他がこれに該当する。会社成立後に，会社は，これらの費用を立て替えた発起人から請求を受けることになる。

　なお，相対的記載事項は，以上の他にもある。会社法29条は，定款には「この法律の規定により定款の定めがなければその効力を生じない事項」を記載することができると定めている。これに該当するものは少なくない。たとえば，取締役会設置会社や指名委員会等設置会社といった経営機関の選択に関するものや，株式譲渡制限の有無に関するものなどがある。

(3)　任意的記載事項とは，定款に記載する必要はないが，記載しても構わないというものである。たとえば，取締役等の員数や，社長や副社長などの名称を付した者といったものがある。ただし，定款に定めれば，それを変更する場合に定款変更の手続きを要することにもなる。会社法29条は，「その他の事項でこの法律の規定に違反しないもの」を記載することができると定めている。

3　検査役の調査を要する場合

　会社法28条が列挙する上記のような4つの事項について定款に記載がある場合には，特別な定めが置かれている。すなわち，発起人は，原則として，定款における公証人の認証ののち遅滞なく，当該記載事項を調査する検査役の選任の申立てを，裁判所に対してしなければならない（33条1項）。その申立てに対しては，裁判所は，それを不適法として却下するのでなければ，検査役を選任しなければならない（同2項）。選任された検査役は，必要な調査を行うことになる（同4項）。こうした規律を受けることから，会社法28条に挙げられた各事項は，変態設立事項ともよばれる。

　その例外として，検査役の調査が不要な場合がある（33条10項）。すなわち，①現物出資および財産引受けの対象となる財産（以下，現物出資財産等）について，定款に記載された価額の総額が500万円を超えない場合（1号），②現物

出資財産等のうち市場価格のある有価証券について，定款記載の価額が当該有価証券の市場価格として法務省令で定める方法により算出されるものを超えない場合（2号），③現物出資財産等について定款に記載された価額が相当であることについて，弁護士，公認会計士または税理士もしくはそれらの法人（なお，同条11項に掲げられた者を除く）の証明を受けた場合（3号），である。

なお，設立される会社によっては，現物出資および財産引受けによって設立段階で開業の準備をするのではなく，会社が成立したのちに必要な財産を取得しようとすることもありえよう。しかし，その場合には，現物出資等についての上述の規律の趣旨に反する行為がなされるおそれがある。そこで，旧商法246条は，会社の成立後2年以内に，その成立前から存在しかつその事業のために継続して使用する財産を一定以上の対価で取得する場合，いわゆる事後設立の規律として，株主総会の特別決議にくわえて検査役の調査を要するものとしていた。しかし，現行の会社法は，会社成立後の財産取得の適正さは取締役等の職務に関する規律の問題であると捉えて，そうした事後設立については（467条1項5号），検査役の調査は要らないものとした。

IV 発起人の設立時の行為

1 問題点

会社が成立するまでの設立過程において，事業上の資金の借入れや従業員の採用など，会社成立後の事業遂行のために必要な行為が行われる場合，そうした行為は，開業準備行為とよばれる。開業準備行為は，成立後の会社のために行われるものであるが，さしあたりは発起人と第三者との取引というかたちになる。問題となるのは，発起人が行う開業準備行為に関する取引の法的効果が，成立後の会社に帰属するかどうか，帰属するとしてもどのような範囲においてなのか，さらには，それを根拠づける法的な理論構成はどういうものなのか，という点である。

2 設立中の会社

発起人が行った取引の法的効果が成立後の会社に帰属するといえるための法

的構成として，設立過程にある会社を「設立中の会社」という概念で捉える考え方がある。これが，現在の通説である。その場合，発起人は，設立中の会社の機関という立場で，開業準備行為などの行為をすることになる。また，設立中の会社は，権利能力のない社団とされつつも，成立後の法人格を取得した会社と実質的に同一のものであると捉えられている。なお，設立中の会社がいつ出現するかについては，見解が分かれうるが，定款が作成され各発起人が1株以上引受けた時点がそれに該当するという立場が有力である。

上述のように，設立中の会社という概念を認め，発起人をその機関として位置づけるとすれば，発起人の行う開業準備行為が成立後の会社に帰属するのは，その行為が発起人の正当な権限内の行為に当たる場合ということになる。さしあたり，会社設立時における発起人の行為のうち，定款作成や株式の引受けなど，会社の設立それ自体に直結する行為が，発起人の権限に含まれることは明らかである。他方，設立事務所の賃借など設立にとって必要な行為（28条4号），さらに，会社の成立自体にとって必要ではないが会社成立後の事業のための行為である開業準備行為については，それが発起人の権限内の行為かどうか，学説上見解が分かれている。

なお，発起人が行った取引の法的効果が成立後の会社に帰属しないとされる場合，その取引の相手方に対する発起人の責任が問題となる。判例は，発起人が成立した会社の代表取締役であると称して契約を締結したという事案の下で，無権代理に関する民法117条を類推適用するという法的構成をとった（最判昭33・10・24民集12・14・3228）。

3 財産引受け

会社法28条2号が定める財産引受けは，開業準備行為のひとつである。上述のように，同条が定める事項は，定款に定めなければ効力を生じないものである。判例は，定款に記載のない財産引受けは無効であり，会社および財産引受け契約にかかる双方の当事者は，その無効を主張できるとしている（最判昭28・12・3民集7・12・1299）。ただし，その後の判例では，定款に記載のない財産引受け（本事案では事業譲渡の契約）が有効であることを前提とした法律関係およ

び事実関係が十分に形成され，かつ，長期間経過後に無効の主張が行われた，という事案の下で，無効の主張が認められない特段の事情がある，とした（最判昭61・9・11判時1215・125）。

学説では，財産引受けを定款に記載しつつ原則として検査役の調査を要するという会社法の趣旨は，会社の財産を確保することにあるとし，しかるに，定款に記載がなく財産引受けが行われた場合であっても，それが会社に有利となるのであれば，会社が追認してそれを有効とすることができる，とする見解がある。他方，定款に記載のない財産引受けが無効であることに変わりはなく，そうした追認は認められないとする立場もある。

4 設立費用

会社法28条4号が定める定款の相対的記載事項のなかには，定款認証の手数料などを除いた設立に関する費用がある。ここでは，実際に要した設立費用の額が，定款に記載された設立費用の額を上回る，という場合が問題となる。判例は，株式募集広告の費用について，それは定款の相対的記載事項に該当する設立費用であり，定款記載などの法定の手続きに基づく範囲内で，当該広告に関する契約から生じる権利義務は当然に会社に移転し，会社は広告料を支払う義務を負担する，としている（大判昭2・7・4民集6・428）。

他方，学説の見解は分かれている。ひとつは，設立費用に関する取引の法的効果は成立後の会社に帰属することを前提としつつ，当該費用額すなわち会社が負担する額のうち定款記載額を上回る分については，会社が発起人に対して求償できる，とするものである。他方，設立費用に関する取引は会社成立後も発起人に帰属したままであり，発起人は定款記載額の範囲内で会社に対して求償できる，という立場がある。前者の立場では，会社からの求償に応じるだけの資力を発起人が有していない場合が問題となる。

V 設立の態様

1 設立の方法

株式会社を作ってそれを運営していくためには，いうまでもなく資金が必要

第3章　株式会社の設立

である。そこで，株式会社の設立においては，出資する者の存在，言い換えれば，会社が発行する株式を誰が引き受けるか，という点が重要である。

会社法は，「株式会社は，次に掲げるいずれかの方法により設立することができる」(25条1項)として，①発起人が設立時発行株式を全て引き受ける方法（1号）および②発起人以外の引受人を募集する方法（2号）の2つを定めている。①は発起設立であり，②は募集設立とよばれる。なお，発起人はすべて，設立時に発行される株式を1株以上引き受けなければならない（25条2項）。

ところで，株式会社の機能として，各々少額の資金であっても多数の者からそうした資金を集めることによって，全体として大量の資金を調達することが可能となる，という側面がある。発起設立の場合には，会社設立後に，発起人以外の者から多数の株式引受人を募れば，そうした資金獲得が可能となりうる。つまり，立法論としては，募集設立を廃止して，設立方法を発起設立に一本化するということも考えられうる。しかし，現行の会社法は，実際上ありうる様々なニーズも考慮して，募集設立の方法も認めている。

以下では，定款が作成されて公証人の認証を受けたのちに行われる設立の手続きについて扱う。なお，設立される会社が種類株式発行会社である場合を除いたものである。

2　発起設立

発起人がなすべき重要事項は，出資の履行および取締役等の選任である。すなわち，会社が事業活動するための，財産の確保と経営者の人選である。

(1) 出資の履行　発起人は，株式数およびそれに対する出資額を定めたうえで設立時発行株式を引き受ける。その引受けののち遅滞なく，当該出資額につき，金銭の全額の払込みまたは金銭以外の財産の場合はその全部の給付をしなければならない（34条1項）。これが，「出資の履行」に当たる（35条参照）。なお，登記等の行為については，発起人全員の同意があれば，会社成立後に行ってもよい（34条1項ただし書）。出資の履行を怠り，通知された期日までに出資の履行をしない発起人は，当該出資の履行によって設立時発行株式の株主になるという権利を失う（36条3項）。

ところで，出資の履行にあたっては，設立時の発行株式に関する事項を定めておく必要がある。すなわち，①発起人が割当てを受ける設立時発行株式の数 (32条1項1号)，②前号の設立時発行株式と引換えに払い込む金銭の額 (同2号)，③成立後の株式会社の資本金および資本準備金の額に関する事項 (同3号)，である。これらの事項は，発起人全員の同意を得たうえで定められる必要がある (32条1項)。

また，金銭の払込みによる出資の履行は，発起人が指定した銀行等の払込取扱場所において，行わなければならない (34条2項)。旧商法下では，発起人または取締役の請求があれば，払込取扱機関が払込金の保管についての証明の義務を負っていた (旧法189条)。この制度は，現在も募集設立の場合では維持されているが (64条)，発起設立では廃止された。発起設立の場合には，口座の残高証明などの方法で払込金額を証明することになる。

なお，変態設立事項については，検査役が選任された場合のその調査結果は，裁判所に報告される (33条4項)。当該報告を受けた裁判所は，会社法28条各号にかかる定款記載事項を不当と認めたとき，その記載を変更する決定をしなければならない (同7項)。変更された場合には，変更内容に従うかあるいは変更対象とされた事項それ自体を廃止することができる (同8項および9項)。

(2) 設立時役員等の選任　発起人は，出資の履行が完了したのち遅滞なく，以下の者を選任しなければならない (38条)。すなわち，会社設立に際して取締役となる者 (同1項，なお，監査等委員会設置会社が設立される場合には同2項参照)，および，会計参与設置会社，監査役設置会社あるいは会計監査人設置会社などといった設立される会社の機関構成に応じて，会社設立に際して会計参与，監査役あるいは会計監査人となる者 (同3項) である。ここで選任される者は，それぞれ設立時取締役などとよばれ，彼らを総称して「設立時役員等」(39条4項) という。

発起人は，原則として，出資の履行をした設立時発行株式1株につき1個の議決権を有し，それらの議決権の過半数をもって設立時役員等の選任が決定される (40条1項)。もっとも，すでに定款において設立時役員等として定められ

た者は，出資の履行が完了した時点で，それぞれ選任されたものとみなされる（38条4項）。

また，発起人は，会社が成立するまでの間は，選任された設立時役員等（38条4項にいう設立時役員等も含む）を解任することができる（42条）。この場合，設立時監査役の解任については議決権の3分の2以上の多数を要するが，その他の者の解任については議決権の過半数により決定される（43条1項）。

(3) 設立時取締役の義務　設立過程における主役は，あくまで発起人である。会社法が定める設立時取締役の職務は，設立手続きの調査および設立時代表取締役等の選定である。まず，設立手続きの調査に関して，設立時取締役（監査役設置会社の場合には設立時監査役も含む）は，選任後遅滞なく，つぎの事項を調査しなければならない（46条1項）。すなわち，①現物出資財産等に関する検査役の調査が不要な場合（33条10項）における，その内容の相当性（46条1項1号・2号），②出資の履行が完了していること（3号），および，③設立手続きが法令・定款に違反していないこと（4号）である。

また，設立時取締役は，設立される会社が取締役会設置会社の場合には，設立時取締役のなかから設立時代表取締役を選定しなければならない（47条1項）。設立時取締役は，会社が成立するまでの間，設立時代表取締役を解職することができる（同2項）。当該選定および解職は，設立時取締役の過半数によって決定される（同3項）。なお，指名委員会等設置会社の場合では，別途定めがある（48条参照）。

3　募集設立

募集設立の場合，発起人も株式を引き受けるのであるが，発起人以外の者からも株式を引き受ける者を募集することになる。募集とは，株式の引受けの申込みをすることを勧誘する行為である。不特定多数の者を対象とする勧誘から，既知の特定の者を対象とするいわゆる縁故募集まで，含めたものをさす。募集設立をする場合，発起人全員の同意が必要である（57条2項）。

(1) 引受人の確定　上記の募集をするにあたっては，そのつど，発起人は，設立時発行株式のうち上記募集に応じた者に対して割り当てる株式（設立時募

集株式）の数（58条1項1号）や，設立時募集株式1株と引換えに払い込む金銭の額（同2号），その払込みの期日または期間（同3号）などの事項を定めておくことを要する。つぎに，発起人は，募集に応じようとする者に対して，法定された事項の通知をしなければならない（59条1項）。そして，引受けの申込みをする者は，その氏名または名称および住所，引き受けようとする設立時募集株式の数を記載した書面を，発起人に交付する（同3項）なお，発起人の承諾があれば，電磁的方法を用いてもよい（同4項）。設立時募集株式を引き受ける者については，金銭出資に限られる。

なお，会社法59条1項が定める上記の通知すべき事項とは，定款の認証に関する事項（同1号）や，会社法27条および28条にかかる定款記載事項（同2号），会社法32条1項および58条1項に掲げられた事項（同2号），発起人が出資した財産の価額（同3号）などである。株式会社に出資するかどうかを判断するにあたって，その会社および株式に関する情報が必要となる。また，募集が一定規模に達する場合には，金融商品取引法に基づく情報開示規制の対象となる。

申込者が定まったのち，発起人は，そのうちから設立時募集株式の割当てを受ける者およびその者に割り当てる株式数を，定めなければならない（60条）。それによって，申込者は引受人となる（62条）。すなわち，発起人以外に株式を引き受けるには誰であるか，また，その引き受ける株式数はどうなるかは，発起人が決めることができる。これを，割当自由の原則ともいう。

そして，引受人となった者は，会社法58条1項3号の下で定められた期日または期間内に，発起人が定めた払込取扱場所において，設立時募集株式の払込金額の全てを払い込まなければならない（63条1項）。その払込みがないときは，当該払込みにより設立時募集株式の株主になる権利を失う（同3項）。なお，発起人は，指定した払込取扱機関に対して，払込金に関する証明書の交付を請求することができる（64条）。

(2) 創立総会　募集株式の場合，発起人は，上記の会社法58条1項に定められた払込期限以降において，遅滞なく，会社成立時に株主となる発起人および設立時募集株式の引受人（両者併せて，設立時株主という）の総会を招集する

必要がある（65条1項）。これを，創立総会という。

　創立総会は，成立後の株式会社における株主総会に相当するものである。創立総会においては，会社法が定める事項および設立の廃止や創立総会の終結その他の設立に関する事項に限って決議することができる（66条）。会社法が定めている具体的な事項としては，①発起人は，設立に関する事項を創立総会において報告しなければならない（87条），②設立時取締役等の選任は，創立総会の決議によって行わなければならず（88条1項），解任についても同様である（91条），③創立総会の決議によって定款変更をすることができる（96条），④設立時取締役は，設立手続きに関する調査（発起設立の場合における46条1項を参照）の結果を，創立総会に報告しなければならない（93条）。

　以上のように，創立総会は，会社の成立に先行して成立時に株主となる者が関与する重要な決定機関である。そこで，招集手続きや議決権行使などに関して，詳細な定めが置かれている（67条以下参照）。その決議は，原則として，当該総会において議決権を行使できる設立時株主の議決権の過半数であって，かつ，出席した設立時株主の議決権の3分の2以上の多数をもって，行われる（73条1項）。

　また，変態設立事項については，検査役が選任された場合のその調査結果は，創立総会に提出される（87条2項）。創立総会において変態設立事項を変更する旨の定款変更決議が行われた場合，それに反対した設立時株主は，当該決議後2週間以内に限り，その設立時発行株式の引受けにかかる意思表示を取り消すことができる（97条）。会社法96条は，創立総会の決議によって定款を変更することができると定めている。判例は，創立総会において変態設立事項を「不当と認めたるときは之を変更することを得」と定めた旧商法185条の規定につき，変態設立事項に関する創立総会の定款変更権限は，定款に記載された変態設立事項が不当と認められる場合の変更のためにのみ行使されるべきものであり，新しく変態設立事項に関する定めを追加したり，規定のものを拡張したりすることは，許されないとしている（最判昭41・12・23民集20・10・2227）。

4　設立登記

株式会社は，その本店の所在地において設立の登記をすることによって成立する（49条）。会社の成立によって，発起人および（募集設立の場合には）設立時募集株主の引受人は，設立時発行株式の株主となる（59条1項・102条2項）。

登記事項は会社法911条3項に定められており，たとえば，会社の目的（1号），商号（2号），本店および支店の所在場所（3号），会社の存続期間または解散の事由についての定款の定めがあるときのその定め（4号），資本金の額（5号），発行可能株式総数（6号），発行する株式の内容（7号），単元株式数についての定款の定めがあるときのその単元株式数（8号），発行済株式の総数ならびにその種類および種類ごとの数（9号），株券発行会社であるときはその旨（10号），取締役の氏名（13号），代表取締役の氏名および住所（14号），取締役会設置会社であるときはその旨（15号），などがある。

なお，会社成立後（もしくは創立総会における議決権行使後）は，設立時発行株式ないし設立時募集株式の引受けについて，錯誤に基づく無効の主張または詐欺もしくは強迫に基づく取消しの主張をすることができない（51条2項・102条6項）。

3　設立に関する責任

1　出資の履行に関する責任

旧商法下では，設立時に発行される株式数が定款の絶対的記載事項であり（旧法166条），その株式が完全に引き受けられることが要請されていた。そして，設立時に発行される株式が会社成立後にまだ引き受けられていない場合や，引き受けられた株式であっても払込みないし現物出資の給付が完了していない場合，発起人および会社成立後の取締役に対して，それらについて引受けないし払込みをするという，担保責任が課せられていた（旧法192条）。

しかし，現行会社法では，定款に記載すべき事項は，設立に際して出資される財産の価額またはその最低額である（27条4号）。したがって，そこで記載さ

れた額を満たす出資があればよいのであり，設立時発行株式が完全に引き受けられなければならない訳ではない。そこで，旧商法192条のような責任は定められていない。

2 仮装の払込み

金銭による出資の履行については，既述のように，指定された銀行等である払込取扱機関に払込みが行われる，という方法がとられる。そこでは，いわゆる「預合い」および「見せ金」とよばれる行為が問題となる。預合いとは，払込みを仮装するために，発起人が出資にかかる払込取扱機関から借り入れた金銭でもってその引き受ける株式についての払込みをするが，そのさい，払込取扱機関は当該借入金の返済を受けるまでは当該払込金の返還をしない旨を約しておく，という取引である。この場合，帳簿上の処理のみが行われ，現実に金銭のやりとりが行われるのではない。

他方，見せ金とは，発起人が，払込取扱機関以外の第三者から借り入れた金銭を用いて，その引き受ける株式についての払込みをし，会社成立後ただちに，当該払込金が払込取扱機関から引き出され，上記の第三者への弁済に充てられる，というものである。

これらの行為は，全体的にみた場合，会社財産を充実させるために通常期待されている出資の履行であるとは言い難い。預合いについては，つぎのような対処がありうる。すなわち，旧商法下では，発起設立および募集設立のいずれにおいても，払込取扱機関が払込金の保管に関して証明を行う（旧法189条1項）という仕組みにくわえて，払込取扱機関は，当該保管証明をした払込金額について，払込みがなかったことおよび払込金の返還に関する制限を付したことをもって，会社に対抗することができない（同2項），という規定を置いていた。同規定にいう払込金の「返還に関する制限」とは，預合いを念頭に置いたものと考えられている。すなわち，本規定は，預合いを抑止する機能をもつものである。しかし，現行会社法では，募集設立の場合のみについてそうした保管証明制度を置き（64条），発起設立の場合にはそれは撤廃された（なお，旧法189条2項の「払込みがなかったこと」という文言は，会社法64条2項においては「証明書の記載が

49

事実と異なること」という文言になっている)。

　また，預合いには，5年以下の懲役または500万円以下の罰金という刑事罰が科されている（965条）。この規定は，設立時だけでなくその他の株式の発行の場合にも問題となるが，判例には，会社成立後の新株発行の局面において，従前からの会社債権者が株式引受人となった場合に，会社が払込取扱機関である銀行から受けた借入金でもって当該引受人に対してその債権にかかる弁済をし，そして当該引受人はそれによって得た金銭でもって株式の払込みをした，という事案について，原審が預合罪の成立を認めたのに対して，会社の資力に問題がない場合には，そうした払込方法であったとしても，資本充実の原則に反するものではなく，払込みの仮装行為とはいえないとして，破棄差戻しの判決を下したものがある（最判昭42・12・14刑集21・10・1369）。

　他方，見せ金の場合は，預合いに関する規律を免れる行為として位置づけることができ，その取引態様は預合いよりも複雑なものとなる。まず，見せ金は，引き受ける株式にかかる払込みとして有効か否か，見解が分かれている。無効説は，資本の充実の要請および実質的な払込みの有無という観点から，こうした取引を問題視する。これに対して，有効説は，会社に対する払込みとして金銭が現実に移転されていることから，原則として払込みの効力は認められるべきだとする。また，どのような意図でその取引が行われたのかという具体的な事情も勘案する必要もあろう。判例には，当初から株式に対する真の払込みとして会社資金を確保するという意図がなく，一時的な借入金をもって払込みの外形を整えただけで，会社成立後ただちに当該払込金の返還を受けて借入先に返済するような場合には，会社の営業資金はなんら確保されたことにならないのであって，そうした払込みは，たんに外見上株式の払込みの形式は備えていても，実質的には到底払込みがあったものとは解しえず，払込みとしての効力を有しない，としたものがある（最判昭38・12・6民集17・12・1633）。もっとも，本件は，払込取扱機関からの借入れという事案であり，払込取扱機関以外の者からの借入れを想定している見せ金それ自体のケースではない。しかし，上記のような判旨の説示内容は，見せ金の場合についても妥当すると考えることも

できる。

　なお，見せ金に関しては，預合いとは異なり，それを直接対象とした刑罰規定は置かれていない。刑法の適用に関しては，新株発行の局面ではあるが，仮装の払込みに基づく登記申請によって商業登記簿原本に記載させた場合に，刑法157条の公正証書原本不実記載罪に該当する，としたものがある（最判平3・2・28刑集45・2・77）。

3　現物出資等における不足額賠償責任

　現物出資や財産引受けの対象物が給付されたとき，その実質価額が定款に記載された価額と異なる場合が問題となりうる。会社法52条1項は，会社成立時における現物出資財産等の価額がその定款記載価額と比べて著しく不足するとき，発起人および設立時取締役は，会社に対し連帯して当該不足額を支払う義務を負う，としている。もっとも，発起人（現物出資の財産を給付した者および財産引受けの財産の譲渡人を除く）および設立時取締役は，①現物出資財産等について検査役の調査を経た場合（52条2項1号），②その職務を行うについて注意を怠らなかったことを証明した場合（同2号），上記の義務を負わない。

　また，現物出資等において，弁護士等の専門家による証明を受け，検査役の調査が不要となる場合（33条10項3号），その証明を行った者は，会社法52条1項の義務を負う者と連帯して，当該不足額を支払う義務を負う（52条3項）。ただし，専門家として証明をした者がその証明を行うについて注意を怠らなかったことを証明した場合，責任を免れる（同項ただし書）。

　以上の規律は，発起設立の場合である。そして，各々における責任は，過失責任となっている。ところで，旧商法下では，上記の証明者については現行法と同様に過失責任としつつも（旧法197条），発起人および会社成立時の取締役については無過失責任とされていた（旧法192条の2）。現行会社法では，無過失責任を負わせるほどの合理的な理由はないと考えられた。なお，会社法52条1項の義務は，総株主の同意によって免除することができる（55条）。

　他方，募集設立の場合には，上記の会社法52条2項2号は適用されないので（103条1項），発起人等は無過失責任を負うことになる。募集設立では，設立時

募集株式の引受人は金銭出資に限られるが，そうした引受人と現物出資等を行う発起人等とが，出資額において厳密に平等であるべきという考えに基づくものである。

4 仮装の払込みに関する責任

発起人が出資の履行を仮装した場合，成立後の会社に対して，その払込みを仮装した出資について完全な給付を行う義務を負う（52条の2第1項）。また，設立時募集株式の引受人も，金銭出資において払込みの仮装があった場合，払込金額の全額を支払う義務を負う（102条の2第1項）。

また，仮装の払込みに関与した発起人または設立時取締役として法務省令で定める者は，成立後の会社に対して，上記の義務を負う者と連帯して，同様の支払義務を負う（52条の2第2項・同3項・103条2項）。ただし，これらの関与者については，その職務を行うにつき注意を怠らなかったことを証明した場合には，責任を免れる（同項ただし書）。この規律は，出資を仮装する者自体の支払能力に期待することが通常できないという点をかんがみて，それに関与した者にも責任を負わせることにしたものである。

仮装の払込みをした発起人または引受人は，自身または関与者による上記の支払が行われた後でなければ，当該仮装にかかる設立時発行株式について，設立時株主および株主の権利を行使することができない（52条の2第4項・102条3項）。

5 発起人等の損害賠償責任

発起人，設立時取締役または設立時監査役は，会社および第三者に対して，つぎのような責任を負いうる。すなわち，①会社の設立についてその任務を怠ったとき，会社に対してそれによって生じた損害を賠償する責任を負う（53条1項），②その職務を行うについて悪意または重過失があったときは，それによって第三者に生じた損害を賠償する責任を負う（同2項）。なお，上記1項の責任は，総株主の同意によって免除することができる（55条）。

また，発起人，設立時取締役または設立時監査役のうちのある者が会社または第三者に対して損害賠償責任を負う場合において，他の発起人，設立時取締役または設立時監査役も当該責任を負うときは，これらの者は連帯債務者とな

る（54条）。

　上記のような，会社に対する発起人等の責任については，株主代表訴訟の対象にもなりうる（847条）。

6　擬似発起人の責任

　上述のような発起人としての責任を問われる者は，定款に発起人として署名した者である。しかし，募集設立においては，設立時募集株式を引き受けようとする一般の者が，当該募集に関して発信される情報の下で，発起人ではない者を発起人であると間違って捉えることがありうる。

　そこで，会社法103条4項は，発起人ではない者で，当該募集の広告その他当該募集に関する書面または電磁的記録に，自己の氏名または名称および会社の設立を賛助する旨を記載または記録することを，承諾した者について，その者を発起人とみなすこととし，会社法52条から56条および103条1項から同3項に定められた発起人の責任にかかる規定を適用する，としている。

4　会社の不成立および設立の無効

1　会社の不成立

　株式会社は設立登記を行うことによって成立するが（49条），会社の不成立とは，何らかの事情によって，設立登記をするに至らないという場合をさす。たとえば，創立総会において設立廃止の決議が行われた場合（66条）などがこれに当たる。

　会社法56条は，会社不成立の場合に，発起人は，連帯して，会社の設立に関してした行為について責任を負い，会社の設立に関して支出した費用を負担する，と定めている。たとえば，株式の引受人に対しては，その払込金を全額返還しなければならない。もっとも，「設立に関してした行為」の範囲が問題となる。すなわち，上記の引受人からの払込金の受領行為が当該範囲に含まれることは明らかであるが，会社法28条4号の設立費用に関するもの，さらにはその設立費用に充てるための資金を借り入れる行為について，当該範囲に含まれ

るかどうか，見解が分かれる。

　なお，こうした会社法56条の規律に対する考え方として，ふたつのものがある。ひとつは，会社が不成立になれば，会社は遡って消滅し当初から存在しなかったことになり，発起人が会社の設立に関して行った行為は，おのずと発起人に帰属することになる，とするものである。他方は，会社の不成立とは設立中の会社が解散することであるから，本来であれば株式の引受人は清算行為の下で残余財産の分配を受けるという立場であるにすぎないけれども，政策的に株式の引受人を保護して発起人に責任を負わせることにしたのである，とするものである。

2　設立の無効

　設立登記が行われて会社が成立するに至ったが，その設立が無効とされる場合がありうる。すなわち，会社法が定めた成立に至るまでの手続きを踏んでいない場合が問題となる。会社法は設立が無効となる原因について定めていないが，たとえばつぎのような場合が無効原因となりうる。①定款の絶対的記載事項に関して違法である，②定款が公証人の認証を受けていない，③設立時発行株式に関する事項の決定（32条）について発起人全員の同意が得られていない，④募集設立において創立総会が開催されていない，などである。

　ところで，無効であればそもそも法律上の効力が生じていないから，誰でも，いつでも，無効であることを主張できるというのが，法の原則的な考え方である。しかし，設立登記が行われていったん成立した会社においては，多数の利害関係者の下で複雑な法律関係が形成されうるので，会社法は，つぎのような要件ないし態様の下で設立の無効を認めている。

　第1に，会社成立の日から2年以内の，株主，取締役または清算人（監査役設置会社では監査役，指名委員会等設置会社では執行役をこれにくわえる）による訴えをもってのみ，無効を主張できる（828条1項1号・同2項1号）。

　第2に，訴えの濫用に対する懸念などから，被告である会社の申立てにより，裁判所は，原告に対して相当の担保を立てるべきことを命じることができる（836条1項）。また，訴えの管轄（835条），複数個の訴えの場合における弁論およ

び裁判の併合（837条）が，定められている。

　第3に，無効を認める判決が確定した場合，裁判所書記官は，職権により遅滞なく登記所に対してその登記の嘱託をしなければならない（937条1項1号イ）。当該確定判決は，第三者に対しても効力をもつ（838条）。いわゆる対世効が認められる。さらに，当該判決の効力は，将来に向かってのみ認められる（839条）。すなわち，遡及効をもたない。

　第4に，原告が敗訴した場合において，悪意または重大な過失があった原告は，被告に対して，連帯して損害賠償責任を負う（846条）。会社にとっては，たとえ敗訴しなくても，訴訟に直面させられること自体が相当な負担となりうるのである。訴えの濫用を懸念した規律である。

Column

会社のなかでの設立規定の位置づけ

　株式会社の設立に関する規定は，会社法の第二編に定められた株式会社に関する規定のなかで，最初に置かれている。株式会社を作るという段階を法規定の出発点とすること自体に，特段の問題があるわけではないであろう。他方で，会社法というものを習得するうえでも，会社法で定められた順序と同様に設立に関する規律から始めたほうがよいかどうかは，別途考慮したほうがよいかもしれない。

　株式会社が新しく作られるという行為自体に着目すれば，新設合併などのいわゆる再編の場面においてもそれがみられるのであり，また，設立において株式が発行される場合の株式の発行という行為に着目すれば，それは成立後の株式会社においてもみられることである。

　もちろん，会社法では，合併等の再編において新たに会社が作られる場合，あるいは，成立後の株式会社において株式が発行される場合について，それぞれ必要な規定が置かれている。したがって，会社法の規定の順序に沿って学習すること自体にとくに支障はないともいえる。

　とはいえ，会社法が対象とする株式会社に関する規律は，上記の事項以外にも，株式の種類，株主総会，経営機関，企業会計さらには社債などといった広い範囲に及ぶ。しかも，それらの事項が必ずしもすべて合理的に関連づけられて理解できるというものでもない。そこで，限られた時間のなかで会社法をよりよく勉強するとすれば，個々の事項ないし法規律に触れるさいに，他の場面

ないし制度を参照しそれらを比較することを試みることが有益であろう。設立に関しては，上述した点だけでなく，それ以外にも参照比較することで理解が進むものもあるであろう。

第4章 株主および株式

1 株主および株式

I 株式の意義

　株式は株式会社に出資した株主の地位（株主としての権利・義務の主体）を表すものである。株式会社は事業に必要な資金を調達するため，株式の単位を細分化して出資単位を少額化することで，多数の者が株式会社に参加できるようにしている。

　同じ資金提供でも会社への貸付であれば貸主は金銭消費貸借契約でもって借主に対して元本の返還・利息支払い請求権をもつが，出資に基づく株式ではいったん出資された金銭等は会社の所有するところとなり，株主にはこのような元本の返済・利息支払い請求権は認められない。その代わりに，出資者である株主には会社への経営に参加する権利が与えられ，利益が出れば（株主総会等の機関による決定を前提として）配当を受け取る権利が認められる。

　このように，株主は，たとえ1株を所有するにすぎない株主であっても，議決権等の権利行使を通して，自己の利益を確保するために，会社経営を担う会社役員の選任・解任，経営者の監視，会社の重要事項の決定あるいは利益処分を行うことができる。そして，株主権のうちでも，会社運営への参加または不当な経営の防止を目的とした権利は共益権，会社から経済的利益をうけることを目的とした権利は自益権と呼ばれているが，これらの権利は社員権という一個の権利から生じるものであり，一体のものと考えられている（「社員権論」）。

　それに対して，株主の権利の一体性を否定し，自益権は権利であるが，共益

権は会社の利益のためにのみ行使されるべき権限ないし人格権だとする「社員権否認論」も唱えられてきた（またその1つとして，株式の本質は利益配当請求権を中心とする債権であるとする「株式債権論」もある）。これらの見解は，企業の社会的責任や株主の責任を論じるうえで注目すべきであるが，会社法の実体を十分に説明できないという問題がある。

現在では社員権論が一般的に支持されており，判例も，たとえば総会決議取消しの訴えを提起した株主が死亡すれば，株式を相続した者が原告の地位を継承することを認め，株主権が権限・人格権にすぎないとする見解をとっていない（最大判昭45・7・15民集24・7・804）。

II　株主の地位

株主は基本的にはその有する株式の引受価額を限度とする出資義務を負うだけである（104条）。この株主有限責任の原則は，会社債権者に対して株主が責任を負わないことを示すと同時に，会社に対する関係においても株主が株式の引受価額を超える責任を負わないこと，とくに追加出資を強制されないことを明らかにしている。

1　株主の権利

株主の権利は，前述のように，自益権と共益権という2つの種類に分類されている。ただ，共益権に関しては，種類株式として議決権の全部または一部が制限された株式が認められており（108条1項3号），また，単独株主権ではなく少数株主権とされているものがある。

(1) 自益権・共益権　　自益権とは，株主が会社から経済的な利益を受ける権利である。具体的には，①剰余金配当請求権（454条1項・3項。会社から利益の配当を受ける権利），②残余財産分配請求権（504条。会社が解散した際，清算後に残った財産を株式の数に応じて受ける権利），③募集株式の割当てを受ける権利（202条。募集株式の発行等では「株主割当」と「第三者割当」があるが，「株主割当」では，株主はその持株数に応じて株式の割当てを受ける権利がある），④株式買取請求権（116条・469条・785条・797条・806条等。これは，単元未満株式の買取りを求

める場合や合併等の会社の組織再編の株式総会決議が行われた時に議案に反対した株主の自己の有する株式について会社に買取りを求める権利である)。これらの権利は株式会社の所有者である株主にとって本質的な権利であるから、たとえば、剰余金配当請求権、残余財産分配請求権を全く与えない定款の定めがあれば、このような定款の定めは無効であるとされている(105条2項)。

　共益権とは、会社運営への参加または不当な経営の防止を目的とした権利である。これは株主総会における議決権(308条1項)を中心として、株主総会決議取消請求権(831条1項)、株主代表訴訟提起権(847条)等のような監督是正権も共益権に含まれる。

(2)　単独株主権と少数株主権　　所有株式数を問わず、すべての株主が単独で行使できる権利が単独株主権であり、総株主の議決権数や発行済株式の一定割合(数人の議決権数を合算してもよい)を有する株主だけが行使できる権利が少数株主権である。自益権はすべて単独株主権であるが、共益権には単独株主権と少数株主権がある。少数株主権は株主の権利行使が会社に及ぼす影響が大きく、また濫用の危険も高いことを考慮されたものであり、類型的には次のようなものがある。

　①総株主の議決権の1％または(単元株式採用会社では)300個以上の議決権を持っている株主は株主提案権(303条2項)、②総株主の議決権の1％以上の株主は株主総会検査役選任請求権(306条1項)、③総株主の議決権の3％以上の株主は株主総会招集請求権(297条1項)、取締役等の解任請求権(854条1項)、④総株主の議決権の3％以上または発行済株式の3％以上の株主は会計帳簿閲覧請求権(433条1項)、取締役等解任提訴権(854条1項)、⑤総株主の議決権の10％以上または発行済株式の10％以上の株主は解散判決請求権(833条1項)がある。

2　株主平等の原則

　株主平等の原則は、株主が株主たる資格にもとづく法律関係において、その有する株式の数に応じて平等な取扱いを受けることである。株主平等の原則は従来から株式会社における基本的な原則と考えてきたが、旧商法には明確な規定がなく、会社法の109条1項において初めて明文化された。この規定は、株

式会社法上の強行法的原理として株主平等原則の存在を肯定し，明文での根拠規定となる。それに違反する株主総会の決議，取締役会の決議，代表取締役・代表執行役の業務執行行為はすべて無効になると解されている（最判昭45・11・24民集24・12・1963）。

株主平等原則の特徴は，平等の基準が株主の頭数ではなく，株主の有する株式の数に求められ，いわゆる「比率的平等」である。言い換えれば，各株主がその株主たる資格において有する権利義務につき平等の待遇を与えられる。会社法109条には，持株数に応じて平等に取り扱うという原則を定めていると同時にその例外も認めている。

すなわち，非公開会社においては，剰余金の配当，残余財産の分配，株主総会における議決権について，株主ごとに異なる取扱いを行う旨を定款で定めることができるものとされた。これは，従来の有限会社において認められたが，非公開会社においては，株主相互の関係が緊密であることが通常であることから，株主の個性に着目して異なる取扱いを認めるものである。また，株式の内容が異なる種類の株式が発行されている場合には，株式の内容に応じて異なる取扱いをすることが株主平等原則の例外として認められる。この「株式の内容が異なる種類の株式」，つまり種類株式はもともと平等な取扱いがなされない株式であることから，種類株式相互間では平等原則の適用はない。

2 種類株式

Ⅰ 株式の内容と種類

会社法は，株式会社の資金調達の多様化や支配関係維持の要請等に応じるために，さまざまな株式の発行を認めている。

1 普通株式

会社法には普通株式という用語は使われていないが，一般には，種類株式との対比において，定款でその権利等に制約の課されていない株式の意味で用いられる。日本の証券取引所で取引されている株式は，ほとんどはこの標準的な

株式である。

2 すべての株式に譲渡制限等の制約が付された株式

株式会社は、必要な場合には定款においてその発行する全株式の内容について、①譲渡制限、②取得請求権、③取得条項のいずれかの条件の付いた特別な定めることができる（107条）。これを定款で定めれば、この会社で発行されるすべての株式が均一的な内容となる。また、すべての株式に条件が付いた株式については、旧商法においては、「譲渡制限株式」のみが認められていたが、会社法では、「譲渡制限株式」のほかに「取得請求権付株式」および「取得条項付株式」が新たに認められた。

譲渡制限付株式とは、譲渡による当該株式の取得について当該株式会社の承認を要する株式である（107条1項1号）。定款の変更で譲渡制限付株式とするには、株主総会の特殊決議によることを要し（309条3項1号）、反対株主は株式買取請求権を有する（116条1項1号）。

取得請求権付株式とは、株主が会社に対して会社の発行する株式の取得を請求することができる株式である。定款の定めにより、会社の発行する株式の全部をこのような株式とすることができる（107条1項2号）。

取得条項付株式とは、会社が一定の事由の発生を条件として株主から取得することができる株式である。全部の株式を取得条項付株式とすることは、株主の意思によらずに、会社が一定の事由の発生を条件に強制的に取得することを意味するため（107条1項3号）、その旨の定款の定めを設けまたは変更する場合には、原始定款に定めておくかまたは株主全員の同意による定款変更が必要である（110条）。

3 種 類 株 式

株式会社は定款の規定に基づき、その発行している株式の一部に権利の内容の異なる複数の種類の株式を発行することが認められている。このような2以上の種類の株式を発行する株式会社は、「種類株式発行会社」と呼ばれている。また、会社は、どのような内容でも自由に定められるのではなく、下記の法定した内容の異なる複数の種類株式を発行することができるにすぎない。つまり、

会社は①剰余金の配当、②残余財産の分配、③株主総会において議決権を行使できる事項について異なる内容の株式、④譲渡制限付種類株式、⑤取得請求権付種類株式、⑥取得条項付株式、⑦全部取得条項付種類株式、⑧拒否権付種類株式、⑨取締役・監査役選解任付種類株式等9つの種類株式を発行することができる（108条）。

II　種類株式の内容

1　優先株式・劣後株式

　普通株式に対して剰余金の配当または残余財産の分配につき優先的な取扱いを受けるのが優先株式、普通株式に劣後するのが劣後株式である（108条1項1号・2号）。また、利益配当は優先的だが、残余財産の分配は劣後的なものもあり、これは混合株と呼ばれている。なお、会社法では、剰余金配当請求権と残余財産分配請求権の両方を全く与えないような定款の定めは無効になると定めているが、一方のみを全く与えないような株式、たとえば、完全無配当種類株式は許容されている（105条2項）。

　配当優先株式には、参加的・非参加的優先株式、累積的・非累積的優先株式の分類がある。優先配当を受けた後、会社になお利益があれば、普通株式と並んでさらに利益の分配に当たれるものを参加的優先株式、そうでないものが非参加的優先株式である。また、ある決算期の業績が悪化して優先配当金の全部または一部を支払えなくなったときも、次の期に、未払分を普通株式に優先して支払うという条件付のものが累積的優先株式で、そうでないものが非累積的優先株式である。累積的でしかも参加的な優先株式と累積的だが非参加的な優先株式もある。

　会社が配当優先株式を発行する場合、他の種類の株式を発行する場合と同様に定款でその内容と数を定めなければならない（108条2項1号・2号）。優先配当額については定款でその上限額その他の算定の要綱を定め、具体的配当額は発行時に決定することができる（108条3項）。

　配当優先株は通常つぎの議決権制限株式（優先的配当が履行される限りは議決

権をもたない）とともに利用される。これは一般に配当を重視するが会社経営には直接関心を持たない大衆株主に対して株式を発行して資金調達をしたり，会社を再建する上で資金が必要であるが普通株式では引き受ける者が少ないため優先配当株を発行して資金援助を求める場合などに利用される。

また，劣後株式は普通株式の株主が一定率または一定額の配当を受けられるまでは配当を遠慮する株式であり，後配株ともいわれる。たとえば，子会社が発行した劣後株式を親会社が引き受けることで子会社支援を行うような場合に発行される。普通株式に対して一定額の配当を行えるようになった決算期の後は，普通株式に転換されることが多い。

2　議決権制限種類株式

議決権制限種類株式は，株主総会決議の全部または一部の事項について議決権の行使ができない株式である（108条1項3号）。従来，総会決議の全部の事項について議決権を行使できない株式は，利益配当優先株式で，かつ，優先的配当を受けることができる限りにおいて認められていたものであったが，平成13年商法改正に際して，優先株式との関係を外し，かつ一部の事項について議決権が制限される株式の発行も認められた。もちろん，従来のように優先株式で，優先配当が保証されている限りで議決権をもたないといった取扱いも可能である。

議決権制限種類株式を発行するには，定款で，発行可能種類株式総数および議決権行使事項・条件を定めなければならない（108条2項3号）。議決権制限事項にかかる事項については提案権を行使できない（303条1項）などの制限を受けるが，議決権を前提としない権利は制限されない。

議決権制限株式は，前述のように配当等他の条件が有利であれば株主総会における議決権には関心がないという一般株主に無議決権配当優先株式として発行する場合や，株式を発行して資金調達はしたいが議決権の行使による会社の支配関係に変動を与えたくない場合などに用いられる。また，招集通知の発送等の株主管理費用を節減するという効果も伴う。ただ，従来の支配関係を維持したままで新株発行による資金調達が可能になる反面，少数の株式で会社支配

がなされる危険がある。このため，種類株式発行会社が公開会社である場合において，この種類株式数が発行済株式の総数の2分の1を超えるに至ったときは，株式会社は，直ちに議決権制限株式の数を発行済株式の総数の2分の1以下にするための必要な措置を講ずるよう，公開会社に義務づけることとした（115条）。ここの「必要な措置」としては，議決権制限株式の発行数を減少させるか，議決権制限株式以外の株式の発行数を増加させるという2つの措置が考えられる。

公開会社でない会社については議決権制限種類株式の発行数の制限はない。これは従来の有限会社の規制を取り入れたためである。なお，非公開会社においては，この種類株式以外にも，株主総会の議決権について株主ごとに異なる取扱いを定款で定めることができる（109条2項）。

3 譲渡制限付種類株式

譲渡制限株式とは，譲渡による当該株式の取得について当該株式会社の承認を要する株式である（108条1項4号）。旧商法には，一部の種類の株式についてのみ定款による譲渡制限ができるとの規定がなかったが，会社法は，譲渡制限株式の要件が緩和され，一部の種類の株式についての譲渡制限を明文の規定により認めた。また，会社の全部の株式の譲渡が制限されている場合と，株式の譲渡が制限されている種類株式の場合と共通する譲渡承認手続の規定が設けられている（136条以下）。

なお，株主からの譲渡承認請求に対し承認をするか否かの決定をするには，取締役会設置会社では取締役会の決議，それ以外の会社では株主総会の決議を要する（139条1項）。ただし，定款に別段の定めがある場合，その限りではない。たとえば，取締役会設置会社において決定機関を株主総会と定めること，譲渡制限付種類株式に関する決定機関をその種類株主総会と定めること等があり得る。なお，会社法は，株式会社または指定買取人による買取り（140条），売買価格の決定（144条），相続人等に対する売渡しの請求に関する定款の定め（174条）などについても規定している。

4　取得請求権付種類株式

　取得請求権付種類株式とは，株主が会社に対して会社の発行する株式の取得（買取）を請求することができる株式であり，定款の定めにより，会社の発行する株式の一部をこのような株式とすることができる（108条1項5号）。会社法は，旧商法上の株主の請求により他の種類の株式に転換する転換予約権付株式および株主の請求により金銭の交付を受けることができる償還株式を統合し，かつこれら以外の財産の交付をもすることができるよう定めたものである。

　株式の一部を取得請求権付とするときには，定款には，取得請求権付である旨，取得の対価および請求期間に加えて，発行可能種類株式総数も定められなければならない（108条2項5号）。

　取得の対価としては，新株予約権・社債・新株予約権付社債・現金その他の財産・他の種類の株式に転換することができる。また，これらの対価を組み合わせる設定をすることも株主平等原則に反しない限り許容される。ただ，株式発行後にこのような設定をする場合は，定款変更であることから株主総会の特別決議が必要となる。また，新株予約権を取得対価とする場合は，新株予約権の譲渡と異なり，取得請求権のみを他人に譲渡することができないと解される。

　種類株式発行会社である場合においては，取得の対価として同一の種類の株式を交付することが特段制限されず，自己株式を交付することも可能である。取得の対価として他の種類の株式が交付されるときには，その交付対象となる種類株式の数は発行可能種類株式総数を超えることはできない（114条2項）。他の種類の株式を他の種類の株式でもって取得すべきことを請求できるような場合（たとえば，劣後株式を普通株式に転換請求できる条項を付したような場合）を除き，分配可能額（461条2項）が転換により取得する財産の帳簿価額を超えるときでなければ，会社に対して取得請求権を行使することはできない（166条1項）。

　取得請求権を行使する際には，取得を請求する株式の種類と種類ごとの数を明らかにすること（166条2項），株券発行会社である場合は，株券を発行会社に提出することが必要である（166条3項）。会社が発行する株式，社債，新株

予約権，新株予約権付社債を取得請求権付株式の対価として交付する場合は，株主が，その取得を請求した時点で取得の効力が生じ（167条1項），取得請求日にそれぞれ株主，社債権者，新株予約権者となる（167条2項）。取得の対価としては，株式・社債等以外の財産を交付する場合，株主が請求の日に会社に対して財産を交付する権利（債権）を取得することとなる。当該債権は商行為により生じたものではないから，その消滅時効期間は10年（民167条），遅延損害金の法定利率は年5％である（民419条・404条）。

5　取得条項付種類株式

　取得条項付株式は，会社が一定の事由が生じたことを条件として取得できる株式であり（2条19号），定款の定めにより，会社の発行する株式の全部または一部をこのような株式とすることができる（107条1項3号・108条1項6号）。会社の発行する株式の一部が取得条項付のときは，この株式は種類株式である。

　発行株式すべてを取得条項付とするときは，定款には，取得条項付である旨，取得事由または取得日，一定の事由が生じたときに株式の一部を取得する場合の対象株式の決定方法，取得の対価あるいはその計算方法を定めなければならない。種類株式であるときは，これら以外に，発行可能種類株式総数も定められなければならない（108条2項6号）。

　取得条項付株式の取得対価の内容としては，取得請求権付種類株式の取得対価と同様に株式，新株予約権・社債・新株予約権付社債・現金その他の財産等の内容をあらかじめ定めておくことができる（107条2項3号・108条2項6号）。また，会社法には，取得条項付種類株式の取得対価の「相当性」が要求される旨の規定は設けられていない。対価としての株式等の内容またはその算定方法は発行時に定められており，取得条項付株式を引き受ける者は，あらかじめそのような対価で取得されるものであることを知って引き受けることとなるからである。なお，対価として交付する株式の数の算定方法については，算式に一定の数値をあてはめること等により一義的対価となる株式の数を算定することができるものであり，たとえば「取締役会の定める数」というような裁量の余地があるものは許されないと解される。

株式すべてを取得条項付株式とするのは，株主の意思によらず，会社が一定の事由の発生を条件に強制的に取得することであり，これは，原始定款で定めておくか，事後に採り入れるときには株主全員の同意による定款変更を必要とする（110条）。種類株式について取得条項付株式に変更する場合も当該種類株主全員の同意を必要とする（111条1項）。

取得日，取得株式等は，原則として株主総会，取締役会設置会社では取締役会が決定するが（168条1項・169条2項），取得の効果が生じるのは，事前に定められた事由の発生または決定された取得日である（170条）。取得日の決定については，株式の上場といった停止条件型の定めや，一定の期日を定める期間型の定めのほか，会社が任意に取得日を定めることができる（107条2項3号）。また，取得条項付株式のうち一部の株式のみを取得するものについては，取得する当該株式の株主に通知し，または公告する必要があり，通知の日または公告後2週間を経過した日が取得の事由が生じた日より後である場合には，当該通知の日または公告後2週間を経過した日に，会社が当該株式を取得することとされている（170条1項）。

6　全部取得条項付種類株式

全部取得条項付種類株式は，会社が株主総会の決議によってその全部を取得する株式である（108条1項7号）。会社法で初めて認められた。全部取得条項付種類株式は，取得条項付種類株式と異なり，あらかじめ取得事由・取得日を定めておくことは要せず，発行後に株主総会の決議によって取得できる点に特徴がある。

全部取得条項付種類株式の取得に関する株主総会においては，①取得対価の内容に関する事項（171条1項1号），②取得対価の割当てに関する事項（171条1項2号），③会社が当該株式を取得する日（171条1項3号）を株主総会の特別決議によって定める必要がある。また，この株主総会においては，取締役は全部取得条項付種類株式を取得する必要性についての説明義務が課される（171条3項）。全部取得条項付種類株式の取得は，会社の経営支配や会社財産に大きな影響を与える場合があるため，株主の理解を得る必要がある。

株主総会においては，取得対価については，株式，新株予約権・社債・新株予約権付社債・現金その他の財産等の内容を議決することができる（171条1項1号）。全部取得条項付種類株式の買取価格は，取得日の価格を基準とすることになり，取得の対価である財産の帳簿価格の総額は，分配可能額を超えてはならないこととされている（461条1項4号）。分配可能額を超える対価で全部取得条項付種類株式を取得した場合の処理については，取得請求権付種類株式や取得条項付種類株式の場合とは異なり，当該取得自体を無効とする規定がなく，別途株主および取締役に剰余金の配当等に関する責任が生じる（462条1項）。また，全部取得条項付種類株式の取得に反対した株主，または当該株主総会において議決権を行使することができない株主は，裁判所に対して，会社による取得価格の決定の申立てをすることができる（172条1項）。これは，裁判所によって取得価格の適正の担保を図る趣旨である。

全部取得条項付種類株式は，もともと会社更生・民事再生など法的倒産処理手続によらずに総会決議により会社の発行済株式の全部を消却する，いわゆる100％減資を容易にするためであった。もっとも，金銭等による有償取得にも利用できるため（108条2項7号・171条1項1号），株式を全部取得条項付種類株式にすることにより株主の多数決でこれを株式以外の財産に強制的に転換することが可能となる。このことから，この種類株式はいわゆるキャッシュ・アウトの手段としても利用されてきた。

キャッシュ・アウトは，多数派株主（または会社）が，少数派の株主を，金銭を対価として強制的に会社から締め出すことをいうが，キャッシュ・アウトにはこの全部取得条項付種類株式を利用する方法以外にも，①金銭等を対価とした吸収合併（749条1項2号）や株式交換（768条1項2号）を利用する方法，②株式併合（180条）を利用する方法，③特別支配株主による株式売渡請求（179条）による方法がある。従来は，税制との関係で，全部取得条項付種類株式による方法が多く利用されてきた。また，②の株式併合についても株式買取請求権が認められていないなどの問題があった。平成26年改正会社法は，新たなキャッシュ・アウトの方法として③の特別支配株主の株式売渡請求を認める（179条以

下参照）とともに，株式併合，全部取得条項付種類株式にも，事前開示を充実させるとともに差止請求権を認めるなど（171条の2・171条の3・182条の2・182条の3）規定の整備を行った。

7 取締役・監査役選解任権付種類株式

取締役・監査役選解任権付種類株式とは，当該種類株式の種類株主を構成員とする種類株主総会においては，取締役または監査役を選任・解任することができる株式である（108条1項9号）。この種類株式は，公開会社および指名委員会等設置会社は発行することができない（108条1項）。発行できる会社は，この種類株式を発行するため，あらかじめ定款に定めておく必要がある。つまり，①種類株主総会において取締役または監査役を選任することおよび選任する数，②①により選任することができる取締役または監査役の全部または一部を他の種類株主と共同して選任することとするときは，当該他の種類株主の有する株式の種類および共同して選任する取締役または監査役の数，③①または②に掲げる事項を変更する条件があるときは，その条件およびその条件が成就した場合における変更後の①または②に掲げる事項を定款に定める必要がある（108条2項9号）。

また，この種類株主総会で選解任できる対象は，取締役と監査役のみであり，代表取締役や会計監査人および会計参与は対象としていない。取締役または監査役のうち，社外取締役または社外監査役を選任しなければならない旨を定めることができる（会社則19条）。この種類株主総会によって取締役または監査役の選任については，通常の役員選任と同様に，種類株主総会において議決権を行使できる株主の議決権の過半数を定足数として，出席株主の過半数をもって選任・解任がなされる。選任された取締役または監査役の義務や責任は，一般の手続きで選任された取締役または監査役のものと異なるところがない。

この種類株式の利用目的の例としては，ジョイント・ベンチャーや合弁会社等においては，各株主がそれぞれ取締役または監査役の一部を選任することは株主間契約を締結することにより対応していたが，株主間契約に違反した場合に役員を選任する契約上の権利を確保することが難しいことから，平成14年商

法改正において，このような株主間契約に法的安定性を与えるために設けられたものである。

8 拒否権付種類株式

拒否権付種類株式とは，株主総会，取締役会または清算人会の決議事項において，当該決議機関の決議のほかに，特定の種類株式の株主から構成される種類株主総会の決議が必要とされるものである（108条1項8号）。この場合には，定款において，①種類株主総会の決議があることを必要とする事項，および②種類株主総会の決議を必要とする条件を定めるときはその条件を定めなければならない（108条2項8号）。

拒否権付種類株式は，「黄金株」とも言われている。元々英国国営企業の民営化に際し外国企業からの敵対的買収に備えるため政府の株式持分に拒否権を付与して防衛策として用いられた。わが国では，ジョイント・ベンチャーや合弁会社などの非公開会社で多く用いられているが，上場会社では国際石油開発帝石株式会社だけがエネルギーの安定確保の面から黄金株を発行しながらも東証への上場が認められている。

拒否権付株式は，少数の種類株主が他の多数の株主による決定に拒否権を与えることになるため，資本多数決制度を基礎とする株式会社の原理からして問題があり，その利用には正当な理由が必要となると解される。

Ⅲ 種類株主間の利害調整

会社が数種の株式を発行した場合には，異なる種類の株式の間で各種の権利の調整が必要となる場合がある。会社法には，この調整を行う場として種類株主総会が設けられた。種類株主総会は会社法および定款で定めた事項に限って決議することができる。

定款変更については，株式の種類の追加，株式の内容の変更および発行可能株式総数または発行可能種類株式総数の増加に限り，かつ当該種類の株主に損害を及ぼすおそれがある場合に限り種類株主総会決議を要するものとされた（322条1項1号）。定款変更以外では，株式併合，株式分割等においても，当該

種類の株式の種類株主に損害を及ぼすおそれがあるときに種類株主総会決議を要するものとされた（322条1項2号〜13号）。会社法322条の規定は，種類株式発行会社において，種類株主間の利害調整を図る趣旨である。

　種類株主総会の決議方法は，通常の株主総会と同様，普通決議，特別決議，特殊決議という3つの種類がある。種類株主総会の普通決議事項としては，①拒否権付株式について，株主総会，取締役会または清算人会の決議を承認するかどうかを決める事項（108条1項8号・324条1項），②取締役・監査役選解任権付株式について，取締役・監査役の選任・取締役の解任を決める事項がある（108条1項9号・324条1項）。

　種類株主総会の特別決議事項としては，①取締役・監査役選解任権付株式について，監査役の解任に関する事項（108条1項9号・324条2項5号），②全部取得条項を付加する定款変更をする事項（111条2項・324条2項1号），③譲渡制限株式を募集する場合の募集事項を決定し，または募集事項の決定を取締役・取締役会へ委任する事項（199条4項・200条4項・324条2項2号），④譲渡制限株式の交付を目的とする新株予約権の募集事項を決定し，または募集事項の決定の取締役・取締役会への委任をする事項（238条4項・239条4項・324条2項3号），⑤存続会社等が吸収合併等の対価として譲渡制限株式を交付する事項（795条4項・324条2項6号），⑥株式の種類の追加や内容変更，株式の併合・分割等会社法322条1項各号に掲げる行為をする場合において，ある種類の株式の種類株主に損害を及ぼすおそれがある場合の種類株主総会の決議事項（322条1項・324条2項4号）がある。

　種類株主総会の特殊決議事項としては，①譲渡制限条項を付加する定款変更する事項（111条2項・324条2項1号），②譲渡制限のない株式の株主に対し，合併・株式交換・株式移転の対価として譲渡制限株式等が交付される事項（783条3項・804条3項・324条3項2号）がある。なお，種類株主総会の決議ではないが，①取得条項を付加する定款変更事項（111条1項），②ある種類の株主に合併の対価として持分等が交付される事項（783条4項）について，種類株主全員の同意を要する。

会社法322条1項は，種類株主総会決議が必要な範囲を明確化するために規定されたものであり，同項各号に掲げる行為については，限定列挙と解すべきである。したがって，同項各号に掲げる行為以外の行為を行う場合には，種類株主総会の決議は不要である。

3 株式譲渡と権利行使

I 株主の権利行使に関する利益供与の禁止

会社は，何人に対しても株主の権利行使に関し，会社またはその子会社の計算において財産上の利益を供与してはならない（120条1項・970条）。本規定の「株主の権利の行使に関し」は，自益権，共益権など株主として行使しうるすべての権利について，その行使をすることまたはしないことを意味する。また，利益供与が「株主の権利の行使に関し」てなされたことの立証は難しいことから，会社が特定の株主に無償で財産上の利益を供与したり，有償でもその利益が著しく過大なとき，「株主の権利の行使に関し」て利益供与したものと推定されることになる（120条2項）。会社法120条は，元々いわゆる総会屋に対する金品の供与により一般株主の権利行使が阻害されることのないように設けられた規定であるが，本規定の名宛人は必ずしも総会屋に限定されない。たとえば，会社から見て好ましくないと判断される株主が株主権を行使することを阻止するため，会社が，当該株主から株式を譲り受けるための対価を第三者に供与するような行為も利益供与に当たると解される（最判平18・4・10民集60・4・1273）。

会社がこの規定に反して財産上の利益を供与したときは，利益の供与を受けた者は，これを会社または子会社に返還しなければならない（120条3項）。会社が返還請求権を行使しない場合には，株主は代表訴訟を提起することができる（847条）。また，この利益供与に関与した取締役・執行役は，その職務を行うについて注意を怠らなかったことを証明しない限り，供与した額に相当する額を会社に対して支払う義務を負い，無過失の責任を負う（120条4項）。なお，利益供与が行われたことにより，利益額を超えて会社に損害が生じた場合，利

益供与に関与した取締役・執行役は，上記責任以外に，任務懈怠責任を負う（423条1項）。

Ⅱ　単元株制度

1　単元株制度の意義

　株式会社は，その発行する株式について，一定の数の株式をもって株主が株主総会または種類株主総会において，一個の議決権を行使できる1単元の株式を定款において定めることができる（188条1項）。したがって，単元株制度とは，定款で一定数の株式を1単元と定め，1単元に満たない株式には，株主の権利を制限する制度である。1単元の大きさをどの程度にするのかは，法律で一律に規律するのではなく，会社は自由に決定することができる。ただし，1単元の株式数は，千株以下にしなければならない（会社則34条）。なお，この1単元は，通常，株式を上場・店頭登録している会社における売買単位を基礎に決められる。

　会社の株主総会招集通知等株主管理コストを低減するため，昭和56年の商法改正により，株式単位を原則として50円から5万円以上に引き上げ，設立時の株式発行価格は5万円以上とされ，株式分割は1株当たり純資産額が5万円以上でなければならないという「単位株制度」が採用された。その後，株主管理コストについては，それぞれの会社自身で決定すべきとの考え方が定着したため，平成13年の商法改正により，株式単位を一定程度に自由化し，単元株制度が創設された。

　なお，現在，東証では，企業によって異なる株式の売買単位を100株へ統一する取組みがなされ，多くの上場会社はその1単元を100株としている。

2　単元株制度の導入

　本来であれば，議決権に制限のある種類株式でない限り，1株に1議決権を有するはずである。会社は，定款の変更により，1単元に1議決権を有する単元株制度を導入するときは，代表取締役は株主総会においてその導入を必要とする理由を説明しなければならない（190条）。ただし，株式の分割と同時に各

株主の有する議決権が減少しないような範囲で単元株式数の設定または単元株式数の増加を行う場合には，株主総会の決議を経ずに定款変更を行うことができる（191条）。たとえば，1株を200株に分割した上で，200株を1単元とするような場合である。また，種類株式発行会社には，株式の種類ごとに1単元の株式数を定めなければならず（188条3項），ある種類の株式だけに1単元の株式の数を設定することができない。単元株制度を導入した会社が，その後1単元の株式数を減少させる場合，または単元株制度を廃止する場合には，取締役会の決議だけで定款を変更することができる（195条）。定款変更の効力発生日以後，会社は遅滞なく，対象株式の株主に対して，定款変更をした旨を通知または公告しなければならない（195条2項・3項）。

3 単元未満株主の権利

単元未満株式を有する株主は，その株式について議決権および議決権を前提とする権利をもたない（189条1項）。それ以外，会社は，単元未満株主の自益権および共益権の全部または一部を定款の定めにより制限することができる。たとえば，単元未満株主も株主代表訴訟を提起する権利を有するが，定款で定めれば，これを否定することができる（847条1項）。ただし，①全部取得条項付種類株式の取得対価の交付を受ける権利，②取得条項付株式の取得対価の交付を受ける権利，③株式無償割当を受ける権利，④単元未満株式の買取請求権，⑤残余財産の配分を受ける権利，⑥その他法務省令で定める権利など6つの権利については，定款によっても制限できない（189条2項）。また，⑥の法務省令で定める権利としては，定款の閲覧等請求権，株主名簿記載事項を登記した書面の交付等請求権，株主名簿の名義書換請求権，株主名簿の閲覧等請求権，株式併合・分割等により金銭等の交付を受ける権利などがある（会社則35条）。

単元未満株主は，その株式について会社に対して買取請求権および単元未満株式売渡請求権を有する（192・194条）。単元未満株式売渡請求権とは，単元未満株主が有する単元未満株式の数と併せて単元株式数となる数の株式を当該単元未満株主に売り渡すことを請求することができる権利である。会社は，単元未満株式売渡請求があったとき，請求対象株式数に相当する数の株式を保有

していない場合を除き，自己株式を請求者に売り渡さなければならない（194条2項）。なお，この場合の売渡価格および価格の決定方法については，買取請求の場合と同様で，原則として会社と請求者との協議によって定める。協議が調わない場合，会社および請求者は，請求日から20日以内に，裁判所に対して価格決定の申立てをすることができる（193条1項・2項）。

Ⅲ　株券不発行会社の株式譲渡

1　株券発行の原則から株券不発行の原則へ

平成16年の商法改正前までは，株式の譲渡は，当事者間の合意に基づき，株券を引き渡すこと（交付）によって行われるとしていたため，会社は設立登記または新株の払込期日後は，遅滞なく株券を発行し，株券の交付による株式の譲渡を保障しなければならないとされていた。現行会社法は，株券発行事務の煩雑さや株取引決済における株券の交付を省略して取引決済の迅速化・確実化を図るため，株券不発行を原則とし，例外的に定款により株券を発行することもできるようにした（214条）。

2　株券不発行会社における株式の譲渡とその対抗要件

株券不発行会社の株式譲渡には，当事者間の意思表示が必要であり，会社および第三者に対抗するには，株主名簿の書換えが必要である（130条1項）。また，名義書換は，原則として，取得した株式の株主名簿上の株主またはその相続人その他の一般承継人と共同して書換請求をする必要がある（133条2項）。

株式の譲渡方法および対抗要件は，株券不発行会社か株券発行会社かによって異なる。株券発行会社の場合は，譲渡の意思表示とともに株券を交付することにより効力を生じ（128条1項），株主名簿への記載・記録が会社に対する対抗要件となり，第三者に対する対抗要件は，株券の占有となる。株券不発行会社の場合は，原則として意思表示のみにより効力が生じ，株主名簿への記載・記録が会社および第三者に対する対抗要件となる（130条1項）。

3　上場会社における株式の譲渡とその対抗要件

頻繁に譲渡が繰り返される上場会社では，株券の存在はスムーズな株式取引

を阻害する要因となってきたことから,「社債,株式等の振替に関する法律」(平成21年1月5日施行)は株式の譲渡および株主権の権利行使すべての場合において株券が不要である制度を構築した。会社法の株券不発行の原則はそれを先取りしたものといえる。

　この株式等振替制度は,株主等の権利の発生,移転,消滅などの管理を機構および証券会社等に開設された口座において電子的に行う制度である。株式の譲渡等はすべて証券会社等の口座管理機関の有する当該株主の口座への振替(口座への残高の記載・記録)により効力を生じることになった(社振140条)。株式発行会社は,会社が定めた基準日等において,振替機関からの通知(振替口座簿に基づく総株主通知)事項を株主名簿に記載・記録すること(同法151条1項,152条1項)により,会社に対する対抗要件を備えることになる(同法161条3項,会社法130条)。

　すなわち,株式等振替制度を採用している株券不発行会社の振替株式の譲渡は意思表示のほかに,譲受人の口座の保有欄の増加の記載・記録が譲渡の効力要件および第三者に対する対抗要件となり,会社に対する対抗要件は総株主通知の日に具備されることになる。

Ⅳ　株券発行会社の株式譲渡

1　株券とその効力発生時期

　株券発行会社とは,定款で株券を発行する旨を定めている会社である(214条)。株券発行会社では,株式を譲渡するには株券の交付が必要となる(128条1項)。株券とは,株式すなわち株主たる地位を表章する有価証券である。株券には,①株券発行会社の商号,②当該株券に係る株式の数,③当該株券に係る株式が譲渡制限株式であるときはその旨,④種類株式発行会社にあっては,当該株券に係る株式の種類・内容および証券番号等法定の記載事項を記載し,代表取締役または代表執行役が署名捺印する必要がある(216条)。ただし,株券は,法定の記載事項一つでも欠ければ,証券として無効であるといったほど厳格な様式証券ではない。また,証券の作成・交付によって権利義務関係が生じる手形・

小切手のような設権証券ではない。

　会社が株券を作成して保管中に会社の債権者がそれを差し押さえたり，株主宛てに郵送中に盗難にあったような場合，その株券は有価証券として成立しているかどうかが問題となる。判例では，会社が株券を作成しても，これを株主に交付しない間は，株券としての効力はないと解されている（最判昭40・11・16民集19・8・1970）。また，会社が株券を発行する前に譲渡するならば，それは株券発行会社に対して効力が生じない（128条2項）。

2　株券の善意取得と株券喪失登録制度

　善意取得は，善意で動産や有価証券を取得した者の取引の安全を保護するための制度である。会社法には，株券の占有者は適法な所持人と推定されると定めている（131条1項）。これは株券の善意取得制度という。ここの「善意」は，道徳的な善であることを意味するものではなく，株券の交付を受けた者は，悪意または重過失がないときに限り適法な所持人に推定できることになる（131条2項）。株券の善意取得者は，たとえば，譲渡人が株券の窃取者や拾得者などの無権利者であっても，譲受けのときにそのことを知らないことにつき重過失がなければ，その株券を元の株主に返還する義務がなく，会社は善意取得者が株主名義の書換えを請求した場合には，それに応じなければならない（131条2項）。したがって，株主が株券を紛失したり，盗まれたときに，会社がその喪失者に株券を再発行する場合には，二重発行の問題が生じる。これに関連して，会社法には株券喪失登録制度が設けられている（221条）。株券喪失登録制度は，株主が株券を喪失した場合，①株主は，会社に対して当該株式について株券喪失登録簿に記載・記録することを請求することができる（223条）。②会社は，株券喪失登録をした場合，株券喪失登録者と名義人が異なるときは，遅滞なく名義人に対して通知しなければならない（224条1項）。③当該株券を所持している名義人は，株券喪失登録日の翌日から1年以内に，会社に対して当該株券を提出し，当該株券喪失登録の抹消を申請することができる（225条1項）。④当該株券喪失登録の抹消申請を受けた会社は，遅滞なく株券喪失登録者に対して，抹消申請をした者の氏名・住所・株券番号を通知しなければならない（225

条3項)。この通知された日から2週間を経過した日に，会社は，株券を抹消申請者に返還し，当該株券喪失登録を抹消する（225条4項）。⑤抹消請求がある場合を除き，喪失登録された日から1年で当該株券は無効となり，株券の再発行請求が可能となる（228条）などと定めている。なお，株券喪失登録者が，当該株券の名義人でないときは，登録抹消日までの間に，株主名簿の名義書換が禁止され，当該株式の株主総会または種類株主総会において議決権が行使できない（230条）。

V　親会社による子会社の株式の譲渡

平成26年改正会社法は，親会社がその有する子会社株式の譲渡によって当該子会社への支配を失う場合は事業譲渡と同じ効果が生じるため，その譲渡の結果として，①譲渡対象となる子会社の株式の帳簿価額が親会社の帳簿上の総資産額の5分の1を超え，かつ，②譲渡の効力発生日において子会社の過半数の議決権を失うことになる場合において，親会社の株主総会の特別決議による当該株式譲渡契約の承認を必要とする旨の規定を設けた（467条1項2号の2）。また，株主総会で当該株式譲渡に反対した株主は，会社に対して自己の有する株式を公正な価格で買取を請求することができる（469条）。

なお，平成26年改正会社法は，株式会社の総株主の議決権の10分の9以上を保有する特別支配株主は，当該株式会社の他の株主（少数株主）の有する株式の全部を，少数株主の個別の承諾を得ることなく，金銭を対価として取得できるという特別支配株主の株式等売渡請求制度を設けた（179条1項）。

VI　株主名簿と基準日

株主名簿は，株主の氏名（名称）・住所，有する株式の数，株式の取得日，株券発行会社の場合において株券の番号を記載して，現在の株主を明らかにするために株式会社に対して法律上作成が義務付けられた帳簿である（121条）。株式を取得した者は，会社に対して株主であることを主張するには，株主名簿の名義書換をしなければならない（130条）。会社は株主名簿の記載に基づいて，

株主への通知・催告，配当の支払など業務を処理すれば，原則として免責されることになる。

　会社は定款で定めれば，第三者に名簿の作成や名義書換など株主名簿の管理業務を委託することができる（123条）。会社は，株主名簿をその本社，名簿管理人がある場合にその営業所に備え置かなければならない（125条1項）。株主または会社の債権者は，その理由を明らかにすることで営業時間内は，いつでも閲覧・謄写できる（125条2項）。ただし，会社法には，株主名簿の閲覧請求権に関して，会計帳簿の閲覧請求権における拒否事由と同様の拒否事由が法定されている（125条3項）。つまり，①請求者の権利の確保または行使に関する調査以外の目的である場合，②会社の業務の遂行を妨げ，株主の共同の利益を害する目的である場合，③請求者が当該会社の業務と実質的に競争関係にある事実を営み，またはこれに従事するものである場合，④請求者が株主名簿の閲覧・謄写によって知り得た事実で利益を得て第三者に通報するため請求した場合，⑤請求者が，過去2年間以内において，株主名簿の閲覧・謄写によって知り得た事実で利益を得て第三者に通報したことがあるものである場合，などいずれの場合があるとき，会社は株主名簿の閲覧請求を拒否することができる。

　会社は，株主名簿を使えば，多数の株主がいても株主に関する事務を処理することができる。しかし，株式譲渡などによって株主名簿の名義書換が頻繁になされている場合には，いつの時点での名簿上の株主に権利行使をさせるべきかという問題が生じる。そこで，会社は，一定の日を基準日として，その日において株主名簿に記載または記録された株主をその権利を行使することができる者と定めることができる（124条1項）。基準日は，権利行使の日の前3ヵ月以内の日でなければならない（124条2項）。また，定款に定めがない限り，基準日と行使できる権利内容は基準日の2週間前までに公告されなければならない（124条3項）。ただし，基準日において株主が行使することができる権利が株主総会または種類株主総会における議決権である場合には，会社は，当該基準日後に株式を取得した者の全部または一部を当該権利を行使することができる者と定めることができる（124条4項）。もっとも基準日株主の権利を害する

ことは禁じられているが（124条ただし書），たとえば，取締役が自己の地位を守ることを主な目的として基準日後に新株発行をして新株主に議決権を行使させるようなことは認められないと解される。

4 ▮ 株式譲渡の自由とその制限

　株式会社は，歴史的に鉄道のような巨額の設備資金が必要なところで利用されたことからもうかがわれるように，株式の発行によって大衆資本を導入し，その運用をはかる会社形態ということができる。そして，株式に払い込まれた資金は，消費貸借としての金銭の借入とは異なり，会社の自己資本を構成し，その払戻しは原則として禁止されることになる。したがって，株式に投資する者は，投下資本を回収するには，その株式を他人に譲渡するほかないことになる。

　株価の上昇があれば譲渡によりキャピタル・ゲインを得ることができる。逆に，株式の譲渡が認められなければ，投下資本の回収もキャピタル・ゲインの獲得もできず，会社経営のリスクを負うだけとなってしまい（会社の業績が悪く，利益が出ないと配当ももらえない），株式に投資する者はきわめて少なくなるであろう。このように，大衆資金を導入するためには，株式の譲渡はつねに自由でなければならないといえる。

　それゆえ，株主の出資した持分は株式という細分化された均一の割合的単位とされ，それを株券という有価証券に表章させることにより，あるいはペーパーレス化しての振替により，迅速・安全かつ低廉での譲渡を可能にしている。そして，株主有限責任の原則によって，株主の責任は明確かつ画一的なものとなるから，譲受人は譲渡人の個人的な資産状況を注意することなく売買が可能となり，株式自由譲渡性を現実化する株式の取引市場が形成されることとなる。

　株式の公開は，株主が同族あるいは特定の少数者に限られていた会社が，その株式を不特定多数の人々に開放して，出資を募るとともに，自由に売買できるように株式の流通市場（証券取引所）に登場させることである。

　まず，上場は全国に5つある証券取引所（東京，名古屋，福岡，札幌およびジャ

スダック(JASDAQ))のいずれかで株式を売買できるようにすることであるが,証券取引所は上場基準を設けている。これは,取引所の信用を確保し,ひいては投資家保護をはかろうとするものである。

なお,証券取引所は元来,金融商品取引法(旧証券取引法)で認められた特別法人であったが,株式会社への移行が進んでいる。また,証券取引法の金融商品取引法への改正に伴い,日本では法律上「金融商品取引所」と規定されているが,名称または商号に「取引所」という文字を用いなければならないとされるにとどまるため,各証券取引所においては,東京証券取引所との経営統合に伴い,デリバティブ取引専門取引所に転換した大阪取引所(旧大阪証券取引所)を除いて従来どおりの名称が現在も利用されている

また,上場会社以外では,中規模のベンチャー企業を対象に,証券会社によりいわゆる未公開株の公開が進められ,株式の売買や資金調達が行われつつある。

最後に,その株式を上場もしていない会社は一般に非公開会社(閉鎖会社)といわれる。株式会社のほとんどが非公開会社である。このような会社では,株式の譲渡は特定の限られた者の間でしか行われない。逆に,誰もが株式を取得できるとなれば,既存の株主や経営者に知られない第三者が株式を取得し,経営上の紛争の種になることすらある。そこで,会社法は非公開会社において,株式譲渡につき会社の承認を要する旨を定款に定めることを認め(107条1項1号),誰でもが株主になることを防止している。

I 公開会社における株式の譲渡方法

上場会社の株式を取得(譲渡)しようとすれば,証券会社にその株式の買付(売付)を委託し,証券取引所を通じて売買が成立すれば,通常はまず契約成立日から,その日を含めて4日目に証券会社間で代金と株券の引渡しが行われ,買付委託(売付委託)した株主は株券(売買代金)を取得することになる。そして,利益配当等の株主としての権利を行使するには,株主名簿に株主として自己の氏名等が登録される必要がある(121条)。

ところが,①株主が株券を取得しても,その株券を紛失したり盗難にあって,

81

第三者に善意取得される危険がある。その危険に対処するためには，株主は株券の不所持制度（217条）を利用するか，証券会社に株券の保管を委託する「保護預り制度」（証券業協会の公正慣習規則「有価証券等の寄託の受入れ等に関する規則」参照）を利用することができるが，その株式を譲渡しようとすれば，会社または証券会社に対してその株券の返還を求めなければならない。また，②株式の売買には必ず株券の移動が必要であるが，一日に莫大な数の売買が行われると，株券の移動がスムーズにいかず，取引に支障がでてくるおそれもある。

この①と②の問題に対処するために，株券を実際に動かさずに，銀行口座のように，口座の振替で済ますのが株券保管振替制度である（株券等の保管及び振替に関する法律）。

ただし，この制度では，保管振替制度を利用するには顧客の承認が必要であり，かつ必要ごとに実質株主名簿の作成が必要となる。

そして，平成16年6月成立・公布の「社債，株式等の振替に関する法律」は公布後5年以内（平成21年）に施行され，これまでの制度は新しい振替制度に移行した。上場会社や店頭登録会社においては，施行日において，一斉に株券廃止会社に移行し，新しい振替制度の利用会社となった。

新しい制度では，株券は全く不必要となり，株式の譲渡は，すべて口座振替，口座の残高の増減により効力を生じることになった（社振140条）。株主名簿の名義書換は，振替機関からの通知（振替口座簿に基づく総株主通知）により，決算期末などの時点で発行会社に通知される（社振151条）。

Ⅱ　端株制度（の廃止）

これまで，株式の1株に満たない端数で，1株の100分の1または定款で定めた別の割合の整数倍にあたるものを端株として把握し，株式の発行，併合，分割において端株の生じる場合（たとえば，100株を1株に併合した場合，1250株を有する株主には，12株と0.5という端株が生じる），大量の端株を処分して株価に悪影響を与えることを考慮して，端株原簿に記載・記録のうえ，端株を保持しながら1株となることを促しつつ，端株主にも一定の権利を認めるとしてきた

が，会社法では，端株制度は廃止された（ただし，会社整備法86条）。

なお，株式分割等の会社の行為により会社が株主に株式を交付する場合おいて1株に満たない端数が生じる場合の端数の処理については，競売代金を端数に応じて分配することになる（234条・235条）。

Ⅲ 非公開会社における株式の譲渡方法

　非公開会社では，公開会社のようには，株式の譲渡は頻繁には行われない。また，非公開会社では，株式の譲渡が会社支配権の移動・変動を伴うことが多く，譲渡の自由がかえって会社経営の安定を損なうとの判断から，会社法は，定款の規定に基づき，株式の譲渡の相手方を制限する規定を置いている。定款による譲渡制限以外にも，株主と従業員持株会・会社等の間で，契約に基づき譲渡の相手方や譲渡価格について特別な制限を定めていることがある。

　これまでは，会社が発行するすべての株式を譲渡制限株式とすることが前提とされてきたが，会社法は，定款の定めにより，株式の種類ごとに譲渡制限株式とすることを可能とした（108条1項4号）。したがって，譲渡制限株式は，会社が発行する全部または一部について譲渡制限が定められている株式である（2条17号）。そのような制限のない会社が公開会社である（2条5号）。

1　定款による譲渡制限

　株式譲渡の自由には，譲渡するか否かを決定する自由，譲渡の相手方を選択する自由および譲渡価格を合意に基づき決定する自由が含まれる。株式譲渡制限は譲渡の相手方を選択する自由に一定の制限を課したものである。株式の譲渡制限は原始定款で定めておく場合と設立後定款を変更して定める場合がある。

　定款を変更して株式譲渡制限の規定を新たに設けるには，発行済株式の3分の2の多数で，かつ株主の頭数で過半数の賛成を得なければならない（309条3項1号）。

　株式の譲渡制限は株主総会・取締役会に対して株式の買受人を選択する権限を付与するにとどまるから，株式の譲渡そのものを禁止することはできず，また株主の資格を日本人，会社の従業員などの一定の者に限定することはできな

い（ただし，日刊新聞紙の発行を目的とする株式会社では，定款でもって株式の譲受人をその会社の事業に関係のある者に限ることが認められている。日刊新聞紙の発行を目的とする株式会社の株式の譲渡の制限等に関する法律1条）。譲渡制限のある株式において，その譲渡には，原則として，取締役会設置会社では取締役会の承認を必要とし，取締役会を設置していない会社では株主総会の承認を必要とすることになるが，定款でこれとは違った定めをすることができる（139条1項）。取締役会を設置している会社でも株主総会や代表取締役を承認する機関とすることも可能である。

さらに，譲渡制限株式であっても，定款で別段の定めをおけば，特定の属性を有する者（株主，従業員持株会など）に対する譲渡については承認を要しないとすることも可能である（108条2項4号・107条2項1号ロ）。また譲渡による取得が承認されなかった場合の先買権者をあらかじめ指定しておくことができる（140条5項）。

譲渡制限株式の株主AがBへの譲渡を希望しているときにはその譲渡の承認を求めることができ（136条），さらに会社がBへの譲渡を承認しないときには会社自身による買取りまたは指定買取人による買取りを求めることができる（138条）。会社または指定買受人が金銭の供託を行って当該株式を取得する旨の通知を行った後は，会社または指定買受人の承諾を得なければ，その取得の請求を撤回できない（143条1項。なお最判平15・2・27民集57・2・202）。当事者が協議によって売買価格を決定することになるが，その売買価格が折り合わないときには，当事者または会社の申立てにより裁判所が決定することになる（144条）。

なお，株主Aが事前にBに譲渡し，Bが譲渡承認を求めることも認められる（137条1項）。この場合の譲渡承認は，株主名簿に記載・記録のある株主またはその相続人その他の一般承継人と共同でしなければならない（137条2項）。

これは，譲渡制限株式の取得者からの譲渡承認請求手続と名義書換請求手続とを一体のものとして取り扱うことを意味している。

2　一般承継人に対する売渡請求

株式会社は，譲渡制限株式を相続・合併等の一般承継により取得した者に対

し，会社に対して売渡請求ができる旨を，定款により定めることができる（174条）。売買等の譲渡によって会社にとって好ましくない者が株主として参入することを防ぐ株式の譲渡制限制度に加え，譲渡以外の相続・合併等の一般承継による会社にとって好ましくない者による新たな株主の出現を防ぐ趣旨で設けられた。

会社法は，売渡請求を株主総会の特別決議により決定すべきこと（175条１項・309条２項３号），売買価格の合意が成立しない場合に裁判所が売買価格を決定する手続およびその価格の基準につき定めている（176条・177条）。

Ⅳ　契約による譲渡制限

株主と会社間の契約または株主と株主間の契約により株式譲渡を制限する旨を合意することは会社法107条１項１号・108条１項４号に違反しないかが問題となる。この問題は，合弁会社のように，複数の会社が共同出資をなし，その会社（株主）間で会社の運営を含めて株式の譲渡等を定める契約を締結する場合にも関係する。わが国では主として，従業員持株制度との関連で問題とされている（合弁契約での独立当事者間の契約とは異なり，従業員持株制度の下では，本来会社との関係で従属的な地位にある従業員株主と会社または会社との独立性が十分に確保されていない従業員持株会等との附合契約の関係が問題となる）。

従業員持株制度は，従業員の福利厚生・財産形成あるいは従業員の会社への帰属意識を高めるなどの目的で，従業員が給与・賞与などから定期的に一定額を積み立て，その勤務する会社の株式を取得する制度である。従業員は自社株の購入に際して，会社から奨励金等の名目で一定額の援助を受けることが多い。

上場会社や店頭登録会社では，証券会社または信託銀行の主導の下に定型化された規約（契約）に基づく従業員持株制度が採用されており，公開市場での譲渡が保障されている限り，株式譲渡制限との関連で問題となることは比較的少ない。ストックオプションとして，従業員に対して新株予約権が付与されることも認められており，その予約権を行使したときには，同時に従業員株主となる。

しかし，定款で株式譲渡につき取締役会の承認を要する旨を定めている閉鎖会社では，株主と会社・代表取締役との間で，あるいは株主と持株会との間で譲渡制限を定める契約を締結することが珍しくない。この閉鎖会社の従業員持株制度で問題となるのは，退職等の一定の事由の発生に伴い，株主が会社，代表取締役あるいは持株会に譲渡すべきこと（売渡・売渡先の強制），その譲渡価格は取得価格あるいは一定の評価方法に基づく価格に固定されていること（価格の固定）が定められている場合である。

　判例および有力説は，価格の固定を含む契約を有効だと解している。売渡・売渡先の強制に関して，閉鎖会社の株式はそもそも譲渡が困難であり，退職等による買取りはその困難を緩和するものであることに照らして，契約自由の原則が妥当するのであり，会社法127条には違反せず，また価格の固定に関して，従業員は（時価ではなく）額面価格で取得しており，相当程度の利益配当を受けている場合には会社法127条または公序良俗に違反しないと解している（最判平7・4・25裁判集民175・91，最判平21・2・17金判1317・49）。学説の多くはこれまで，会社・株主間の譲渡制限契約は基本的に会社法136条以下の株式譲渡制限規定に基づいて判断され，商法上の譲渡制限の規定に反する売渡・売渡先の強制および価格の固定を定める契約は無効であり，また，株主相互間または株主と第三者の間の契約は，契約の相手方たる株主または第三者（従業員持株会など）が会社に対し十分な独立性を有しない場合には，同じく無効となると解していた。

V　その他の譲渡制限

　公開会社の株式は自由譲渡の原則が妥当し，非公開会社では定款で譲渡制限規定を設けることができるが，そのほかにも会社法上一定の目的から譲渡制限が定められている。この制限は公開会社，非公開会社を問わず，適用がある。

1　権利株譲渡の制限

　株式の申込み（59条1項）と割当て（60条・203条）により引受けが成立するが，この株式引受人の地位が権利株である。権利株の譲渡は会社に対して効力が生

第4章 株主および株式

じない（35条。募集株式の発行について208条4項）。会社設立に際しては引受けが成立してから設立登記がなされるまで，新株発行では引受けが成立してから新株発行の効力が生じるまで（209条）の期間である。

権利株の譲渡が会社に対して効力が生じないのは，設立事務あるいは新株発行事務が煩雑になるのを防ぐためであり，当事者間では有効だと解されている。

2 株券発行前の株式譲渡の制限

株券発行会社において，会社が成立したがまだ株券が発行されていないとき，または新株発行の効力が生じたが株券がまだ発行されていないとき，その株式譲渡は会社に対しては効力が生じない（128条2項）。

株券発行会社であれば遅滞なく株券を発行すべきである（215条1項）が，株券発行準備中に株式が転々と譲渡され，会社も認めなければならないとすれば，株券の名義の書換えなどにより，株券発行事務が結局遅れてしまうために，このような規定がおかれている。当事者間の譲渡は有効である。

なお，会社が株券の発行を不当に遅滞するときは，会社が譲渡の効力を否認するのは信義則に反して許されない（最判昭47・11・8民集26・9・1489）。学説では，株券の発行に通常必要とされる合理的期間が経過すれば，信義則を持ち出すまでもなく，会社に対する関係でも有効に株式を譲渡できると解する説が有力である。したがって，会社が不当に株券の発行を遅らせていると，株主は意思表示でもって譲渡でき，譲受人は会社に対して株主として株券の発行，名義の書換えを請求できることになる。

5 無額面株式，株式の消却・併合・無償割当て

I 無額面株式

株式は，平成13年改正により，すべて無額面株式となった。券面額のない株式つまり無額面株式では，その時々の時価で発行することができる。

額面株式は，1株の金額すなわち券面額のある株式である。額面株式と比べて無額面株式の有利な点は，①株価が額面を下回るときでもその時価で新株発

行でき，②株式総額と資本金額の関係からする制約がなく，株式分割等の手続が簡単であるということにある。

Ⅱ　株式の消却・併合・分割・無償割当て

1　株式の消却

　株式の消却は，特定の株式を消滅させるものである。旧商法では，株式の消却は，①資本減少に伴う消却，②定款の規定に基づく利益消却，③償還株式の消却および，④自己株式の消却において行われていたが，会社法では，④の自己株式の消却のみとなった。

　①の資本減少に伴う株式の消却は，株式と資本との関係が希薄となった現状においては不必要となった。ただし，株主総会の決議でもって社外株を減少させるには，株式の併合（180条1項）または全部取得条項付種類株式（108条1項7号）を利用することができる。②の定款に基づく利益消却は，会社法では取得条項付株式（107条1項3号）によってなされる。③の償還株式は，会社法では取得請求権付株式（107条1項2号）または取得条項付株式（107条1項3号）に該当する。これら①から③の消却は，会社法では，株主の保有する株式をいったん自己株式として取得してからこれを消却すると整理されたため，すべて自己株式取得の規制に吸収されることになった。

2　株式の併合

　2株を合わせて1株にするように，既存の数個の株式を合わせてそれよりも少数の株式とすることを株式併合という（180条1項）。

　株式併合により各株主所有の株式数が少なくなるところから，併合を行うには株主総会の特別決議を必要とする（180条2項・309条2項4号）。その総会では，取締役は株式併合を行うに必要な理由を説明し（180条4項），併合の割合，併合の効力発生日，種類株式においては併合する株式の種類を決議しなければならない。株式の併合は当該総会決議の日に効果を発生し，株主はその前日に有する株式に併合の割合を乗じて得た数の株主となる（182条）。

　平成13年改正までは，株式併合を行える場合を減資手続等に限定していたが，

現在ではその限定がなくなり，少数株主を閉め出す目的で株式併合を決議する場合もありうる。その場合には，当該決議の取消しまたは無効の事由（831条1項・830条2項）となることが考えられる。

株式の併合を決議したときは，併合の効力が生じる日の2週間前までに，併合する株式の株主およびその登録質権者に対して併合の割合等を通知することが必要である（181条1項。ただし，公告をもって代えることができる。同条2項）。

株券を発行している会社では，株式の併合を行うには，株券の提供手続が必要である（株券を発行していない会社では不要。219条1項）・旧株券を提供できない者があるときは，一定期間内（3ヵ月以上）での利害関係者への異議申述の機会を与え，その期間経過後に株券を交付することができる（220条1項・2項）。

なお，株式併合により1株に満たない端数が生じたとき（たとえば，5株を2株に併合すれば，11株では4株と0.4株となり，0.4株の端数が生じる），端数の部分につき発行した株式を一括して競売して代金を分配するのが原則である（235条1項）。ただし，市場価格がある株式は市場価格で売却または買い取り，また市場価格がない株式でも裁判所の許可を得て競売以外の方法で売却または買い取り，その代金を分配することもできる（235条2項・234条2項〜4項）。

株式の併合は，併合の割合（180条2項1号）を，ほとんどの株主についてその併合後の保有株式数が1株未満になるように定めることにより，キャッシュ・アウトの手段として利用することができる。しかし，株式併合の端数処理によるキャッシュ・アウトについては，少数株主が対価を争う余地がないこと，あるいは，反対株主に株式買取請求権が与えられないなど，少数株主の保護が十分でないという問題があった。

そこで，平成26年改正では，株式の併合により端数が生じる場合には，反対株主に自己の有する株式のうち端数となるものの全部を公正な価格で買い取ることを請求する旨の株式買取請求権を認めることとした（182条の4第1項）。

株式の併合によりキャッシュ・アウトを行う手続としては，まず，当該（対象）株式会社において，各少数株主の有する株式が全て1の端数となるような併合割合による株式の併合にかかる株主総会決議（180条2項）を行うこととな

る。なお，平成26年改正により，株式の併合に関する株主総会決議事項として効力発生日における発行可能株式数が追加された（180条2項4号）。当該発行可能株式数は，効力発生日における発行済株式数の4倍を超えることはできない（公開会社でない場合は除く）（180条3項）。

　株式の併合については，通常，効力発生日の2週間前までに株主（種類株式発行会社の場合は，併合する種類の株式の種類株主）およびその登録株式質権者に対する通知または公告を要する（181条）。

　平成26年改正により，株式併合においても，対象会社は株式の併合に関する事項を記載または記録した書面または電磁的記録の備置手続を行う必要があるのもとされた（事前備置手続。182条の2）。

3　株式の分割

　株式分割は，すでに発行されている1株を分割して2株に，あるいは2株を分割して3株にするように，既存の株式を細分化して，発行済株式総数を増加させることである。株式分割は，株主からの出資の払込みを求めるものではなく，また会社の資産には変化をもたらさない。

　株式分割がなされれば，発行済株式総数が増加するから，株価は分割比率に応じて下がるのが普通である。したがって，株価の高騰した会社では，株式分割により投資単位の金額を引き下げれば，一般投資家は投資しやすくなる。また，分割比率が低く（たとえば1株を1.1株に分割），分割後も1株あたりの配当額が維持されているようなときには，分割により株価がほとんど下がらないこともあり，経済的には，分配剰余金の増加としての役割を果たすことがある。

　取締役会設置会社では取締役会において，取締役会を設置していない会社では株主総会において，株式を分割する旨の決議をする（183条2項）。その決議では，分割の割合および分割の基準日，分割の効力発生日，種類株式の場合は分割する株式の種類を定めなければならない。

　分割を決議するには，定款で定めがある場合を除き，基準日の2週間前までに当該基準日および株式分割の内容を公告しなければならない（124条3項）。

　基準日において株主名簿に記載されている株主の有する株式（ある種類の株

式を分割するには当該種類の株式）の数は，効力発生日において，分割の割合に応じて，増加することになる。

　株式分割の結果，分割後の発行済株式総数が発行可能株式総数（113条）を超える場合，本来は株主総会の決議による定款変更（466条）の必要はあるが，この場合には，株主総会決議によらないで定款を変更し，発行可能株式総数を分割の割合に応じて増加することができるとしている（184条2項）。ただし，数種の株式を発行している場合には，授権株式数の変更は既存の株主の利益に影響するため，取締役会決議による定款変更はできない（184条2項括弧書き）。たとえば，普通株式の他に議決権のない優先株式を発行している場合には，分割の結果，普通株式には議決権が増加するが，優先株式には配当の総額が増加するような場合である。

　株券発行会社でも株券の提出は必要でない（219条1項参照）が，株式分割により1株に満たない株式が生じたときには，株式併合の場合と同じ方法で処理される（235条1項・2項・234条2項〜5項）。

4　株式の無償割当て

　株式無償割当ては，会社法で新しく導入されたもので，株主に対して新たな払込みをさせないで株式を割り当てるものである（185条）。この株式無償割当ては，株主による払込みなしでその所有株式だけが増える点で株式の分割と類似するが，次の点は異なる。①株式の分割では同一種類の株式の数が増加するのに対して（183条2項3号），株式無償割当てでは同一または異なる種類の株式を割り当てることができる（186条1項1号），②株式の分割では自己株式の数も増加するが，株式無償割当てでは自己株式には割り当てられない，③株式の分割では自己株式の交付は考えられないが，株式無償割当てでは自己株式を交付することもできる。

　株式の無償割当ては，募集株式の募集において株主に株式の割当てを受ける権利を与える場合（199条1項・202条1項・3項）と異なり，株主の申込み等の募集手続は必要でなく，株主は株式無償割当ての効力発生日に自動的に株式を取得することになる。

株式の無償割当ての決定は，定款で別段の定めをおいていない限り，取締役会設置会社では取締役会が，取締役会を設置しない会社では株主総会が行う（186条3項）。その決議では，株主に割り当てる株式の数（種類株式の場合は種類および種類ごとの数），株式無償発行の効力発生日，種類株式の場合は株式無償割当てを受ける株主の有する株式の種類が決められることになる（186条1項1号～3号）。

　株式無償割当ての決議があれば，会社の定めた効力発生日に，当該株主の有する株式の数に応じて株式が割り当てられ，当該株主はその割当株式の株主となる（187条1項）。なお，会社は，効力発生後遅滞なく，株主（または種類株主）および登録質権者に対して，無償割当てを受けた株式の数（または種類および種類ごとの数）を通知しなければならない（187条2項）。

6　自己株式と親会社株式の取得制限

I　自己株式の取得制限

1　総　　説

　会社が発行した株式を自ら取得すること（自己株式の取得）は，その株式に経済的価値がある限り，他の財産と同様に取り扱っても問題はないが，それを自由に認めることによりさまざまな弊害が生じるおそれがある。商法は，これまで自己株式の取得を原則として禁止してきたが，平成6年と平成9年の改正は例外的に取得できる範囲を拡大し，平成13年改正は自己株式の買受けおよび保有（金庫株）を原則として自由とした。

2　自己株式取得の弊害

（1）　出資の払戻し（資本維持・充実の原則）　　会社が自己株式を買い入れたため，貸借対照表上の純資産（資産から負債を控除した額）が，資本と法定準備金の合計額より少なくなる場合，株主に対する出資の払戻しとなり，会社債権者の利益を害する。減資手続をとらずに資本の払戻しをするのと同じである。もっとも，配当可能利益を財源とすれば，この弊害は直接には生じない。

(2) 資産としての危険性　会社の経営状態が悪くなれば，株価も下落し，会社は二重の不利益を被る（他社の株式を所有しても，他社の業績悪化により株価が下落または減配により不利益を被ることには変わりはないが，自己株式では自社の業績悪化がプラスされる）。

(3) 株主平等違反　特定の株主から有利な価格で買い取ることにより，株主の平等な取扱いに反するおそれがある。もっとも，取引所を通してまたは公開買付けでもって買い受ければ，この危険性は少なくなる。

(4) 支配の不公正　支配するに足る株式数が減少する。自己株式には，議決権はなく（308条2項），株主総会決議の定足数に算入されないから，たとえば発行済株式総数が100であれば，会社を支配するには計算上51株必要であるが，30株を会社が取得すれば，36株で会社の支配が可能になる。逆に，自己株式の買受けが認められれば，流動株が少なくなり，乗っ取りの危険が少なくなる。

(5) 不公正な取引　株価が低迷しているときに，自己株式を買受け，市場に出回る株式が少なくなれば株価の値上がりが期待できることもあるが，相場操縦（金商159条）に利用されたり，また内部者取引（金商166条・167条）が行われるおそれもある。

なお，会社の資金でもって自己株式を買い受けるが，名義だけ会社以外の者とする場合（他人の名義による自己株式の買受け）も自己株式の買受けにあたる（963条5項1号参照）。

これらの自己株式取得に伴う弊害の規制として，①目的規制，②取得手続，③取得方法，④取得財源，⑤数量制限，⑥保有期間制限が考えられるが，現在では②，③および④による規制がなされているにすぎない。

Ⅱ　取得事由と取得手続

会社法は取得事由としてつぎの①〜⑬までをあげている（155条）。

①取得条項付株式において一定の事由（107条2項3号イ）が生じたとき，②譲渡制限株式につき譲渡承認申請があったとき（138条1号ハ・2号ハ），③取得に

関する株主総会決議等があったとき（156条1項），④取得請求権付株式につき取得の請求（166条1項）があったとき，⑤全部取得条項付種類株式につき取得の決議があったとき（171条1項），⑥株式相続人等に対して売渡請求をするとき（176条1項），⑦単元未満株主が会社に買取りを請求したとき（192条1項），⑧所在不明株主の株式を買い取るとき（197条3項），⑨1株に満たない端数の処理として買取るとき（234条4項），⑩他の会社（外国会社を含む）の事業全部の譲受けに際して取得するとき（467条1項3号・2項），⑪合併後消滅する会社から株式を承継するとき（750条1項・754条1項），⑫吸収分割をする会社から株式を承継するとき（759条1項），⑬法務省令で定める場合（会社則27条）。

　なお，③による取得では，誰からどのような方法で取得するかにより，以下のように，手続が異なる。

　(1)　株主総会の決議（普通決議で，定時総会でなくても可能）により，すべての株主（種類株式の場合は当該種類株式すべての種類株主）に買取りの申込みの機会を与えて取得する場合（156条）には，総会決議でもって取得株式数（種類株式ではその種類とその数），交付する金銭等の内容・総額および取得期間（1年を超えることができない）を定め（156条1項），その授権の下で，会社（取締役会設置会社では取締役会）がその都度取得する株式数等を決議し（157条），株主に通知（公開会社では公告も認められる）する（158条）。取得予定株式数が取得申込株式数を超えた場合には，比例按分する（159条2項）。

　ただし，市場（証券取引所・店頭市場）を通してまたは公開買付けにより取得する場合（165条1項）には総会決議でもって定める（156条1項）か，または定款で取締役会決議により自己株式を取得できる旨の規定を設けているときには取締役会が決定できる（165条2項・3項）。

　(2)　特定の株主から取得する場合には，株主総会の決議（この場合には特別決議。309条2項2号）を必要とするが，その特定の株主を恣意的に優遇するおそれがあることから，その他の株主は総会決議前に自己を売主に追加するよう請求できるものとしている（160条2項・3項）。もっとも，市場価格のある株式で，取得価額が市場価格を超えないときは，他の株主は追加する旨の請求はできな

い（161条）。

　なお，追加する旨の請求権が認められないのは，以上のほか，非公開会社における相続人等の一般承継人からの株式の取得の場合（162条。なお同条2号），あらかじめその請求権を認めない旨の定款の定めがある場合（164条1項）である。

　(3)　子会社から自己株式を取得するときは，取締役会設置会社では取締役会の決議でもって，それ以外は株主総会の決議でもって取得することができる（163条）。

Ⅲ　財　源　規　制

　自己株式を，株式買取請求等に応じて義務的に取得するのではなく，会社が任意に取得する場合には，会社に分配可能剰余金等がなければならない（461条1項）。すなわち，自己株式の取得により株主に対して交付する金銭等（その会社の株式を交付する場合を除く）の帳簿価額の総額が，取得の効力発生日における分配可能額を超えることはできない。

　合併・会社分割・事業全部の譲受けにより相手方会社の有する自己株式を取得する場合，合併・会社分割・株式交換・株式移転等において認められている反対株主の株式買取請求権に応じて株式を買い取る場合，および，単元未満株主の買取請求に応じる場合には，この財源規制には服さない。

　ただし，株式の全部または一部を譲渡制限株式とする定款変更などに係わる会社法116条1項各号に規定されている株式買取請求権においては，反対株主に支払う金銭の額は当該支払日における分配可能額を超えることは認められない（464条）。

1　自己株式の消却と処分

　会社は（取締役会設置会社では取締役会の決議で）その保有する自己株式を消却することができる（178条）。

　自己株式を処分する場合には，募集株式の発行（新株発行）と同じ手続に従う（199条）。上場会社でも市場で売却することは許されない。これは，自己株式の取得を株主に対する払戻し，保有自己株式の処分を株主からの出資として

捉えていることを表しているが，同時に自己株式取得の弊害（本節Ⅰ2参照）を防止することにもつながる。

ただし，株式交換により完全親会社となる会社・吸収分割の承継会社・吸収合併の存続会社が新株発行に代えて自己株式を使用する場合，取得請求権付株式・取得条項付株式・全部取得条項付種類株式・取得条項付新株予約権の対価として自己株式を交付する場合，新株予約権の行使に際して新株発行に代えて自己株式を交付する場合，吸収分割に際して分割会社の株式を承継会社に承継させる場合，および単元未満株主の請求に応じて自己株式を譲渡する場合は，除かれる。

2 違法な自己株式取得の効果

会社が違法に自己株式を取得・質受けをした場合には，無効と解される。ただし，違法な自己株式の取得・質受けが子会社など会社以外の第三者名義でなされ，売主は買主にとって違法な自己株式の取得・質受けにあたるかどうか分からない場合（善意）にはその取引を無効とせず，知っていた場合（悪意）に限って無効になると解されている。また，原則として会社だけが無効を主張できる。

3 自己株式に基づく権利

保有自己株式については，議決権（308条2項）その他の共益権も認められない。これは，会社の資金で取締役が総会決議を左右することを防止することにある。自益権では，配当請求権（453条），残余財産分配請求権（504条3項），募集株式の割当てを受ける権利（202条2項），新株予約権の割当てを受ける権利（241条2項）などは認められない。

株式分割・株式併合の際の自己株式の取扱いについては，争いはあるが，自己株式の価値を維持するために必要であるから認められると解すべきであろう。

Ⅳ 子会社による親会社株式の取得禁止

子会社（2条3号）による親会社（2条4号）株式の取得は，自己株式取得禁止の潜脱行為として利用されやすく，自己株式取得と同じ弊害が生じることから，会社法はこれを禁止している（135条1項）。

例外として，①他の会社（外国会社を含む）の事業全部の譲受けにおいて，譲渡会社から譲受会社の親会社株式を譲り受けるとき，②合併後消滅する会社から親会社株式を承継するとき，③吸収分割において他の会社から親会社株式を承継するとき，④新設分割において他の会社から親会社株式を承継するとき，その他，⑤法務省令で定めるときにはその取得が認められる（135条2項）。ただし，子会社が親会社株式を例外的に取得したとき，または子会社となった時点で親会社株式を所有していた場合には，相当の時期にその株式を処分しなければならない（同条3項）。

子会社が親会社株式を例外的に取得した場合，その株式の議決権は停止する（308条2項）。他の共益権も同様に解される。ただし，自益権は認められる（新株引受権については争いがある）。

V 株式の相互保有

会社が相互に株式を持ち合うことをいう。株式の相互保有は，安定株主工作，企業提携あるいは企業グループの形成，結束の強化をはかるために利用される。

株式相互保有の弊害として自己株式取得の場合と同じように，①相互の出資の払戻し，②経営者の相互信認，③株価操作・内部者取引が問題となる。A株式会社に発行済株式総数の4分の1を超える株式を所有されているB株式会社は，A株式会社の株主総会における議決権を行使できないという形で規制されている（308条1項）。

7 株式の質入（株式の担保）

株主がその所有する株式を担保にして銀行から融資を受ける場合，あるいは信用取引するに際して委託保証金として証券会社に株式を担保として提供するような場合など，株式は他の債券（国債・政府保証債・金融債・社債など）とともに担保に提供されることが多い。これらは換価が容易で優先弁済を受けやすく金融の手段に適しているからである。

I　質権の設定

　株式に質権が設定されるには，債務者たる株主は株式を債権者である質権者に引渡し（146条2項），質権者は被担保債権の弁済があるまでは株券を留置し，弁済がない場合には，それを換価処分してそこから優先弁済を受けることになる（民342条）。流質契約が認められていれば（商515条），弁済がなければ，競売するまでもなく担保権者の所有となる。また，質権者は担保物の交換価値を維持するために物上代位権（民362条2項・350条・304条）をもつ。会社法は，株式に対する質権設定の方法として，質権者に株券の占有を移すだけで質権を設定する略式質（146条）と株主名簿に質権者の住所・氏名を記載（記録）し，さらに株券にもその氏名を記載（記録）する登録質（147条）とを定めている。

　略式質は，質権設定の事実が会社には分からないので，株券と引換えに株主が交付を受けるものには物上代位権をもち，わざわざ差押えの必要はない。これには，会社が行う取得請求権付株式の取得，取得条項付株式の取得，全部取得条項付種類株式の取得，株式の併合，株式の分割，株式無償割当て，新株予約権無償割当て，剰余金の配当，残余財産の分配，組織変更，合併（消滅会社の場合に限る），株式交換，株式移転，株式の取得の各行為により株主が受けることのできる金銭等があげられている（151条）。

　株券と引換ではなく株主に交付されるもの（株券を交換しない株式分割の追加発行など）については，株主への引渡前に差押さえなければならない（民304条ただし書参照）。

　他方，登録質では，以上のほか，剰余金配当（金銭に限る）にも質権の効力がおよび（154条1項），登録質権者は株券・金銭等を会社に請求することができる。

　ただし，金銭については，被担保債権の弁済期が未到来であれば，質権者は会社にその金額を供託させることになる（154条2項）が，株券は弁済期が未到来でも会社から交付を受け，質権者はこれに対して質権をもつことになる。

　なお，振替株式の質入れについては，質権設定者である加入者の申請に基づ

いて，質権設定者の口座から質権者への口座の質権欄に振替により，その質権に係る株式数が記載・記録されなければならない（社振141条・151条2項2号）。

Ⅱ 譲渡担保の設定

現実には登録質の方法をとることは少なく（株主名簿で公表されることを嫌う），またその場合には，たんに担保に差入れるというだけで，質権の設定か譲渡担保の設定か，明らかでない場合が多い。ただし，両者には基本的な差異はなく（ただ，譲渡担保であれば流質契約禁止の原則（民349条）が及ばず，また有価証券取引税は質権設定にはかからないが，譲渡担保ではかかる），譲渡担保が設定された場合でも略式質と同様に取り扱うことができる。振替株式の譲渡担保では，通常の譲渡と同様に振替の申請により増加の記載・記録がなされることになる。

Column

ストックオプション

ストックオプションとは，会社が従業員や取締役に対して，会社の株式を予め定めた価額（権利行使価額）で将来取得する権利を付与するインセンティブ制度をいう。ストックオプションを付与された社員は，会社の株価が上昇した際にストックオプションによって優遇された価額で，定められた数量の株式を取得し，売却することができる。市場での株価との差額が，株式を取得した社員にとっての利益となる。社員は株価が上がれば上がるほど利益が大きくなるので，株価を上げる為に一生懸命働き，それが会社や株主にとっての利益となる，というのがストックオプションの仕組みである。

株価が上がれば上がるほど，従業員や役員が得られる利益も大きくなるため，業績に貢献した役員らのボーナス（賞与）として利用する企業が多い。たとえば，現在の株価が1株500円である時に，企業が取締役や従業員に対して「今後4年間であればいつでも500円で1000株まで当社の株を購入できる」というストックオプションを付与するケースの場合。もし，取締役や従業員が頑張ることで会社の業績が伸び，株価が1000円に上がったとすれば，ストックオプションを付与された取締役や従業員は，1000円の価値がある株を500円で買える訳だから，権利行使してすぐに売却すれば1株あたり500円の利益が上がり，1000株

であれば50万円の収入を得る事ができる。もちろん，購入した株式をそのまま資産として保有し続けることもできるし，反対に，業績が悪くなり，株価が下がってしまった場合はストックオプションの権利を行使しなければ，株式を購入したことにはならないので，ストックオプションを付与された取締役や従業員がそれだけで損をするということはない。

　ストックオプション制度には，賞与を現金で支払う場合に比べて，以下のような長所がある。①手元に現金がある必要がない。このため，財務の余裕がなくても人材を集められる。②株価に基づく報酬体系である。このため，指標が明確であり，また会社（株主）の目標と従業員の目標の間にズレが生じない。③株価が上昇基調にある限り，従業員の忠誠心やモラール（士気）の向上が期待できる。④税務上による税金節約。逆に，短所として以下の点が挙げられる。①オプションの行使によって多額の報酬を手にした人材が流出する危険性。②不況で経営努力が株価に反映されない状況では，従業員のモラールの低下が起こりうる。③付与基準が不明確な場合は，不公平感による従業員のモラールの低下が起きる。④株式の希薄化による既存株主の経済的損失の可能性。⑤ストックオプションの行使にて入手できた社員とできなかった社員との二層化。

　アメリカでは，1990年代から2000年の初めにストックオプションの制度のマイナスの面が大きく露呈したため，制限株式（Restricted Share）あるいはパフォーマンス株式（Performance Share）がその代替策として利用されるようになっている。

第5章 株式会社の機関

1 株式会社の機関の特色──選択肢の広がった機関構成

I 総　説

　すべて会社は法人であり（3条），会社の名において権利を有し義務を負う。このため，株主でもなく，経営者でもなく，会社自身が会社の名義で権利を持ち義務を負うことになる。そこで，自己固有の意思を形成し，自己の名において事業上の行為を実行するのに適した組織を，会社の基本的な機構として備えておく必要がある。しかし，会社という法人には手足といった肉体や心はないので，実際には，会社組織の中にいる人間の行為と意思が会社の行為や意思として扱われることになる。このような人間，および人間の団体を会社の機関という。

　会社の機関は，会社の目的を実現するために，自らが会社を体現する形で，法律または定款により付与された権限を行使するが，いかなる者がこの会社の機関となるべきであろうか。まず考えられるのが，会社の出資者であり，会社の所有者とでも呼ぶべき者を会社の機関とすべきというアイデアである。実際，持分会社では，各社員が原則として業務を執行する権利を有し義務を負い（590条），各自が会社を代表する（599条）。株式会社では，会社の所有者である株主に機関になってもらうことが考えられるが，大規模な株式会社になると，株主自らが会社の経営に関与することは不可能であり，不適切でもある。というのは，そうした株式会社の株主は，会社経営にそれほど関心を持たないので，たとえ経営する権利を与えられたとしても，そのような役割を果たすことを期待

できないからである。そこで，会社法は，株主自身は，定時または臨時に株主総会を開いて，基本的事項について会社の意思を決定することとし，これらの基本的事項以外の会社の経営に関する事項の決定を執行させるために取締役を選任することとしている。

典型的な株式会社では，取締役全員で取締役会を構成し，取締役会は会社の業務に関する意思決定をするとともに，代表取締役を選定する。代表取締役は業務を執行し，対外的には会社を代表する。株主総会は取締役の選任権と解任権により取締役を監督する一方で，会社法は株主に株主総会の決議や取締役の業務執行を監督是正する権限を認めている。株主がこれらの権限を行使するのは会社の機関として行動するものである。

株式会社においては，株主総会・取締役・取締役会・代表取締役・監査役など様々な機関を置くことが可能であり，会社法はどの機関がどのような権限を有するかにつき具体的に規定している。

II　平成17年会社法

平成17年会社法の制定では，小規模で閉鎖的な株式会社と区別する意義が乏しくなった有限会社制度を廃止し，閉鎖会社または小規模会社にも適合する機関制度を株式会社の中に用意した。大会社か否か，公開会社か否かにより，一定の機関の設置を強制しつつ，規制の枠内であれば自由に選択することを可能にした。それゆえ，小規模な会社であっても，従来，大規模会社にしかなかった指名委員会等設置会社のような機関設計も可能になった。

なお，旧有限会社法に基づき設立された会社は「特例有限会社」という名称を付され，現行法の下では，非公開会社の一類型として扱われている（会社整備法2条1項参照）。

III　平成26年改正

平成26年改正法では，あらたに「監査等委員会設置会社」が設けられた。これは取締役会の監査・監督機能を充実させるために設けられたものである。従

来より，日本の上場企業には社外取締役の選任が少ないとの指摘があったが，そうした指摘に対し，わが国ではかなり以前から社外監査役制度を導入しており，社外監査役に加えてさらに社外取締役まで選任を強制するのは重複感がある，あるいは，社外取締役の人材確保の困難性といった反論も根強かった。そこで，監査役制度を取締役会に取り込み，それまで社外監査役だった人を社外取締役として活用するという発想から，監査等委員会設置会社が創設された。「監査等委員会設置会社」では，一定の要件を満たせば，取締役会の権限を代表取締役以下の経営担当者へ委譲することも可能であり，従来型の「監査役会設置会社」と「指名委員会等設置会社」とのいわば中間に位置する存在となっている。

Ⅳ　株式会社の機関設計

　平成26年の会社法改正により，従来の「委員会設置会社」（指名委員会・監査委員会・報酬委員会の三委員会を置く機関設計）が「指名委員会等設置会社」という名称に変更され，あらたに「監査等委員会設置会社」という機関設計が導入された。「監査等委員会」は「監査委員会」と機能は類似するが，委員の選任方法が異なるほか，監査以外の監督権限も与えられている（399条の２第３項３号）。

　会社法では，株式会社に置かなければならない機関が，その会社がどのようなタイプの会社であるかにより異なる。ただし，すべての株式会社に，株主総会と取締役が必要である（295条１項参照・326条１項）。株主総会については，少なくとも定時株主総会として，毎事業年度の終了後一定の時期に招集することが要求されている（296条１項）。他方，取締役については，１人または２人以上の取締役を置かなければならない（326条１項）。

　会社法の「機関」の章では，取締役会，会計参与，監査役，監査役会，会計監査人，委員会，執行役について規定されているが，これらは各会社の定款規定に応じて，設置が必要になったり設置の選択が可能になったり，分かれてくる（326条２項）。もっとも，各機関の設置については，定款自治によりすべて

各会社が自由に判断できるわけではなく，たとえば，多数の一般投資家からの出資を受けている会社や，多数の利害関係者のいる会社であれば，それなりに規制が厳格になる。

現行法では大まかに4種類の機関構成に分かれる。

①有限会社型（株主総会＋取締役），
②従来型，
③監査等委員会設置会社，
④指名委員会等設置会社，である。

なお，②従来型には3種類あり，
ⅰ小会社型（株主総会＋取締役会＋代表取締役＋監査役※会計監査権限のみ※）
ⅱ中会社型（株主総会＋取締役会＋代表取締役＋監査役※業務監査権限もある※）
ⅲ大会社型（株主総会＋取締役会＋代表取締役＋監査役会＋会計監査人），である。

2 株主総会

Ⅰ 意義と権限

株主総会は，株主の総意により会社の意思を決定する会議体の機関である。本来であれば，全ての事項につき決定できるはずであるが，会社法は，取締役会設置会社以外では株主総会を万能の機関とする一方で，取締役会設置会社では会社の合理的運営を確保するため，所有と経営の制度的分離を進め，株主総会は基本的事項だけを決定する機関であることを原則としている（295条）。

株主総会の権限は，会社の意思決定に限られ，執行行為をすることはできない（執行は取締役または執行役が行う）。意思決定の権限は，取締役会設置会社では，原則として，法律上定められた事項に限られる（295条2項・3項）。基本的には，次の4つが株主総会の法定権限である。

まず，①取締役などの選任・解任に関する事項である（329条1項・339条1項）。会社の価値を最大化するインセンティブを有する主体は出資者たる株主である

ため，会社法は株主総会に取締役の選任・解任の権限を与え，株主の意思が会社経営に反映されるようにしている。また，取締役の職務執行を監査する地位にある監査役などの機関の選任・解任の権限も，取締役会ではなく株主総会に与えている。これは，監査の実効性を担保するためでもある。

次に，②会社の基礎的変更に関する事項（定款変更［466条］，合併［783・804条］・解散［471条3号］等）である。会社の基礎的変更に関する事項については，それにより会社経営の根本的な方向性が変更される可能性があり，株主に対する影響が大きいことから，株主総会に法定権限が与えられている。

さらに，③株主の重要な利益に関する事項（剰余金の配当［451条1項］等）である。

最後に，④取締役に委ねたのでは株主の利益が害されるおそれが大きいと考えられる事項（取締役の報酬の決定［361条1項］等）である。

II 招　　　集

株主総会は，取締役が株主を招集して開催する（296条3項）。ただし，株主全員が開催に同意して出席した場合（代理人でも可能）は，招集の必要はないとされ（最判昭60・12・20民集39・8・1869），会社法は議決権を行使できる株主全員が同意した場合には，招集手続なしで開催できることを明文の規定で認めている（300条）。

1　招集の時期

株主総会には，毎年1回必ず開かれる定時株主総会（296条1項）と，必要がある場合に，いつでも招集することができる臨時株主総会（同条2項）とがある。株主総会では，招集権者は取締役である（同条3項）。ただし，株主が少数株主権の行使として招集する場合，裁判所の許可を得て，株主総会を自ら招集することになる（297条4項）。

定時株主総会は，決算期ごとに定時（権利行使の基準日を定めた場合は124条2項により基準日から3ヵ月以内）に開催しなければならない（296条1項）。これは，本来，年度決算に関する決議をする（または報告を受ける）ために開かれるが，

この機会に他の事項（取締役の選任・定款変更・合併等）を決議することも可能である。

2　招集通知

株主総会を招集するには、会日の2週間前に招集通知を株主に発送しなければならない（299条1項）。株主に出席の機会を確保するためである。招集通知は、必ず、書面で行わなければならない（同条2項）。ただし、取締役は、株主が承諾すれば、書面の代わりに電磁的方法により通知をすることも可能である（同条3項）。

Ⅲ　株主提案権

株主は単独株主権（取締役会を置かない非公開会社）または少数株主権（その他の会社）として、開催予定の株主総会において一定の事項を議題とすることを会社に請求する権利を有するとともに（303条1項～3項）、単独株主権として、ある議題に関する議案を提出する権利を有する（304条本文）。両者の権利をあわせて株主提案権という。なお、たとえば、取締役の解任が議題であり、取締役の甲を解任するというのが議案である。したがって、議題の具体的な中身が議案である。

株主の議案提出は、事前に行うことも、当日に議場で行うこと（動議）も可能であるが、いずれの場合も、議題から予測しうる内容でなければならない。

株主総会の8週間前までの議案提出であれば、当該株主は、議案の要領を招集通知に記載するよう請求できる（305条1項本文）。招集通知につき、株主総会参考書類が交付される場合、そこには株主提案に関する議案全文のほか、議案の提出理由等（長文にわたる場合にはその概要）が記載される（会社則73条1項1号・93条1項、札幌高判平9・1・28資料版商事法務155・107）。

Ⅳ　議決権

1　議事

株主総会の議事の具体的方法につき、会社法には定めがなく、定款の規定や

慣習に則りつつ，あくまで会社の裁量の問題として行われるのが原則である。決議の方法も，法令・定款の成立要件を満たす限り，投票・挙手・起立等いずれも自由である。株主総会における議長は定款に定められているのが一般的である。定款において，議長には社長があたり，社長に事故があるときは他の取締役が所定の順序でこれにあたる旨を定めておくのが通例である。こうした定款規定は有効であると考えられているが，株主による招集の場合には適用されず，新たに議長を選出する必要がある（広島高岡山支決昭35・10・31下民集11・10・2329）。議長は，株主総会の秩序を維持し議事を整理するとととともに，株主総会の秩序を乱す者を退場させることができる（315条）。

　株主総会の招集手続と決議方法を調査させるため，会社または少数株主は，検査役（株主総会検査役）の選任を裁判所に申し立てることができる（306条）。検査役の調査結果は選任申立人と裁判所に報告され，裁判所が必要と判断するときは，重ねて株主総会を開催させる等の措置を命じることができる（307条1項）。

　株主総会報告事項が株主全員に通知され，かつ，株主全員が株主総会での報告の省略に同意している場合，当該事項は株主総会で報告されたものとみなされる（320条）。議事における質疑応答も会社の裁量で（会議体の一般的ルールに従い），報告，および議案の理解に必要な範囲内で自由に行える。これに関し，会社法は，株主から特定事項の説明を求められた場合，取締役・会計参与・監査役・執行役がこれに応じる義務を負うとするが，議題と無関係の質問や調査を要するために即答できない質問その他（会社則71条各号）については，説明に応じる義務がないことを規定している（取締役の説明義務：314条）。株主総会の終了後に会社は議事録を作成し，株主，債権者，および裁判所の許可を得た親会社社員の請求があるときには，これを開示しなければならない（318条）。

　議事運営のあり方は，基本的に会社の裁量の問題であり，それぞれの会社により異なっているが，最高裁は，同じ株主総会に出席する株主に対しては，合理的な理由が無い限り同一の取扱いをすべきことを明らかにしている。従業員株主を一般株主よりも先に入場させ，前列に座らせた会社の措置は合理的な理

由がなく，適切ではないとした（最判平8・11・12判時1598・152）。

　株主総会は，開催後終了する前に，後日再開（継続）する旨を決議することができる。延期と続行は議事に入る前後の区別である。継続会は当初の総会と同一性を有すため，新たな招集手続きは不要とされる（317条）。

2　一株一議決権原則

　議決権は株主の共益権の中でも，もっとも基本的な権利である。株主は，株主総会においてその有する株式1株につき，1個の議決権を有する（308条1項本文）。株主としての経済的利益と議決権に比例関係を持たせることは，会社の支配権を獲得した者に，企業価値を向上させるように議決権を行使するインセンティブを生じさせる意義がある。一株一議決権原則は，株主平等原則（109条1項）を議決権について具体化したものであるが，これに対する修正・例外を会社法は許容している。

3　定款による一株一議決権原則の修正

　(1)　**単元未満株式**　会社が定款で単元株制度（188条以下）を導入すると，株主には，1株ではなく1単元ごとに1個の議決権が認められ（308条1項ただし書），単元未満株主は議決権を有しない。発行する株式の種類ごとに異なる単元株式数を定めることで，複数議決権株式（1株につき複数の議決権を有する株式）と同様の実質を作り出すこともできる。

　(2)　**議決権制限株式**　議決権制限株式は，制限された事項について，議決権を行使することができない（108条1項3号）。

　(3)　**属人的定めを利用した株式**　非公開会社は定款の定めにより，株主総会における議決権に関する事項について，「株主ごとに異なる取扱い」として，一株一議決権と異なる制度を導入することができる（109条2項・105条1項3号・309条4項）。これを利用すれば，人的要素を強調して1人1議決権としたり，複数議決権を付与することで特定の株主を持分割合を超えて優遇可能である。

4　法律による一株一議決権原則の例外

　(1)　**自己株式**　会社は自己がすでに発行した株式を株主から取得し，これを保有することができる。保有している株式を自己株式というが，会社の有す

る自己株式には議決権が認められない（308条2項）。このような株式にも議決権行使を認めると、会社が自己の意思決定をする会議に自ら参加することになり不自然であり、これを認めると取締役の会社支配の手段として利用される危険があるため、会社法は議決権を否定している。

(2) 相互保有株式　相互保有株式とは、たとえば、A会社とB会社が相互に相手の株式を持ち合っている状態にある場合の株式のことをいう。一定の相互保有株式については、株主は議決権を有しない（308条1項本文かっこ書）。これは、議決権行使の歪曲化を防止するための規制である。すなわち、株式を相互に保有しあうと、株主としての影響力を互いに保持することになる。この影響力を取締役が互いに用いて、相手方会社が所有する自社の株式の権利行使を歪曲化し、会社支配の公正性を害するおそれがある。

そこで、A会社がB会社の株主であり、B会社もA会社の総株主の議決権の4分の1を保有している場合、A会社保有のB会社株式に議決権が認められない。これは、保有されている相手方（A会社株式を4分の1を保有しているB会社）からの影響力の強さ故に、公正な議決権行使が期待できないからである。なお、同一企業グループ内の会社間や取引関係にある会社間において、相互の結束強化・業務提携促進・安定株主確保等の目的で、互いに相手会社の株式を保有し合う現象は日本の経済界には広く見受けられる。

(3) 基準日後発行株式　議決権行使の基準日後に株式を取得した者は、議決権を行使できない（124条1項）。ただし、募集株式の発行（199条）により株式を取得した者にすぐに議決権を行使させたい実務上のニーズから、会社法は、会社が認めれば、当該株式の株主は議決権を行使できる旨を定めることができる（124条4項）。

(4) 特別利害関係を有する株主が保有する株式　株主総会の決議について特別の利害関係を有する株主も議決権を行使できるのが原則であるが、会社が自己株式を取得する一定の場合について例外がある（140条3項・160条4項・175条2項）。これは、株主間の公平を確保するための規制である。

(5) その他　裁判所の緊急停止命令により議決権の行使を停止される場合

がある（独禁70条の4第1項）。

V　議決権の行使

株主が議決権を行使する場合，株主自身が株主総会に出席して，自己の判断に基づき，議案に対する態度を表明するのが原則である。ただし，会社法は，原則と異なる次のような特例を認めている。

1　不統一行使

議決権は，実際に株主が株主総会に出席し，挙手，拍手その他適切な方法で自らの全議決権を統一的に行使するのが原則であり，同じ株主がその有する複数の議決権を分け，賛否・棄権を違えて行使することは本来許されないように思われる。しかし，会社法はこれを全面的に禁止することまではせず，他人のために議決権を行使する者でないことを理由として，会社がそうした議決権行使を拒絶することができると規定するにとどまる（議決権の不統一行使：313条）。他人のために議決権を行使する者としては，株式信託，投資信託，従業員持株会のように，自己の名義で株式を取得・保有する一方で，相手方の計算で当該株式の売買・管理を受託する者がその典型である。なお，多数の株主が場合によっては頻繁に入れ替わることも想定される取締役会設置会社では，会社に確認の期間を確保するため，議決権の不統一行使をする旨，およびその理由を会社に通知しなければならない（同条2項）。

2　代理行使

複数の会社の株主総会が同時間帯に行われるなど，株主が株主総会に出席することが困難な場合等に備えて，株主の代理人を株主総会に出席させ，代理人に議決権を行使させる方法を認めている（310条1項前段）。この場合，当該株主または代理人は代理権を証明する書面（委任状。会社の承諾があれば電磁的方法も可能）を提出しなければならない（同条1項後段・3項・4項）。代理権の授与は株主総会ごとにしなければならない（同条2項）。一度の代理権授与の効力が長期にわたる場合，株主の正当な意思の反映を妨げることになり，また代理権授与が実質的に議決権のみの譲渡を認める制度に転化する可能性もあるので，

こうした弊害を防ぐためである。

　会社は代理人の数を制限できる（同条5項）。これは，総会屋対策の一環でもある。日本では，かつて，大勢の手下を株主の代理人として株主総会に送り込み，株主総会において繰り返し同じ質問をしたり暴言を吐いたりして嫌がらせをする株主がいた。いわゆる総会屋であり，株主総会を荒らす可能性を示唆することで，会社から金員を得ようとする者である。こうしたゆすり行為は，株主総会を平穏無事に短時間に終わらせたいとする会社経営者・株主総会担当者の心理を巧みに突いていた。代理人の数を制限することは，株主から共同して代理権授与を受けた多数の総会屋が株主総会会場に入り込み，数にまかせて株主総会の運営を混乱させる事態を防止するためである。

　代理人は，議決権行使にともない，株主総会における審議に参加し，質問等を行うこともできる。代理権を証明する書面は株主総会から3ヵ月間は本店に備え置かれ，営業時間内のいつでも株主はその閲覧・謄写を請求できる（同条6項・7項）。紛争に備えて，事後の確認・調査を可能とする趣旨の制度である。

　代理人の資格に会社法上の制限はないが，議場の秩序確保を理由に，定款で代理人の資格を株主に限定している会社は多く，判例も当該定款規定を有効とする（最判昭43・11・1民集22・12・2402）。もっとも，当該定款規定にかかわらず株主でない一定の代理人（弁護士・株主の親族・法人株主の使用人）に議決権を行使させることも可能であると解する判例・学説は多い。

　代理行使制度は，株主に権利行使の機会を保障するためものであるが，株主総会の定足数を確保する上でも役立っており，場合によっては，白紙委任状の勧誘により取締役の会社支配権維持のために利用されるおそれもある。上場会社では，白紙委任状の弊害に対処するため，金融商品取引法194条に基づき，委任状の勧誘をしようとする者は，議決権の代理行使に関し参考となるべき書類（参考書類）とともに，議題の項目ごとに議案に対する賛否を明記できる委任状用紙を勧誘を受ける者に対して送付しなければならない。

3　書面による議決権行使（書面投票）

　これは，株主総会に出席しない株主のための制度である。会社法は，招集権

111

者がその旨を定めれば，書面投票できるとしているが（298条1項3号），議決権を行使できる株主が（株主名簿で計算して）1,000人以上の会社は必須とされ（同条2項。ただし，同条2項ただし書・会社則64条），それ以外の会社では任意で導入可能である。もっとも，上場会社は，上場規程により，議決権を行使できる株主が1,000名以上いるか否かを問わず，原則として書面投票が義務づけられている（東証上場規程435条）。

株主に書面投票を認める場合，招集通知に際し，株主に対して①議決権の行使について参考となるべき事項を記載した書類（株主総会参考書類），②株主が議決権を行使するための書面（議決権行使書面）を交付しなければならない（301条1項）。電磁的方法での招集通知を承諾した株主については，電磁的記録で作成し電磁的方法で提供すれば足りる（同条2項）。

4 電磁的方法による議決権行使（電子投票）

これも，株主総会に出席しない株主のために制度である。実務上，電子投票は，会社が議決権行使用のウェブサイトを設け，招集通知に同サイトのURL，および各株主がサイトにアクセスするために必要なID・パスワードを通知する方法で行われる。上場会社では，信託銀行等の名義で株式を保有する機関投資家が議決権を電子的に行使可能にする仕組みを設けていることが多い。

平成13年11月改正は，株主総会ごとに，取締役会決議で電磁的方法による議決権行使を導入することを可能にし，会社法もこれを引き継いでいる（298条1項4号）。電子投票の導入は任意である。電子投票を実現するにはシステム構築等に費用がかかるため，一律の強制は望ましくないからである。電子投票を導入した場合でも，書面投票の実施を義務づけられている会社では，電子投票の実施をもって書面投票に代えることはできず，書面投票も実施しなければならない。これは，電子投票をするのが困難・不便な株主も存在するためである。

電子投票が導入された場合，会社は，株主総会参考書類と議決権行使書面の内容に相当するものを株主に提供し（302条），株主総会に出席しない株主は，法務省令で定める時（会社則70条）までに，電磁的方法で議決権を行使することができ，その議決権数は，出席株主の議決権数にカウントされる（312条1項～

3項。電子投票の記録の備置き・閲覧・謄写につき同条4項・5項)。

VI 決　　議

株主総会の決議は多数決で行われる。その多数決要件は決議する事項の重要度に応じて3種類に分けられる。

1　普通決議

法令・定款に特に定めがなければ，株主総会の決定は，普通決議による。普通決議は，議決権を行使することができる株主の議決権の過半数を有する株主が出席し（定足数），出席した株主の議決権の過半数が賛成することで成立する (309条1項)。定足数は定款で定めれば軽減・排除できる。実務上，ほとんどの会社は定款の定めにより定足数を排除している。ただし，役員の選任，解任決議にかかる定足数の引下げは，議決権の3分の1までしかできない (341条)。

2　特別決議

会社法309条2項各号に列挙された重要な決議事項については，特別決議による。たとえば，会社の定款変更や合併等の組織再編が議題である場合には，決議の成立には特別決議が要求される。特別決議が要求される場合には，普通決議の場合と比べ，定足数要件と多数決要件とが加重される。

定足数要件については，議決権を有する株主のうち，その過半数の議決権を有する株主が株主総会に出席することが求められるが，普通決議の場合とは異なり，定款による定足数の引下げは議決権の3分の1までしか認められず，多数決要件としては，普通決議のような単純多数決ではなく，特別多数決によるものとされ，出席した株主の議決権の3分の2以上が賛成する場合に成立する (309条2項前段)。309条2項後段は，「この場合においては，当該決議の要件に加えて，一定の数以上の株主の賛成を要する旨その他の要件を定款で定めることを妨げない」としているので，頭数要件を付加することも可能である。

3　特殊決議

普通決議・特別決議のほか，会社法は，株主の利益に極めて重大な影響を及ぼしうる一定の事項につき，特殊の決議として，特別決議よりもさらに厳重な

要件を株主総会決議の成立に要求する。たとえば，会社が発行する株式の全部につき譲渡制限を付ける旨の定款変更をする場合には，議決権を行使できる株主（頭数）の半数以上，かつ，当該株主の3分の2以上が賛成した場合に決議が成立する（309条3項1号）。株式譲渡制限は投下資本の回収が困難になるなど株主の利益が重大な影響を受け，さらには，株式会社が公開会社でなくなると機関設計の自由度や株主の権利が大きく変わるため，頭数多数決が併用される。このほか，非公開会社において，株主ごとに異なる権利内容を設ける場合の定款変更のための株主総会決議については，総株主の半数以上で，かつ，総株主の議決権の4分の3以上にあたる多数の賛成が必要である（同条4項）。

4 株主総会の決議等の省略（書面決議）

提案されている議案について株主全員が同意している場合には，あえて株主総会の場で決議することなく，総会決議があったものとみなすことが認められている（319条1項）。株主全員の明確な同意があるときは，物理的に会議を行う手間を省き，手続を簡素化することを認めたものである。書面決議の対象は，会社の株主総会決議事項のすべてを含み，議案の提案者が取締役であるか株主であるかを問わない。

Ⅶ　種類株主総会

会社が数種の株式を発行している種類株式発行会社（2条13号）において，とくに種類株主の間で権利調整が必要な事項を会社が決定する際には，それにより影響を受ける種類株主から構成される種類株主総会（同条14号）が開催され，当該事項につき決議が行われる。種類株主総会は会社法，および定款に定めのある事項につき決議をすることができる（321条）。会社法に基づき種類株主総会決議を要する事項は，①種類株主への影響が不可避であるために決議が義務づけられている事項（たとえば，種類株式に譲渡制限を設けるための定款変更・全部取得条項付種類株式とするための定款変更［111条2項］）と，②種類株主に損害を及ぼすおそれがあるときに限り決議が義務づけられている事項（322条1項各号）に分けられる。

種類株主総会の決議には，普通決議，特別決議，特殊決議がある。普通決議は，定款に別段の定めがある場合を除き，その種類の株式の総株主の議決権の過半数を有する株主が出席し，出席した株主の議決権の過半数で行う（324条1項）。特別決議は，議決権を行使することができる株主の議決権の過半数を有する株主が出席し，出席した株主の議決権の3分の2以上の賛成で行う（同条2項）。定足数は定款で3分の1まで引き下げることが可能であり，決議要件を厳格化することもできる。特殊決議は，議決権を行使することができる株主の半数以上であって，議決権の3分の2以上の賛成が必要となるが（同条3項），定足数や決議要件を定款で厳格化することもできる。また，招集等に関して株主総会の規定が準用される（325条）。

Ⅷ 決議の瑕疵

　株主総会の決議事項が，株主自身の判断に委ねられるべき重要事項として会社法または定款で定められている以上，株主総会決議に瑕疵（手続や内容の法令・定款違反）があれば，会社における自治への悪影響を考慮し，当該決議は本来的に無効と取り扱われるべきである。しかし，株主総会の決議は，決議の後に次々と新しい法律関係が積み重なり，時間が過ぎれば過ぎるほど，株主総会決議の瑕疵を理由として法律関係を否定することは，多くのステークホルダー（利害関係者）に多大な影響を及ぼす。他方で，瑕疵ある決議により不利益を被った株主の利益を保護することも考えなければならない。株主総会決議の瑕疵への対応は，法的安定性の要請と不利益を被った株主利益の保護の要請とのバランスの問題となる。

　会社法は，株主総会決議の瑕疵を争う訴えを瑕疵の程度や性質に応じて，3つ（決議取消し・決議無効・決議不存在）に分類している。

1　決議取消しの訴え

　総会決議に瑕疵があっても決議を取り消しうるに過ぎない場合があり，この場合，初めから効力を生じない無効とは異なりいったん有効に成立するが，取消しの判決の確定により当該決議は遡及的に無効となる。瑕疵の程度が軽微な

場合がこれにあたる。決議取消しの訴えは、判決によって一定の権利関係を形成する訴訟、すなわち形成訴訟の一種である。

取消可能な決議とは、①招集手続または決議方法に法令・定款違反または著しい不正のある決議、②内容に定款違反のある決議、③決議に特別の利害関係を有する株主の議決権行使により成立した著しく不当な決議（たとえば、会社や少数派株主の利益を犠牲にして特定の株主が不当な利益を得る行為を承認する決議）、の3つである（831条1項各号）。ただ、これらの要件を満たす決議が例外なく取り消されるというわけではなく、①において法令・定款違反が重大でなく決議に影響を生じないと考えられるときは裁判所の裁量棄却が認められる（同条2項、最判昭46・3・18民集25・2・183）。また、決議の効力を争う訴訟が何ら実益（訴えの利益・権利保護の利益）を伴わないときは、訴訟要件を欠くものとして却下される（最判昭45・4・2民集24・4・223）。

決議を取り消す判決があると、その判決の効力は、設立無効等の判決と同様に第三者にも及ぶ（対世的効力：838条）。提訴権者（原告適格）は、株主等（取締役・監査役・清算人）に限られ、提訴期間は決議の日から3ヵ月以内に限られる（831条1項）。被告は会社である（834条17号、最判昭36・11・24民集15・10・2583）。

2　決議不存在の確認の訴え

総会決議が存在しない場合には、もとよりそこから法的な効力も何ら生じないが、こうした場合でも、決議の存在を主張する者との間で争いがあるときは、裁判により、決議の不存在を確定することが望ましい。そこで、会社法は、総会決議の不存在の確認の訴えを設け（830条1項）、認容判決に対世効を認め（838条）、法律関係の画一的確定を図っている。決議が不存在であることは訴えによらなくても主張できるため、この訴えを利用するかどうかは利害関係者の判断による。

決議の不存在とされる場合とは、株主総会が開催されていないのに架空の決議が（役員の選任・解任や定款変更等にかかる）登記簿上の記録として存在するに過ぎない場合（商登46条2項3項や19条の2参照）のほか、一応株主による会議は開かれたものの、招集ないし決議方法の瑕疵が著しく、法的に見て決議があっ

たとは到底評価できない場合（たとえば，株主のうち代表取締役とその実子のみに口頭で招集を通知し，その他の株主に一切知らせぬまま株主総会を開催し決議を行った場合［最判昭33・10・3民集12・14・3053］）も含まれる。

決議不存在確認の訴えは，実際の運用として，決議取消しの訴えと連続している面があるが（一部の株主に対する招集通知漏れは決議取消事由であるが，大量の招集通知漏れがあると決議不存在事由となる），決議不存在確認の訴えの場合，訴えの利益は必要であるが，原告適格の制限も，出訴期間の制限もない。こうした制限を課すのが妥当でない程の著しい瑕疵がある決議の効力を争うのが決議不存在確認の訴えである。

3　決議無効確認の訴え

総会決議の内容が法令に違反する場合，その決議は無効となる（830条2項）。欠格事由に該当する取締役（331条1項）を選任する決議を行った場合や，違法な内容の計算書類等を承認した場合などは，決議内容に法令違反がある例である。

決議の無効は，会社を被告として無効確認を請求する訴えを提起しても（830条2項・834条16号），訴え以外の方法で無効を主張してもよい。原告適格や提訴期間についても，会社法上の制約はなく，誰がいつ，どのような方法を用いても主張することができ，確認訴訟の一般原則による。

総会決議無効確認の訴えは，確認の利益が存在する限り提起することができる。確認の利益に関しては，新株が発行された後は，新株発行無効の訴え（828条1項2号）によらなければ当該新株発行を無効とすることはできないため，新株発行を決定した株主総会決議の無効確認の訴えは確認の利益を欠く（最判昭40・6・29民集19・4・1045）。

3 取締役，取締役会，特別取締役

I 取締役

1 意　　義

　株主により株式会社の経営を委ねられている者が取締役である。取締役会を置かない株式会社では，定款に別段の定めがない限り取締役は会社の業務を執行し（348条1項），他に代表取締役が定められない限り，各自が会社を代表する（349条1項・2項）。取締役が2人以上ある場合，原則としてその過半数をもって会社業務を決定し（348条2項），①支配人（会社の本店・支店の事業について包括的権限を有する者として会社から選任された使用人）の選解任，②支店の設置・変更・廃止，③株主総会の招集決定，④内部統制システムの整備に関する事項，⑤定款の規定に基づく役員等の責任の一部免除については，その決定を各取締役に委任することはできない（同条3項）。

　会社法上，株式会社の業務執行機関は，業務執行に対して期待することのできる株主の指揮監督の程度に応じ，4類型（取締役会非設置会社，取締役会設置会社，監査等委員会設置会社，指名委員会等設置会社）が用意されている。しかし，いずれのタイプであっても，株主総会において選任された取締役が，業務の決定，執行，監督・監視に関する幅広い権限を（各機関構成に合わせて調整された上で）行使する。なお，とりわけ，指名委員会等設置会社または監査等委員会設置会社の取締役とそれ以外の会社の取締役とでは機能・権限等が大きく異なっている。

2 選　　任

　(1) 資格　　取締役に就任する上で特別な法定の資格は必要ないが，会社法は，法人，成年被後見人や会社法等で定められた犯罪で有罪判決を受け一定期間を経過していない者は，取締役となることができない旨（欠格事由）を定めている（331条1項各号）。取締役は会社を経営するため，それにふさわしくない者を列挙して取締役から排除するためである。法人も取締役になることができ

ない（取締役は自然人に限られる）のは，取締役と会社との関係が委任関係であり（330条），委任者が受任者の個性を信頼して事務を委託する関係（民643条・656条）にあるためである。

　会社法331条2項は，公開会社では取締役が株主でなければならない旨を定款で定めてもその規定は無効と定め，本規定は株式会社における所有と経営の分離を徹底した昭和25年改正の理念を象徴し，株主以外からも広く経営者を募る趣旨によるものである。ただし，株主である者を取締役に選任することは可能である。

　(2)　社外取締役　　(a)　意義　　社外取締役とは，株式会社の業務を執行せず，かつ，当該株式会社ならびにその親会社，子会社，および経営陣などとの間に一定の利害関係を有しない者である。社外取締役は，会社の経営陣から独立した立場で，経営陣を監督することが期待されるため，会社法は，委員会型の会社について社外取締役の選任を義務づけ，それ以外の株式会社のうち一定の会社については，社外取締役を選任するように促している。とりわけ，上場会社において，社外取締役の選任が増えており，たとえば，東京証券取引所一部上場企業で社外取締役を選任している比率は，2005年時点では35％であったが，2011年に初めて50％を超えた後，2016年にはほぼ100％にまで急増した。

　　(b)　定義　　社外取締役の資格は，以下の要件をすべて満たす必要がある（2条15号）。①当該会社あるいはその子会社において，現在，業務執行取締役・執行役・支配人その他の使用人（業務執行取締役等）でなく，かつ，その就任前10年間，業務執行取締役等であったことがないこと，②当該会社あるいはその子会社において，その就任前10年内いずれかの時に取締役・会計参与・監査役であったことがある場合には，当該役職の就任前10年間，業務執行取締役等であったことがないこと（社外取締役の要件としては役員間の横滑りを認めない趣旨），③自然人である支配株主，親会社の取締役・執行役・支配人その他の使用人でないこと，④兄弟会社の業務執行取締役等でないこと，⑤自然人である支配株主・当該会社の取締役・執行役・支配人その他の重要な使用人の配偶者あるいは2親等内の親族でないこと，である。なお，「社外取締役として」選

任されることは，社外取締役であることの要件ではない。

監査等委員会設置会社，および指名委員会等設置会社は，社外取締役の設置を義務づけている（331条6項・400条3項）。また，事業年度の末日において監査役会設置会社（公開会社，かつ，大会社であるものに限る）であって，有価証券報告書の提出義務を負う会社が社外取締役を置いていない場合には，取締役は，その事業年度に関する定時株主総会において，社外取締役を置くことが相当でない理由を説明しなければならない（327条の2）。当該理由は，株主総会参考書類に記載しなければならない（会社則74条の2）。設置が不相当である理由である以上，人材がいない，社外監査役を設置しているので不要等の消極的事由では不相当を説明したことにはならず，実質的には，株式を上場している会社に対して社外取締役の設置を強制しようとする規整である。なお，理由は会社の事業報告で開示しなければならない（会社則124条2項）。

(3) 員数　　株式会社は1人または2人以上の取締役を置かなければならない（326条1項）。取締役会設置会社では，会議体を構成するため3人以上必要であり（331条5項），監査等委員会設置会社では，少なくとも4人（監査等委員である取締役3人＋代表取締役1人）である（331条6項・399条の13第3項参照）。定款で最低員数や最高員数を定めることもできるが，後者のみを定める場合が多い。

(4) 任期　　任期は原則として2年であるが（332条1項），業務執行機関の権限が相対的に広いため，適性審査の機会を多く設ける必要がある会社（指名委員会等設置会社，取締役会が剰余金配当等の決定権限を持つ会社の取締役，および監査等委員会設置会社における監査等委員以外の取締役）は1年である（332条3項6項・459条1項）。所有と経営が分離していない会社（監査等委員会設置会社と指名委員会等設置会社を除く非公開会社）においては，定款で任期を10年を上限として伸長することができる（332条2項）。公開会社の取締役の任期が短めに設定され，伸長できないのは，公開会社の株主は合理的無関心ゆえに経営の具体的内容まで踏み込む能力も意思もないことに鑑み，任期を短く設定して頻繁に選任手続（株主による信任投票）を行った方がよいと考えられたためである。

他方，非公開会社の場合，選任手続を通さなくても株主はいつでも経営に積極的に関与できるため，株主としては取締役の解任権を有していればよく，むしろ任期の定めは必要ないとの考えもありうるが，現行法では，一つの節目として10年までの伸長を認めているのである。

公開社会でも非公開会社でも，定款または株主総会決議により，任期を短縮できる（332条1項ただし書）。いずれの会社も再任を妨げない。

(5) 選任　取締役は，業務執行機関，あるいは業務執行機関である取締役会の構成員である。所有と経営の制度的分離のもと，会社の実質的所有者である株主が経営を託すのが取締役であるため，取締役は株主総会で選任される（329条1項）。監査等委員会設置会社では，監査等委員である取締役とそれ以外の取締役とを区別して選任する（329条2項．会社則74条の3参照）。取締役が欠けた場合または法令・定款で定めた役員の員数を欠くことに備えて補欠の役員を選任することができる（329条3項）。

選任は普通決議で行われるが，定款による定足数の引下げは議決権の3分の1までしか認められず，また，定款による決議要件の加重ができる（341条）。なお，株主総会の選任決議を前提として，被選任者は，（代表）取締役あるいは代表執行役と取締役任用契約を締結することで取締役となる。複数の取締役を選任する場合，通常，1人ずつ別々に選任決議をする（1人の取締役の選任が1つの議案を構成する）。そのため，普通に選任決議をすれば，常に多数派株主の候補者のみが取締役に選任されることになる。これを修正するのが会社法342条が定める累積投票制度である。

株主総会の目的である事項が2人以上の取締役の選任である場合には，定款で排除されていない限り，取締役の選任につき議決権を行使することができる株主は，会社に対し，累積投票により取締役を選任すべきことを請求することができる。これによれば，それぞれの株主は【保有する議決権数×選任されるべき取締役の数】の票数を投票することができるだけではなく，手持ちの票をまとめて誰かに投票してもよいし，分散して投票してもよい。そして，票数の多い者から順に当選するといった，いわば比例代表的に取締役が選任されるこ

とになる。

　たとえば，取締役を2人選任する株主総会が開催される場合に，少数派が株主提案権を行使して，自派の代表を取締役に選任する件を議案として提案したとする。多数派の取締役あるいは多数派から構成される取締役会が予定どおり取締役2人選任の株主総会を招集し，多数派に属する2人を候補者として議案に入れると，合計3人の中から2人の取締役を選任することになる。総会会日より5日前までに累積投票が請求されると，株主は1議決権につき選任される取締役数と同じ2票を持ち，候補者を一括して投票し，上位2人が選任される。発行済株式総数を100株として，多数派が66株，少数派が34株所有しているとすると，それぞれ132票と68票となる。少数派が自派の候補にすべての票を投じると，多数派がどのように票を割り振ったとしても少数派の代表に選任は確保される。

　もっとも，累積投票制度は，①少数派の意見を取締役会（会社経営）に反映できる，②少数派が多数派の会社運営をチェックできる，等の利点もあるが，制度自体，手続が煩雑であり，そもそも取締役会に多数派と少数派の利害対立が持ち込まれ，効率的な会社運営を阻害されることが望ましいことなのかも議論が分かれる。このため，累積投票制度は定款により排除することができるとされており（342条1項参照），実際，ほとんどの会社で排除されている。

　(6)　終任　　(a)　終任事由　　取締役は，辞任・解任・死亡または会社もしくは取締役が破産手続開始の決定を受けたことにより終任となる（330条，民651条・653条）。任期満了，欠格事由の発生，定款所定の資格の喪失，会社の解散によってもその地位を失う。

　(b)　解任　　取締役は，任期中いつでも，株主総会の決議（341条の普通決議）により解任できる（339条1項）。平成17年改正前商法においては，経営の継続性を重視し，解任には特別決議が必要とされていたが，株主の経営に対するコントロールを強化する目的で改められた。ただし，累積投票で選任された取締役の解任は，特別決議によらなければならない（342条6項・309条2項7号）。累積投票は，少数派株主が支持する取締役を選任しやすくするために設けられた

制度であり，その取締役が普通決議で解任できるのでは，制度を設けた意味がなくなってしまうからである。

　特に正当な理由がなく取締役を解任した場合，会社は取締役に対し解任により生じた損害を賠償しなければならない（339条2項）。任期に対する取締役の期待を保護することが目的であり，原則として，残存任期中に得られるはずであった報酬相当額を請求できる（大阪高判昭56・1・30判タ444・140）。正当な理由としては，たとえば，取締役の職務執行における法令・定款違反などの不正行為の存在や，甚だしい不適任，心身の故障などが挙げられる（最判昭57・1・21判時1037・129）。経営能力の欠如も，正当な理由に含まれるが（横浜地判平24・7・20判時2165・141），他の取締役・経営陣と折り合いが合わなくなったということだけでは，正当な理由とは認められない（東京地判昭57・12・23金判683・43）。

　(c) 解任の訴え　株主総会で多数が得られず，解任決議が成立しなかった場合，解任の訴えによっても取締役は解任される。これは，解任決議の不成立の修正，すなわち，多数決の修正を少数株主に認める制度である。株主総会で取締役を解任するには決議を可決させる必要があるが，違法行為を行った取締役や不適任の取締役であっても少数株主がこれを解任するのは容易ではない。そこで，会社法は，取締役の職務執行に関して不正の行為（故意に会社を害すること）または法令・定款違反の重大な事実があったにもかかわらず，株主総会で当該取締役を解任することが否決された場合には，6ヵ月前から議決権の100分の3以上を有する株主は，取締役解任の訴えを提起することができる（854条）。この訴えは，会社と解任されるべき取締役の双方を被告とする（855条。最判平10・3・27民集52・2・661）。本店所在地の地方裁判所に専属管轄がある（856条）。

　もっとも，現実には，株主総会で取締役の解任が議題になることはレアケースであり，通常，株主はこのような訴えを起こせない。そこで，少数株主としては，取締役の解任を求めるには，まず，解任について議題とする株主提案権（303条〜305条）を行使するか，自ら株主総会の招集を求める（297条）ことになる。しかし，解任の訴えを提起するにあたりこうした決議否決を要件とすることは妥当ではなく，立法論的には，このような要件を外すべきである。

(d) 欠員の場合の措置　取締役が退任して必要な員数を欠くようになった場合には，会社は速やかに新しい取締役を選任すべきであり，選任手続の懈怠には過料の制裁がある（976条22号）。終任により法定または定款所定の取締役の員数が欠ける結果になった場合，任期満了または辞任により退任した取締役は，後任者が就任するまで引き続き取締役としての権利義務を有する（346条1項）。その間，退任の登記はできない（最判昭43・12・24民集22・13・3334）。しかし，解任や死亡等による欠員の場合など退任取締役に職務を継続させることが困難である場合には，利害関係人の申立てにより，裁判所がその必要性を認めるとき，裁判所は一時的に取締役の職務を行う者を選任できる（346条2項・3項）。これを一時取締役という。一時取締役の選任が行われたときは嘱託登記がなされる（937条1項2号イ）。一時取締役は，通常の取締役と同一の権限を有し，常務に属しない行為もできるので，この点で，職務代行者と異なる。

(7) 職務執行停止・職務代行者　取締役選任の決議の取消し，無効・不存在確認の訴えや取締役解任の訴えが提起されても，判決確定までは当該取締役の地位は影響を受けない。しかし，その取締役にそのまま職務の執行を認めることは適切でない場合がある。そこで，民事保全法上の仮の地位を定める仮処分（民保23条2項）として，本案訴訟の提起後または提起前でも急迫な事情がある場合，裁判所は，当事者の申立てにより，取締役の職務の執行を停止した後に，その職務を代行する者を選任することができる（民保56条）。職務代行者には通常，弁護士が選任される。仮処分および仮処分の変更については登記が必要である（917条1号，民保56条）。

職務代行者は，裁判所の許可を得た場合を除き，会社の常務に属しない行為ができない（352条1項）。常務とは，会社において日常的に行われるべき業務をいい，募集株式の発行等，社債の募集，事業譲渡，組織再編行為などは含まれない（最判昭50・6・27民集29・6・879）。

Ⅱ　取締役会

取締役会は，取締役全員で構成し，その会議により業務執行に関する会社の

意思決定をするとともに取締役の職務執行を監督する機関である。公開会社，監査役会設置会社および委員会型の会社は，取締役会を置かなければならない（327条1項）。それ以外の株式会社は，その選択により取締役会を置くことができる。取締役会を置くには，定款の定めを要し（326条2項），取締役会設置会社であることは，登記事項である（911条3項15号）。

1　権　　限

　取締役会設置会社では，取締役会は，すべての取締役で組織し（362条1項），①会社の業務執行の決定，②取締役の職務執行の監督，③代表取締役の選定・解職を行う（同条2項）。

　(1)　業務執行の決定　　取締役会は業務執行を決定する（362条2項1号）。業務執行の決定には，具体的な取引を行うことの決定のほか，経営の基本方針を定めたり，会社の運営・管理に関する諸規則（取締役会規則）を定めることも含まれるが，日々の業務執行の決定すべてを取締役会がすることは現実的ではない。そこで，一定の重要事項（法定決議事項）を除き，代表取締役その他の特定の取締役に決定を委任できる（同条4項）。なお，特定の取締役に決定を委任した事項であっても，取締役会が自らの判断で決定することは可能であり，取締役会が決定した以上，取締役は取締役会の決定に従わなければならない。

　取締役会が自ら決定しなければならない法定決議事項は，(a)会社の重要な業務執行に属する事項，(b)その他の個別事項に大別される。

　(a)には，①重要な財産の処分・譲受け，②多額の借財，③支配人等の重要な使用人の選任・解任，④支店等の重要な組織の設置・変更・廃止，⑤社債の募集に関する重要事項（会社則99条），⑥内部統制の整備，⑦役員等の会社に対する損害賠償責任の軽減が法定されているが（362条4項各号），例示列挙であり，「重要な」業務執行はすべて，取締役会の決議事項である（同項柱書）。なお，ある事項が法定決議事項に該当するかどうかが判然としない場合もあり，たとえば，何が「重要な」財産の処分に当たるかについては，法定の数値基準等があるわけでなく，当該財産の価額や会社の総資産に占める割合のほか，当該財産の保有目的，処分行為の態様（会社の事業のために通常行われる取引かどうか等），会

社における従来の取扱い等を総合的に考慮して判断される（最判平6・1・20民集48・1・1）。

(b)は、譲渡制限株式の譲渡・取得にかかる承認（139条1項本文）、子会社からの自己株式取得（163条前段）、株式の消却（178条2項）、公開会社における株式・新株予約権の募集事項決定（201条1項前段・240条1項前段）、株主総会の招集（298条4項）、代表取締役の選定・解職（362条2項3号）、取締役の競業・利益相反取引の承認（365条1項）、計算書類の承認（436条3項）、中間配当（454条5項）等である。

以上は、会社または株主の利益に重大とまでいえないとしても相当程度の影響を及ぼす可能性があるとともに、経営上の専門的知見による効率的・効果的な対応の必要性から、株主総会決議に委ねることは適切ではない事項である。

(2) 監督　取締役会は取締役の職務の執行を監督する（362条2項2号）。取締役会が決定した事項を執行するのは代表取締役・業務執行取締役（・その指揮下の使用人）である。その執行が取締役会の決定に反するものであってはならないので、取締役会は代表取締役等の業務執行を監督する権限を有する（とりわけ、代表取締役を解職する権限が重要である）。この監督権限の実効性を担保するためには、状況把握が不可欠であり、代表取締役・業務執行取締役は3ヵ月に1回以上、自己の職務の執行状況を取締役会に報告することを求める（363条2項）。

監査役は取締役会の構成員ではないが、業務執行の適法性を監査する権限を有するため、取締役会に出席し、必要があるときには意見を述べる義務を負う（383条1項）。また、取締役の不正行為、そのおそれ、法令・定款違反の事実、著しく不当な事実があると認めるときは、監査役は遅滞なく、これを取締役会に報告しなければならない（382条）。

(3) 代表取締役の選定・解職　取締役会は、取締役の中から代表取締役を選定し、またその解職を行う（362条2項3号）。解職には、何の理由も必要とされない。解職は、決議により当然に効力が生じ、当該代表取締役への通知は要しない（最判昭41・12・20民集20・10・2160）。代表取締役を解職されても、取締役

の地位は失わない。

(4) 内部統制システム　会社法制定前より，一定規模以上の株式会社では，内部統制システムを構築しなければならないと解されてきたが（大阪地判平12・9・20判時1721・3），会社法制定により，大会社の場合，取締役会は内部統制システムの整備について決定しなければならないことが明文化された（362条5項）。会社の規模が大きくなれば，取締役会が職務の執行のすべてをチェックすることは困難となる。そこで，職務の執行そのものをチェック対象とするのではなく，法令・定款の遵守や効率的な業務運営が適切に行われるような体制（内部統制システム。リスク管理体制とよばれることもある）を構築し，その体制が適切に機能しているかチェックするという形で監督が行われる。

会社法施行規制100条1項等に，内部統制システムとして具体的に決定すべき事項が示されているが，具体的な体制の形は各会社において取締役が善管注意義務に従い決定する。

2　招　集

取締役会は常設の機関でなく，必要に応じて開催される。原則として，招集権者が個々の取締役・監査役に通知して招集するが（368条1項），その全員が同意すれば招集手続を経ることなく開催できる（同条2項。最判昭31・6・29民集10・6・774）。それゆえ，あらかじめ取締役・監査役全員の同意で定めた定例日（たとえば，毎月第1水曜日）に開催する場合には，その都度の招集手続は不要である。招集権は，原則として，各取締役が有しているが（366条1項本文），定款あるいは取締役会で一定の者（たとえば，取締役会長，取締役社長）を招集権者に指定することもできる（同項ただし書）。もっとも，特定の取締役を招集権者と定めた場合でも，他の取締役の招集権限が排除されるわけではない。各取締役は，招集権者に対して取締役会の招集を請求し，さらに自ら招集することができる（同条2項・3項）。これは，取締役会の業務監督権限が適切に行使されるようにするためである。監査役も，①取締役が不正の行為をし，もしくは，当該行為をするおそれがあると認めるとき，または，②法令・定款違反の事実もしくは著しい不当な事実があるときは，招集権者に対して取締役会の招

集を請求することができる（382条・383条2項）。

招集通知は書面でも口頭でもよく，取締役会の1週間前までに発しなければならないが（368条1項），通知に議題等を示す必要はない。取締役会の場合には，臨機応変に判断する必要がある以上，経営の専門家としての手腕が期待されてその地位にある取締役としては，議題の事前の通知がなくても，業務執行に関するさまざまな事項が付議されることは当然に予想すべきだからである。

3　議事運営

取締役会の議事運営については，会社法上の規定はなく，定款・取締役会規則などの内部規定および慣行による。株主総会における取締役等の説明義務のような規定はないが，取締役会において十分に議論を尽くすことは当然に予定されている。したがって，取締役の説明要求を無視して強引に採決した場合，当該取締役会決議は無効とされうる。

4　決　　議

取締役は各自，経営の専門家としての能力を信頼して選任されるため，取締役会の決議では頭数多数決が行われる（一人一議決権）。株主総会の場合（310条参照）と異なり，取締役会には取締役が自ら出席する必要があり，代理人に出席・議決権行使を委任することは認められない。書面投票・電子投票（298条1項3号・4号参照）も認められない。取締役が一堂に会して討議を重ねた上で意思決定を行うのが原則であるが，電話会議・テレビ会議・インターネット上のチャットにおる会議も，情報伝達の双方向性・即時性が確保され，合理的な議事運営が行われるのであれば可能である。また，定款で定めれば書面決議が認められる。すなわち，取締役が取締役会の決議の目的である事項について提案した場合，当該提案につき取締役の全員が書面または電磁的記録により同意の意思表示をしたとき（監査役設置会社では，監査役が当該提案について異議を述べたときを除く）は，当該提案を可決する旨の決議があったものとみなす旨を定款で定めることができる（370条）。

取締役会の決議は，議決に加わることができる取締役の過半数が出席し，その過半数により行われる（369条1項）。定款の定めによりこの要件を加重でき

るが，緩和することはできない。決議について特別の利害関係を有する取締役は，議決に加わることができず（同条2項），その数は定足数・出席取締役にカウントしない（同条1項）。これは，決議の公正を期すためと，会社の法律関係の安定（特別利害関係人にも議決権行使を認め，それにより著しく不当な決議がなされたときに，事後的に決議を無効とすると，法律関係が不安定になる）に配慮したためである。

5 特別取締役による決議

取締役が6人以上かつ社外取締役が1人以上の取締役会設置会社では，取締役会の法定決議事項のうち，迅速な意思決定が必要と考えられる重要財産の処分・譲受けおよび多額の借財（362条4項1号2号・399条の13第4項1号2号）については，取締役会があらかじめ選定した3人以上の取締役（特別取締役）の過半数が出席し，出席特別取締役の過半数をもって取締役会決議を行える旨を，取締役会は定めることができる（373条1項）。特別取締役による決議の定めがある旨，特別取締役の氏名，および取締役のうち社外取締役である者につきその旨が登記事項とされている（911条3項21号）。なお，迅速な意思決定を確保するため，特別取締役は社外取締役である必要はない。

迅速な意思決定が必要なのは取締役会が大規模な会社であると考えられるため，会社法は，取締役の数が6人以上を要件とするとともに，取締役会による監督の実効性を高めるため，1人以上の社外取締役も要件としている。取締役会の監督機能を確保するため，特別取締役の互選で定めた者は，決議後，遅滞なく，決議の内容を特別取締役以外の取締役に報告しなければならない（373条3項）。

6 議　事　録

取締役会の議事については，議事録を作成し，出席取締役・監査役全員が署名または記名押印しなければならない（369条3項。電磁的記録により作成された場合は電子署名をする［同条4項，会社則225条1項6号］）。取締役会の決議に参加した取締役で議事録に異議をとどめないものは，決議に賛成したものと推定される（369条5項）。取締役の責任（423条1項・462条1項等）を追及する者の立証

負担を軽減する趣旨である。議事録は，取締役会の日（書面決議［370条参照］の日を含む）から10年間，本店に備え置かれ（371条1項），株主・債権者・親会社社員は，一定の条件の下で取締役会議事録の閲覧・謄写を請求できる。

取締役会議事録は取締役の職務執行をチェックする上で重要な書類ではあるが，取締役会の議事には企業の機密事項に関わる事項が多いため，取締役会に出席できる者以外の閲覧には厳しい制約がある。監査役設置会社における株主・債権者・親会社社員が取締役会議事録を閲覧するには裁判所の許可が必要で，閲覧・謄写により会社またはその親会社・子会社に著しい損害を及ぼすおそれがあると認めるときは，裁判所は許可することができない（371条3項〜6項）。他方，監査役設置会社でない会社など，業務監査を行う監査役がいない会社の株主は，営業時間内はいつでも取締役会議事録を閲覧できる（同条2項）。こうした会社の株主は，取締役の職務執行を自らが監督することが期待されるため，監査役同様の権限が認められている。

7 決議の瑕疵

取締役会決議に手続上の瑕疵があったり，決議内容に法令・定款違反があるような場合には，当然決議は無効であり，株主総会決議のように決議取消制度はない。取締役会決議の無効は，いつでも，誰でも，どのような方法によっても主張できる。取消しの制度がないので，決議に効力がないという点で，決議不存在も決議無効と同様に位置づけられる。

代表取締役が会社の重要な財産の処分・譲受けを行う場合には取締役会決議が必要であるが（362条4項1号），もしもこのような取締役会の決議が必要な行為を取締役会の決議を経ないで行ったり，無効な取締役会決議に基づいて行った場合，当該行為は無効であろうか。基本的には，取締役会決議が会社の内部的意思決定手続であることを考慮し，取締役会決議によって守ろうとする会社の利益と取引の安全保護の要請とを比較して決めるべきである。それゆえ，会社内部の事項にすぎない行為は，無効と解すべきであるのに対し，対外的取引行為は一律に無効と解するのではなく，相手方が取締役会決議のないことを知っていたときにのみ，会社は無効を主張できると解すべきである。

Ⅲ　代表取締役

1　意　　義

　取締役会設置会社においては，業務執行をし，対外的に会社を代表する常設の機関が，代表取締役である。法的には，代表取締役は取締役会の下部の機関であり，取締役会の指揮・監督下にある。業務執行は，機関の行為が会社の行為と認められるという側面からみたものであり，代表は機関が会社の名前で第三者と行った行為の効果が会社に帰属するという側面からみたものである。業務執行には，内部的な行為もあり，その場合，代表は問題にならないが，対外的な業務執行は代表の側面をあわせもつ。それゆえ，代表は対外的な業務執行となる。

2　選定・解職

　取締役会を置かない株式会社では，定款，定款の定めに基づく取締役の互選または株主総会の決議により，取締役の中から代表取締役を選定することができる（349条3項）。取締役会設置会社では，取締役会が，取締役の中から代表取締役を選定する（362条3項）。代表取締役の員数については定めがなく，1人以上であればよい。取締役会設置会社では，代表取締役の解職も取締役会が行う（同条2項3号）。

　代表取締役を選定する取締役会決議において，候補者が特別利害関係人に該当しないことには争いはないが，代表取締役を解職する場合に，当該代表取締役は公正に議決権を行使することが期待しがたいため，特別利害関係人に該当するとしているのが判例（最判昭44・3・28民集23・3・645）である。代表取締役は取締役であることを前提とするため，取締役が終任になると代表取締役の地位を失う。

3　権　　限

　(1) 代表権限　　代表機関に属する代表権限は，会社業務に関する一切の裁判上または裁判外の行為に及ぶ（349条4項・420条3項）。これを代表権限の包括性という。会社が代表権限に加えた制限は善意の第三者には対抗できない（349

条5項・420条3項)。この制限を内部的制限，代表権限のこのような性質を不可制限性という。

代表取締役は，株式会社の業務を執行し (363条1項1号)，対外的に会社を代表する(47条1項)。代表取締役が2人以上いるときは，各自が会社を代表する(349条2項)。

(2) 業務執行権　代表取締役は，日常的業務および取締役の過半数（取締役会設置会社では取締役会）により，とくに決定を委任された業務執行事項（取締役の過半数により決すべき事項または取締役会の法定決議事項[348条3項・362条4項参照]を除く）について，自ら決定し，執行する(348条・363条1項1号)。包括的代表権は包括的な業務執行権の存在を前提とする。日常的な業務に関する決定については，明示の決議がなくても黙示的に，取締役会から委任を受けていると解されている。株式会社が行うべき事項で行為者が会社法上特定されていないものは（31条1項・125条1項等），代表取締役が選定されている会社では原則的に代表取締役の職務権限となる。

(3) 権限違反の行為の効力　代表取締役の行為が，①定款所定の会社の目的の範囲を逸脱した場合，②株主総会・取締役会の決議に基づかない場合等の効力については，会社法上の規定はなく，解釈に委ねられている。①については，取引の安全保護の要請から，定款所定の目的の範囲外の行為の効力も，原則的に有効と解すべきであろう。②については，「会社の利益」と「決議事項であり決議を経ていないことを知らなかった第三者の利益」とをいかに調整すべきであるかという問題である。まず，株主総会の決議事項については，第三者は決議事項を知るべきであるが，決議が有効であったことまで確認すべきとするのは酷である場合もあろう。そして，取締役会の決議事項については，取引の安全保護の要請が高い事項は，効力に影響がないと解すべきであろう。たとえば，新株の発行や社債の発行である。他方，通常の取引の場合には，善意の第三者は保護されるべきである。たとえば，重要な財産の処分である。代表取締役が会社の重要な財産の処分を行う場合，取締役会決議が必要であるが(362条4項1号)，362条4項が重要な業務執行につき取締役会の決議を要求する

のは、会社の利益を保護することがその目的であるから、当該決議を欠くことを理由に取引の無効を主張できるのは、原則として会社のみである（最判平21・4・17民集63・4・535）。

代表取締役が、その権限を自己または第三者の利益のために利用する行為を代表権濫用という。たとえば、売却代金を着服する目的で、会社の資産を売却する行為である。売却行為自体は、代表取締役の権限の範囲内で行われている点で、代表権に対する制限に違反している場合とは異なる。判例は、こうした代表権濫用による対外的効力につき、民法93条ただし書（心裡留保）を類推適用し、原則的に有効であるが、相手方が代表取締役の真意（濫用目的であること）を知りまた知りうべきとき（悪意または有過失のとき）は無効としている（最判昭38・9・5民集17・8・909）。しかしながら、学説はこの判例の立場には批判的である。まず、理論的に、代表取締役が権限を濫用している場合、行為の法律効果を会社に帰属させる意思はあり、表示行為と真意の不一致がない以上、類推の基礎を欠いている。くわえて、実質的に、判例の立場では、相手方が知りうべき場合（過失がある場合）に保護されないことになるが、会社は自らのリスクで信頼できる代表者を選ぶべきであり、代表者の行為を監督する仕組みもある以上、できるだけ会社に効果を帰属させて取引の安全を図るべきである。それゆえ、代表権濫用について悪意・重過失ない相手方は保護されるべきであろう。

4 表見代表取締役

代表権のない取締役に会社が社長、副社長その他会社の代表権限を有するかのような名称の使用を認めている場合、当該行為者（表見代表取締役）に代表権限がないことを知らない善意の相手方に対しては、その行為者の行為は正当な代表機関の行為と同様に会社の行為として効力が生じる（354条）。これは、代表権限を持たない者が代表行為を行ってもそれは無権代表で無効であるが、上記のような役職名を肩書とする取締役は、たとえ代表権限を有していなくても会社の代表機関であるとの誤解が生じやすいため、取引の相手方を保護する趣旨から会社に責任を認める制度である。なお、善意であっても代表権限に欠

缺を知らないことにつき重過失がある場合は，悪意者と同視される（最判昭52・10・14民集31・6・825）。取引の相手方に善意無重過失の証明責任があるのではなく，会社側に相手方の悪意または重過失の証明責任があると解されている。平成17年改正前商法は，専務取締役・常務取締役という名称を表見代表取締役に含めていたが，同年の会社法によりこれらの名称が条文の文言から削除された。それゆえ，専務取締役等に代表権が与えられなかった場合には，一般的社会通念・当該会社における通常の肩書の使用状況を考慮して，その肩書が会社を代表する権限を有するものと認められる名称かどうかにより354条の適用の可否が決せられることになる。

　代表権限のない取締役の行為につき会社に責任を負わせるのが表見代表機関の問題であるが，取締役ではない使用人（たとえば，営業部長）に代表機関であるかのような名称の使用を会社が認める場合もありうる。こうした場合，同様の外観が生じ，会社には同様の帰責性があると考えられ，会社法354条の直接適用はできないが，類推適用が認められる（最判昭35・10・14民集14・12・2499）。

Ⅳ　取締役と会社との関係

　取締役と会社との関係は委任に関する規定による（330条）。取締役の会社法上のさまざまな権利・義務は任用契約の内容としても位置づけられ，取締役は受任者としての義務を負う一方で，会社の業務に関する意思決定や執行に関する職務を遂行することで対価としての報酬を得る。

1　取締役の一般的義務

　(1)　善管注意義務と忠実義務　　取締役をはじめとする役員および会計監査人は，善良な管理者の注意をもって職務を遂行すべき義務がある（330条，民644条）。委任契約における善管注意義務とは，受任者と同様の職業・地位にある者に対して一般的に期待される水準の注意義務がその意味内容とされており，「自己の財産に対するのと同一の注意（民659条）」と比べ，より高度のレベルを意味する。これを取締役のケースにあてはめると，社会通念上，会社の取締役であれば一般的に期待されるレベルの注意をもって取締役の職務執行にあたら

ねばならない，ということになるが，その具体的内容は，当該取締役の担当業務や専門性，あるいは会社の業種によりズレがありうる。

会社法は，取締役は「法令及び定款並びに株主総会の決議を遵守し，株式会社のため忠実にその職務を行わなければない」(355条)とし，取締役の忠実義務を定める規定も置いている。忠実義務は取締役の善管注意義務の一側面を具体化・明確化したものであり，両義務は同質の義務であると理解されている（同質説。最大判昭45・6・24民集24・6・625）。

これに対して，忠実義務は，取締役がその地位を利用して会社利益の犠牲の下で自己の個人的利益や第三者の利益を図ってはならない，という内容であり，善管注意義務とは異なる義務であるとする理解もある（異質説）。学説上の多数説は，判例を支持し同質説に立つ。多数説は，355条を取締役の善管注意義務を明確にし，それを強行法規として位置づけたものと考える。それゆえ，忠実義務は善管注意義務と同質の義務であると考えるのが一般的であるが，利益相反的な場面を規律する機能に着目し，「忠実義務」という用語は定着しており，取締役の競業取引（356条1項1号）・利益相反取引（同項2号3号）・報酬（361条）にかかる規制は，忠実義務違反を予防的に規整するためのものである。

(2) 経営判断原則　経営判断原則とは，取締役の行為が善管注意義務に違反するかどうかについて裁判所が判断するにあたり，取締役に一定の範囲で裁量を認め，その範囲内の行為については取締役の注意義務違反を否定する（取締役の経営判断を尊重する）という考え方である。すなわち，取締役が専門性の要求と資源・時間の制約の下で，結果の不確実な経営判断を行わなければならない立場にあること，そして，その一方で取締役に対し進取の気性の発揮（リスクテイク）が会社・株主から強く期待されている以上，取締役の経営判断によりたとえ会社に損害が生じたとしても，判断当時の取締役の行動に著しい過誤が認められない限りは，安易に任務懈怠を認めるべきではない。こうした発想に基づき，もともと，米国の裁判所において採用されてきた考え方であるが，近年は，日本でも経営判断原則を明示的に適用する判例も現れている（最判平22・7・15判時2091・90）。

日本における経営判断原則とは，経営判断に際して取締役の任務懈怠の有無を判断する際の，裁判所の審査の方法・対象を明らかにしたものである。判例により表現の仕方は異なるが，一般的な理解によれば，①判断の前提となった情報の認識に不注意な誤りの有無，②判断の過程・内容に著しく不合理な点の存否を裁判所が審査するというものである。①は，すなわち情報の収集・調査・検討が合理的であることの検証，②は，すなわち判断の推論過程・内容に明らかな不合理が存しないということの検証である。判断過程・内容に著しい不合理が認められなければ任務懈怠を認定しないというスタンス（姿勢）は，裁判所が取締役の裁量を尊重するポリシー（立場）を明らかにしたものであり，さらには，経営のプロではない裁判所が適切になし得る審査の有り様を示したものでもあろう。

　日本では，アメリカ法とは異なり，裁判所が経営判断の内容に事後的に介入しており，日本法の経営判断原則は，①当該経営判断が経営上の専門的判断に委ねられており，②意思決定の過程・内容に著しい不合理がなければ，③善管注意義務に違反しない，ともまとめられる。

　これに対して，アメリカ法の経営判断原則（business judgment rule）は，①実際に経営判断を行ったこと，②違法な行為でないことの2つを前提に，①経営判断の対象に利害関係がないこと，②情報に基づく判断であること，③経営判断が会社の最善の利益に合致すると正当に確信したこと，の3要件である。③は重過失のないことであり，通常，取締役は会社の最善利益に合致すると確信するからこそ意思決定をする。裁判所は経営のプロである取締役の判断を尊重するので，経営判断の内容ではなく，経営判断の手続（形式）面を審査する。それゆえ，取締役の行為基準としても明快である。

（3）　監視義務　　代表取締役はもちろん，一般の取締役も，会社の状況を把握し，他の取締役の職務執行を相互に監視すべき義務を負うと解されている（最判昭48・5・22民集27・5・655）。取締役は取締役会に上程された事項にとどまらず，業務執行一般についてこれを監視し，必要があれば，取締役会を自ら招集し，あるいは招集することを求め（366条参照），取締役会を通じて会社の業務執行

が適切に行われるようにする義務を負う。それゆえ，取締役会を開催せずに会社の業務を専断していた代表取締役が任務懈怠により第三者に損害を与えた場合，他の取締役も，監視義務違反による責任を負うこととなる。なお，取締役会非設置会社の取締役も，善管注意義務・忠実義務の一内容として，業務執行の監視義務を負うと解されている（新潟地判平21・12・1判時2100・153）。

(4) 内部統制システム構築義務　規模がある程度以上の会社になると，健全な会社経営のために会社が営む事業の規模・特性等に応じた内部統制システム（リスク管理体制）を構築して運用する必要がある。会社法は，大会社（2条6号）および委員会型の会社については，取締役会（取締役会非設置会社では取締役）が内部統制システムの構築の決定をすることを義務づけている（348条3項4号・4項，362条4項6号・5項，399条の13第1項1号ロハ，416条1項1号ロホ）。もっとも，取締役会は，内部統制の目標設定やそのための組織の設置等，内部統制システムの大綱を決定すれば足り，具体的な体制の構築については，各取締役に委任できる。内部統制システムの構築を決定した会社は，事業報告（435条2項）において，決定した内容の概要およびシステムの運用状況の概要を開示しなければならない（会社則118条2号）。

　取締役会の決定に基づいて，代表取締役等の業務執行権限を有する取締役は，内部統制システムを構築して運用する義務を負い，取締役は，代表取締役等が内部統制システムを構築して運用する義務を履行しているかどうかを監視する義務を負う（大阪地判平12・9・20判時1721・3）。ただ，内部統制システムの構築には費用がかかる以上，システムの内容は，費用対効果を考慮して決定しなければならず，高度な経営上の知見・経験が不可欠である。それゆえ，いかなる内部統制システムを構築するかについては，取締役に広い裁量が認められるべきであり，義務違反の審査は経営判断原則の枠組みにより行うべきであろう。判例も内部統制システムの内容については，取締役に広い裁量があることを認めている（東京高判平20・5・21判タ1281・274）。もっとも，会社が過去に不正行為を経験しながら，何らその再発を防止する体制をとらなかったため，同種の不正行為が繰り返された場合のように，当該体制を構築しなかった取締役の判

断が著しく不合理である場合には、取締役の義務違反は当然に認められよう（大阪高判平27・5・21判時2279・96）。

(5) 信頼の権利　構築された内部統制システムが適切に運用されている場合、取締役は、他の取締役の職務の執行に関し、疑念を差し挟むべき特段の事情がない限りは、職務の執行が適切に行われていると信頼することが認められる（大阪地判平12・9・20判時1721・3）。それゆえ、仮に会社不祥事が発生したとしても監視義務違反として取締役の責任が追及される可能性は低くなる。これを信頼の権利（または信頼の原則）という。取締役が監視義務を負うといっても、各取締役による会社の業務の逐一監視が求められているわけではない。

(6) 親会社取締役の子会社に対する監督義務　平成26年改正会社法は、内部統制システムを、「株式会社の業務並びに当該株式会社及びその子会社から成る企業集団の業務の適正を確保するために必要なものとして法務省令で定める体制」と定義している（362条4項6号等）。これは、子会社を有する株式会社の取締役は、相当の範囲で子会社を監督する義務を負っていることを前提とする規定と解されている。他方で、親会社が子会社の業務をどの程度監督すべきかは、子会社の規模・重要性のほか、監督する上で見込まれる費用や子会社の社風（たとえば、独立性の尊重）等も考慮して決定しなければならず、高度の経営上の知見・経験が不可欠である。それゆえ、子会社に対して行う監督の内容・程度は、経営判断原則の枠組みにより行うべき問題である。

2　利益衝突関連規制

取締役と会社との利益衝突がない場合、取締役に広範な裁量が認められるが、取締役が活動する上で、会社の利益と取締役個人の利益との衝突が生じる場合もある。この場合、取締役は一般に、会社の利益を犠牲にして、自己または第三者の利益を図ってはならないという忠実義務（355条）を負う。そうした一般的規制のほか、会社法は、取締役と会社の利益が衝突する一定の場合（競業取引・利益相反取引・報酬等）につき、会社の利益を保護するため、特別の規制を定めている。

(1) 競業取引規制　(a) 総説　取締役は、会社の事業に関与するため、

事業上の秘密を知りうる立場にあるため，その知識を利用して会社のノウハウや顧客リストを奪うなど，会社の利益を犠牲にして自己の利益を図るおそれがある。そこで，会社法は，取締役の競業避止義務を定めている。もっとも，グループ経営が一般的な現代の株式会社では，取締役が子会社・関連会社の業務執行取締役を兼任し，それらの会社のために，株式会社が同種の事業を行うことは珍しくはない。また，会社が自社と同種の事業を営む者の能力を高く評価し，その者の現職の継続を認めつつ，自社の（非常勤の）取締役に迎えることもあり得る。そこで，少なくとも会社法上は，取締役であっても個人としての経済活動を全面的に禁止することはせず，取締役の競業取引につき事前に会社内部の承認手続（取締役会非設置会社の場合は株主総会，取締役会設置会社の場合は取締役会の承認）を経ることを求めるなどして，会社の利益と取締役個人の利益との調整を図る仕組みを定めている（356条1項1号・365条1項により読み替えられる356条1項1号）。

　(b) 対象　規制対象となる競業とは，「自己または第三者のため」に行う「会社の事業の部類に属する取引」であり，会社の事業と市場において競合する取引である。会社の事業は，会社が現実に営んでいる事業を基準に考え，定款所定の目的である事業でも完全に廃業しているものは含まれないが，定款に記載されていない事業でも会社が継続的・専門的にそれを行っていれば，それは含まれると解されている。地理的に競合しなければ，会社と同種の事業を行っても規制対象とはならない。しかし，現時点では市場が競合していなくても，会社が進出を予定している地域で会社と同種の事業を行う場合は規制対象となる（東京地判昭56・3・26判時1015・27）。

　(c) 承認手続　取締役が競業取引を行う場合には，取締役会が設置されていない会社では株主総会，取締役会設置会社では取締役会の承認が必要である（356条1項・365条1項）。取引の承認に関する取締役会決議の際，競業取引を行う取締役は特別利害関係人に該当し，決議に参加できない（369条2項）。競業取引を行う取締役は，承認手続に際し取引に関する重要な事実を開示しなければならず（356条1項柱書），取締役会設置会社の場合，取引後にも遅滞なく重

要な事実を取締役会に報告しなければならない（365条2項）。重要な事実とは，取引の相手方・取引の種類・目的物・数量・価格・履行期・取引の期間などである。この開示は，株主総会等の承認の可否を判断する上での資料を提供するためのものである。

　承認は個々の取引について受ける必要があるが，継続的に取引が行われる場合には，合理的な範囲を定めた上で，ある程度包括的な承認を受けることも認められる。承認は事前に受ける必要があり，事後承認は，総株主の同意がない限り認めるべきではないとの見解もあるが，承認手続を経ていない競業取引であっても有効と考えるべきであろう。これは，取締役の競業取引の相手方にとって，取引が競業に該当するかは必ずしも明らかではなく，取締役の取引に関する意思決定過程に瑕疵があるわけでもないからである。くわえて，会社としても，当該競業取引の効力を否定しても会社の被った損害が回復できるわけではなく，むしろ，取引の効果を維持（事後承認）した上で，取締役の得た利益を会社に帰属させることで損害の回復を図る方が妥当な対応といえる。

　なお，承認は，競業取引をする場合に必要であり，同業他社の代表取締役に就任すること自体については必要はないが，同業他社の代表取締役に就任する場合，実務的には，包括承認を得ることが多い。

　　(d)　競業避止義務違反の効果　　取締役が競業避止義務に違反して承認を受けずに競業取引を行っても取引は有効であるが，当該取締役は会社に対して損害賠償責任を負い（423条1項），当該取引によって取締役または第三者が得た利益の額は，会社に生じた損害と推定される（同条2項）。また，取締役解任の正当な理由となる（339条参照）。

　(2)　利益相反取引規制　　(a)　総説　　競業取引規制は，会社の利益獲得に向けて投じられるべき自己の労力や会社の資源を，取締役が個人的利益のために費消しないようにする（権限行使がおろそかになり会社に消極的損害が生じるような局面を避ける）という考えに基づいている。他方，利益相反取引規制は，取締役が直接または間接的に会社と取引を行い，会社財産を収奪すること（会社に積極的損害を与えること）を防ごうとするものである。競業取引よりも利益

相反取引の方が悪質であり，禁止の要請が強い。このことを反映し，条文の文言上・解釈上の違反の効果等に関してより厳格な対応がとられている。

　取締役が自己または第三者のために会社と直接に取引をしようとする場合（直接取引。たとえば，①会社の製品その他の財産を譲り受ける場合・②取締役が自己所有の不動産を会社に売却する場合）や，会社が取締役以外の者との間で会社と取締役との利益が衝突する取引をしようとする場合（間接取引。たとえば，①会社が取締役の債務を保証する場合・②一方の会社の取締役が他方の会社の代表取締役を兼ねているときに一方の会社が他方の会社の債務を保証する場合），取締役が取引の条件等で会社の利益を犠牲にして自己また第三者の利益を図るおそれがある。こうした危険は，取締役が当事者として取引する場合だけでなく，他の代理人・代表者として取引する場合もある。そこで，会社法は，取締役がこうした利益相反取引をする場合につき規制する。

　利益相反取引には，取締役が会社の利益を犠牲にして自己または第三者の利益を図るおそれがある一方で，たとえば小規模な会社の取締役が会社の事業にとり不可欠な財産を会社に有利な（市場価格よりも安い）価格で譲渡する場合や，取締役が共通するグループ会社間で事業に必要な取引をする場合等，会社が事業の遂行上，利益相反取引を行うニーズもあることには注意が必要である。そこで，会社法は，こうした現実を踏まえ，利益相反取引を一律に禁止するのではなく，取締役の利益相反取引につき事前に会社内部の承認手続（取締役会非設置会社の場合は株主総会，取締役会設置会社の場合は取締役会の承認）を経ることを求めるなどして，会社の利益と取締役個人の利益との調整を図る仕組みを定めている（356条1項2号3号・365条1項により読み替えられる356条1項2号3号）。

　　(b)　対象　　直接取引（356条1項2号）だけでなく，間接取引（356条1項3号）も規制対象である。

　会社の利益が犠牲にされることを防止する趣旨の規制（行為事前規制）であるため，規制対象となる利益相反取引かどうかは一般的・客観的に把握されるべきである。個別的・具体的事情（たとえば，売買契約における代金の額）は，株主総会（取締役会）が当該取引を承認するかどうかの判断において考慮され

る要素である。それゆえ，会社・取締役間の直接取引であっても，会社の利益の犠牲の下で取締役または第三者が利益を図るおそれが一般的・客観的にないパターンにあたる取引は，会社法356条1項2号所定の直接取引には該当しない。たとえば，取締役から会社に対する無償贈与や普通取引約款（あらかじめ契約内容を定型的に定めた条項であり，大量に同種の契約がなされる保険取引・銀行取引・運送取引等で用いられる）に基づく取引である。また，手形行為（たとえば，約束手形の振出）は取引（手形行為の原因関係）の決済手段であり，当該取引（会社と取締役間における商品の売買契約等）には356条1項が適用されるが，手形行為自体には同条項の適用はないとの見解がある。しかし，手形行為者は，原因関係とは別個の債務，しかも手形上の債務として（抗弁切断や手形訴訟による追及等）一層厳格な債務を負担することになる以上，手形行為にも会社利益の保護を図ろうとする同条項の適用を認めるべきである（最大判昭46・10・13民集25・7・900）。

(c) 承認手続　取締役は，直接取引および間接取引につき，株主総会（取締役会設置会社の場合は取締役会）において，当該取引につき重要な事実を開示し，その承認を受けなければならない（356条1項・365条1項）。間接取引については，株式会社と当該取締役との利益が相反する取引とされているが，当該取締役が代表取締役を務める他の会社の利益と相反する場合も含まれる（最判昭45・4・23民集24・4・364）。

競業取引規制の場合と異なり，利益相反取引規制においては，「自己または第三者のために」とは，「自己または第三者の名義において」の意味である（権利義務の帰属が基準となる）と解すべきであろう。これは，承認を受けない利益相反取引は無効（相対無効）と解されているので，取引の安全を考慮すると，利益相反取引かどうかの判断を明確にできる方が望ましいからである。重要な事実の開示は，承認の可否を判断するための資料を提供することがその目的であるため，開示すべき重要な事実とは，取引の種類・目的物・数量・価格・履行期・取引の期間等である。間接取引の場合，相手方・主債務者の返済能力（保証契約の場合）等が開示対象である。

承認は，個々の取引につき受けるべきであるが，継続的に取引が行われる場合には，合理的な範囲を定めた上で，ある程度包括的な承認を受けることが認められることは，競業取引の場合と同様である。承認を受けるべき取締役は，直接取引の場合，取引の相手方である取締役である。間接取引の場合，当該取引につき会社を代表する取締役とする見解と，当該取引により利益を受ける取締役とする見解に分かれているが，前者が通説的見解である。承認を受けた場合，民法108条の適用はない（356条2項）。事後承認についても，議論が分かれているが，事後承認により取引は遡及的に有効になると解すべきであろう（東京高判昭34・3・30金法206・5）。ただし，取引が有効になるとしても，取締役の会社に対する責任に当然に影響するものではないが，総株主の同意による承認（事前・事後を問わず）は，取締役の任務懈怠責任を免除する効果がある（424条）。

(d) 報告　利益相反取引についても，競業取引の場合と同様に，承認手続に際し取引に関する重要な事実を開示した上で承認を受け，取締役会設置会社では，取引後遅滞なく重要な事実を取締役会に報告しなければならない（365条2項）。直接取引の場合，事前の承認を受けるべき取引の相手方となる取締役であり，間接取引の場合，会社を代表した取締役を意味すると解されており，多くの場合，この者が承認時に重要な事実を開示し，事後的に報告することになる。

(e) 取引の効力　取締役会の承認を得ないで利益相反取引が行われた場合，当該取引の効力がどうなるかにつき，会社法は規定を設けていないため，解釈問題となる。一般に，当該取引は無効であるが（ただし追認されれば効力が生ずる），会社の利益を保護する趣旨であるため，取締役の側からの無効主張はできないと解されている（最大判昭46・10・13民集25・7・900）。また，会社が第三者に対して無効を主張するには，その者の悪意（取締役会の承認を得ていないことを知っていること）を立証しなければならないと解されている（相対的無効。最判昭48・12・11民集27・11・1529）。

利益相反取引により会社に損害が生じたときは，任務を怠った取締役は会社に対して損害賠償責任を負う（423条1項）。承認を受けないで取引をした場合

だけでなく，承認を受けた場合も同様である。利益相反取引により会社に損害が生じたときは，利益が相反する取締役等一定の者はその任務を怠ったものと推定される（423条3項。ただし，監査等委員会設置会社において監査等委員以外の取締役が事前に監査等委員会の承認を受けた場合は別。同条4項）。

　直接取引（356条1項2号）を自己のためにした取締役の責任は，任務を怠ったことがその取締役の責めに帰することができない事由によるものであることをもって免れることはできない（428条1項）。さらに，直接取引を自己のためにした取締役の責任については，責任軽減制度は適用されない（同条2項）。

　(3) 報酬規制　　(a) 総説　　会社と取締役との関係は委任に関する規定が適用され（330条），民法上の委任契約は無償が原則である（民648条1項）。同様に，役務提供型の契約である雇用（民623条）や請負（民632条）とは異なり，報酬の合意は要件とはならない。現実に，取引先会社の社外取締役への就任，親会社の取締役や従業員が子会社の取締役に就任する場合など，名目的な取締役ではなくても，無報酬の取締役も少なくない。とはいえ，委任者・受任者間の特約により報酬の支払を委任契約の内容とすることもでき（民648条1項），会社の取締役に関しては，報酬を受けるのが事実上の原則になっており，実際，特約を締結して報酬を支給されいる取締役が一般的である。会社法もそのことを前提に報酬規制を設けている。

　(b) 規制　　取締役に報酬を支給することは，業務執行に関する事項であるから取締役会が決定するという制度設計もありうるが，会社法では，定款で定めるか株主総会の決議で決めることを要求している（361条1項柱書）。これは取締役が自らの報酬を決定すれば，各取締役間のなれ合いにより，不当に報酬額がつり上げられ，いわゆるお手盛りになりかねず，明らかに会社と取締役との利益が衝突するからである。その意味で，この規定は取締役の忠実義務から生じた政策的規定と解される。会社法361条1項は，取締役の報酬，賞与その他の職務執行の対価として会社から受ける財産上の利益（報酬等）については，定款または株主総会の決議により，次の事項を定めなければならないとする。すなわち，①金額が確定している報酬等についてはその額（同項1号），②金額

が確定していない報酬等についてはその具体的な算定方法（同項2号），③金銭でない報酬等についてはその具体的内容（同項3号。たとえば，社宅や福利厚生サービスの提供）をそれぞれ定めなければならない。同項2号・3号の決議をする場合，株主が報酬等の妥当性を適切に判断できるようにするため，株主総会において当該事項が相当であることの理由を説明しなければならない（同条4項）。なお，会社から何らかの利益を受ける場合に，それが「報酬等」に該当するかどうかは職務との対価性・利益性・会社の出捐といった要素に着目して判断される。取締役の職務執行のための費用として相当な額（出張の日当等の諸経費）については，報酬規制によらず支給できる。

　実務的には，定款で報酬の額を決めることはしていない。これは，一度決めると，後の変更が容易ではないからであり，多くの場合，株主総会において取締役全員の1年（あるいは1月）当たりの総額を決定し，取締役会（または取締役会から委任を受けた代表取締役）が具体的な額を決めている。お手盛り防止の趣旨からは，最高限度だけをおさえておけば，勝手な大盤振る舞いで株主利益が害されるおそれもなく，こうした取扱いも認められると解されている（最判昭60・3・26判時1159・150）。

　定款と株主総会決議のいずれの定めもないのに取締役に報酬等が支払われても無効である。こうした場合，取締役から会社に対して支払を求めることもできない（最判平15・2・21金判1180・29）。他方，当初はこのように無効な報酬等の支払であっても，事後的に株主総会で追認することは可能である（最判平17・2・15判時1890・143）。定款または株主総会決議（および一任を受けた取締役会決議）によって取締役の報酬を具体的に定めた場合，その報酬額は，会社と取締役間の契約内容となり，契約当事者である会社と取締役の両者を拘束するため，その後に株主総会がその取締役の報酬を無報酬とする旨の決議をしても，取締役がこれに同意しない限り，報酬請求権を失わないと解されている。取締役の職務内容に著しい変更があり，変更前の職務内容を前提に株主総会決議がされた場合であっても異ならない（最判平4・12・18民集46・9・3006）。

　　(c)　使用人兼取締役の報酬　　使用人兼取締役（たとえば，取締役兼秘書部

長）には，取締役としての報酬に加えて，使用人としての給与が会社から支払われる。このような場合，使用人として受け取る給与の体系が明確に確立されている場合には，使用人分の給与は決議する総額の上限には含まなくてもよいとされる（最判昭60・3・26判時1159・150）。もっとも，日本では，使用人兼取締役については，支払われる金銭の多くが使用人部分の給与として支払われることは少なくない。こうした実務を踏まえ，株主総会決議の際に，決議する総額の上限には，使用人兼取締役における使用人部分としての職務執行の対価分を含まないことを明示することも必要との見解もある。

(d) 退職慰労金　取締役が退職した場合，退職慰労金を支給（死亡退職の場合は遺族に死亡弔慰金を支給）する慣行がある（もっとも，近年の上場会社では，退職慰労金を廃止する傾向にある）。これについては，会社法上の規制はない。退職慰労金については，支給を受けるのは退任した取締役であるため，取締役会の決議で決めてもお手盛りの弊害はなさそうであるが，退任した者が依然として取締役会で支配的な勢力を有していることもありうるほか，かつての仲間が決めるとなると，お手盛りの弊害もありうる以上，報酬規制を及ぼすことには十分な理由が認められる。

退職慰労金は，在職中の職務執行の対価という性質を持つ限り「報酬等」に該当し，定款で定めるか株主総会の決議で決めなければならない（最判昭39・12・11民集18・10・2143）。ただ，一度の株主総会で退任する取締役は1人しかいないこともあり，株主総会において総額の上限額を決定してしまうと，退任する取締役が受ける退職慰労金の額が広く世の中に開示されてしまうことにもなりかねない。そこで，実務上，取締役のプライバシーを保護するするため，株主総会で総額の上限額を定めず，「当社が定める支給基準に従って，その具体的金額・支給期日・支給方法を取締役会の決定に一任する」旨の決議が行われることが少なくない。判例も，株主総会において明示または黙示に一定の支給基準を示し，当該基準に従って退職慰労金が支払われるのであれば，その決定を取締役会に委ねることも認められると解している（最判昭39・12・11民集18・10・2143）。それゆえ，退職慰労金につき，一定の支給基準による趣旨で取締役

第5章　株式会社の機関

会に決定させることはできるが、株主がその基準を知ることができる状況を設ける必要があることになる。

　(e)　ストック・オプション　　近年、業績連動型報酬として、取締役に対して新株予約権を付与する会社が増えている。そのような目的で付与される新株予約権をストック・オプションという。ストック・オプションは、それを付与された者が、会社の業績向上により実現される株価上昇の利益を株主と分かち合えるようにすることで、両者の利益を一致させることを狙ったインセンティブ報酬である。取締役に対してストック・オプションが付与された場合、あらかじめ定められた将来の一定の価格（行使価額）を支払うことで、取締役は株式の交付が受けられる。新株予約権の付与それ自体に財産的価値がある以上、ストック・オプションの付与も、取締役が職務執行の対価として会社から財産上の利益を受けることに変わりはなく、会社法361条の報酬規制が適用される。ストック・オプションの付与は、その公正価値をもって「額が確定している報酬」（361条1項1号［・3号］）に該当すると解されている。しかし、ストック・オプションの経済的実質からすれば、それを保有する者は株価が将来上昇した場合に新株予約権を行使して利益を得るため、報酬規制の本来の趣旨からすると、こうしたメカニズム全体からは「額が確定していない報酬」（361条1項2号・3号）として定款または株主総会の決議で定めることが望ましいとの見解もある。

　(f)　開示　　公開会社では、取締役その他の会社役員（会社則2条3項4号参照）の報酬等は、事業報告による開示を要する（435条2項、会社則119条2号・121条4号～6号）。ただ、取締役、監査役といった役職ごとにその総額を員数とともに開示すれば足り（同条4号イ）、個人別の報酬額を開示する義務はない（同号ロハ参照）。社外役員（会社則2条3項5号）がいる場合、役職ごとの開示に加え、社外役員の報酬総額および員数の開示が必要である（会社則124条1項5号）。また、金融商品取引法に基づく有価証券報告書においては、総額1億円以上の連結報酬等を受けた取締役は個別に開示する義務がある（企業内容等の開示に関する内閣府令15条1号第二号様式記載上の注意（57）a（d））。なお、非公開会社には、報酬等

147

の開示につき会社法上の規制はない。

4 監査役（会）・会計監査人・会計参与・検査役

I 監査役（会）

1 総説

　監査役は，取締役（および会計参与）の職務執行を監査する機関である。監査とは，職務執行が適正に行われているかを調査し，必要があれば是正を行うことをいう。取締役の職務には，使用人に対する指揮・命令・監督も含まれるため，原則として，会計監査を含めた業務監査（使用人によって担われる部分も含めた会社の業務全般を監査すること）を行うが，非公開会社では定款規定により監査役の監査範囲を会計に関するものに限定できる（389条1項）。監査等委員会設置会社・指名委員会等設置会社以外の大会社で公開会社である会社は監査役会を置かなければならない（328条1項）。株式会社が監査役設置会社（会計監査限定監査役を置く会社も含む）であること，および監査役の氏名は登記事項である（911条3項17号）。

　なお，わが国の株式会社制度においては，伝統的に監査役が監査の中核を担ってきた。上場会社を中心としたコーポレート・ガバナンスの強化のため，取締役・取締役会に対する監査役の独立性の確保と地位の強化が必要とされ，繰り返しその権限強化のための法改正が行われてきたが，度重なる監査役制度の法改正につき，期待と失望の繰り返しであったと総括する見解もある。

2 監査役

(1) 選任・解任　監査役は，会社法上，取締役と会計参与と同様に株式会社の役員として位置づけられており，株主総会により選任される（329条1項）。選任決議は，普通決議であるが，定足数は総株主の議決権の3分の1までしか下げられない（341条）。

　取締役からの独立性を確保するため，取締役が監査役の選任に関する議案を株主総会に提出するには，監査役（複数ある場合はその過半数，監査役会設置会

社では監査役会）の同意が必要である（同意権。343条1項・3項）。また、監査役（監査役会設置会社では監査役会）は、取締役に対し、監査役の選任を株主総会の目的（議題）とすることや、監査役の選任に関する議案（候補者）を株主総会に提出することを請求できる（提案権。343条2項・3項）。それゆえ、実質的には、監査役は、誰を後任として株主総会に諮るかを決定する権限を持っているといえる。これは、監査役を選任するプロセスを経営陣が支配することを防ぎ、監査役の独立性を確保するためのものである。

種類株主総会により監査役を選任できる株式（108条1項9号・2項9号）が発行されている場合、定款に定められた数の監査役を、その種類の株主の総会において（他の種類の株主と共同して選任するときは共同して）選任する（347条2項。設立時について41条3項・90条2項）。

監査役の地位の強化および独立性の確保のため、監査役の解任は、他の役員や会計監査人と異なり、株主総会の特別決議による（339条1項・309条2項7号）。正当な事由なくして解任された監査役は会社に対して損害賠償を請求できる（339条2項）。監査役の解任の訴え、種類株主総会により監査役を選任できる株式の種類株主により選任された監査役の解任については、取締役に準じる（854条・347条2項）。なお、取締役が監査役の解任を議題とすることについては、監査役に同意権・提案権は与えられていない（343条対比）。これは、これらの権利を与えると、監査役に解任すべき理由がある場合も解任が困難となり、責任ある監査が期待できなくなるからである。独立性を保障しすぎると、会社の利益が害されるおそれがあると解されている。

監査役は、株主総会において、監査役の選任・解任・辞任について意見を述べることができ、監査役を辞任した者は、その旨および理由を述べることができる（345条4項）。

監査役設置会社では、監査役の員数に関する会社法上の規定はなく、定款に別段の定めがない限り、1人以上であればよい。監査役会設置会社では、監査役が3人以上でなければならない（335条3項）。監査役が欠けた場合または会社法もしくは定款に定める監査役の員数が欠けた場合の措置については、取締

役と同様である（346条）。

(2) 資格　監査役の資格は取締役の場合と同様であり（335条1項・331条1項），非公開会社を除き，会社は定款で監査役が株主でなければならない旨を定めることはできない（335条1項・331条2項）。監査役の職務の実効性を確保するために，監査役は，当該会社またはその子会社の取締役・支配人その他の使用人を兼任することはできず，また，当該子会社の会計参与または執行役を兼ねることができない（335条2項）。

なお，弁護士の資格を有する監査役が特定の訴訟事件について会社から委任を受けて訴訟代理人となることは禁止されないと解されているが（最判昭61・2・18民集40・1・32），監査役の独立性に疑いが生じることもあり得る。そのため，代表取締役等に対する継続的な従属関係が生じるかどうかにより判断すべき場合もあろう。

(3) 任期　監査役が経営陣から独立した立場で実効性のある監査を実現するため，監査役の取締役に対する地位の強化および独立性の確保が図られ，取締役の任期（332条）よりも長く，4年（選任後4年以内に終了する事業年度のうち最終のものに関する定時株主総会の終結の時まで）である（336条1項）。独立性を確保するために長期の任期を法定したものであり，定款によっても任期を短縮できない。他方，株主による定期的な信任を受けさせることも重要であるため，任期を伸長することもできないのが原則である。任期満了した監査役を株主総会で再任は可能である。非公開会社では，取締役についてと同様に（332条2項），定款により監査役の任期を10年まで伸長できる（336条2項）。

(4) 監査役と会社との関係　監査役と会社との関係は，他の役員と同様に，委任の関係である（330条）。それゆえ，監査役は会社に対して善管注意義務を負い（民644条），任務懈怠により会社に損害を被らせた場合には，会社に対して損害賠償責任を負うことになる（423条1項）。もっとも，監査役は取締役と異なり業務執行に関与せず，会社との間に利害衝突の問題は生じない関係にあるため，会社との利害対立を前提にする忠実義務（355条）の適用はない。競業取引（356条1項1号）や会社との利益相反取引に関する規制（同条1項2号）もな

い。

(5) 報酬等　監査役の報酬等（361条1項参照）は，定款でその額を定めていない場合，株主総会の決議で定める（387条1項）。取締役の報酬等（361条）と別の規定になっているのは，監査役の報酬を取締役の報酬との合計として定めることが許されないことを示している。監査役が2人以上ある場合，定款・株主総会決議が各自の金額を定めていないときは，定款・株主総会決議で報酬等の総額（上限）を定め，その範囲内で，監査役の協議で各人の報酬を定める（387条2項）。これは，お手盛り防止を目的とした取締役の報酬規制とは異なり，報酬の決定権が監査対象である経営陣にあると監査役の職務執行に影響を及ぼすおそれがあり，監査役が適正に職務を果たすことも期待できなくなるため（最判平17・2・15判時1890・143），監査役の独立性を確保する目的で設けられた規定である。監査役が株主総会で監査役の報酬等について意見を述べることができるのも（同条3項），この目的による。

(6) 職務権限　(a) 総説　監査役の職務は取締役の職務の執行の監査であるが（381条1項），その対象としては業務監査と会計監査が期待される。そこで，監査役は取締役から独立していなければならない。監査役には各種の権限が与えられているが，監査役はそれらの権限を会社のために善良な管理者の注意をもって行使しなければならない（330条，民644条）。そのため単に「権限」とせず，「職務権限」といわれることが多い。

監査役による監査とは，取締役の職務の執行が法令・定款に適合しているかどうかをチェックし，指摘することである（違法性監査）。それゆえ，取締役による業務執行が妥当かどうか（妥当性監査）にまで及ぶのかという点に関しては議論が分かれている。誰が見ても不当と認められる場合は著しく不当（382条参照）として監査対象となるが，そうした場合以外では，業務執行の裁量を監査することが適切であるとまではいえず，こうした意味で，妥当性監査は監査役の権限に属さないと解されている（多数説）。

ただ，取締役に善管注意義務違反があれば違法であり，監査役はその点についても監査すると考えられている以上，実際問題としては，妥当性に関する事

項についても監査権限を有していることと大きなズレは生じない。たとえば，取締役会が重要な業務執行を決定する際には（362条4項），十分な判断材料に基づき，十分な討議を行った上で決定を行うことが取締役の善管注意義務から要請され，判断材料・討議が不十分な状態で取締役が拙速な決定を行おうとしているときには，監査役は妥当とは考えられない決定手続に対して反対意見を述べる権限（383条1項。取締役会への出席・意見陳述の義務）がある。くわえて，違法な業務執行を早い段階で防止することは必要であるから，監査役が業務執行の妥当性について取締役会で発言することが制約されてはならないとされる。それゆえ，監査役の権限は違法性監査に限定されず，妥当性監査にも及ぶが，それは監査役の職務の性質上，一定事項が不当か否かという消極的・防止的な意見表明程度であると解すべきであろう。

(b) 独任制　2人以上の監査役がいる場合，それぞれの監査役が職務権限を単独で行使することができ，それぞれが独自に監査報告をなすものとされている。これを監査役の独任制という。たとえば，他の監査役が反対であっても，1人の監査役が会社の業務・財産を調査したり（381条2項），取締役の責任を追及する訴えを提起したり（386条），取締役の違法行為の差止めの請求（385条）を行うことができる。これは，監査役の多数派が経営陣となれ合い，他の監査役の権限行使を阻止する事態を防ぐためであり，監査役の監査権限の強化および取締役に対する独立性に資するものである。監査役の独任制は，監査役会制度の下でも維持されている（390条2項参照）。

(c) 職務権限　監査役の職務権限は，①会社の業務について調査すること，②必要があれば是正すること，③行った監査について報告すること，である。

(ア) 調査権限　監査役は，いつでも，取締役，会計参与，支配人その他の使用人に対して事業の報告を求め，また会社の業務および財産の状況を調査することができる（事業報告請求権・業務財産状況調査権。381条2項）。この権限は，必要があれば子会社に対しても及ぶ（同条3項・4項）。監査役の監査範囲を会計監査に限定する定款の定めがある会社では，会計に関する調査に限ら

れる (389条4項)。なお，取締役は，会社に著しい損害を及ぼすおそれのある事実があることを発見したときは，監査役の報告請求を待つことなく，直ちにその事実を監査役に報告しなければならない (357条1項)。

　　(イ)　報告義務・取締役会招集請求権　　監査役は，取締役が不正の行為をし，もしくは当該行為をするおそれがあると認めるとき，または法令・定款違反の事実もしくは著しく不当な事実があると認めるときは，遅滞なく，その旨を取締役（取締役会設置会社では取締役会）に報告しなければならない (382条)。取締役による是正を促す趣旨であるが，取締役（会）が適切な対応をとらない場合には，違法行為差止請求などの是正措置を自らとることが必要になる。

　監査役は，必要があれば，監査役は取締役に対して取締役会の招集を請求することができ，請求の日から5日以内に，請求の日から2週間以内の日を会日とする取締役会の招集通知が発せられないときは，請求をした監査役は，自ら取締役会を招集できる (383条2項・3項)。監査役の監査範囲を会計監査に限定する定款の定めがある会社の監査役には，この職務権限はない (389条7項)。

　　(ウ)　取締役会出席義務　　監査役は，取締役会に出席し，議決権はないものの，議事に参加し，必要があると認めるときは意見を述べなければならない (383条1項)。業務執行取締役の職務の執行状況は3ヵ月に1回以上取締役会に報告されるので (363条2項)，これによっても監査役は調査権限等を行使する機会を得る。監査役の監査範囲を会計監査に限定する定款の定めがある会社の監査役には，この職務権限はない (389条7項)。

　　(エ)　株主総会に対する報告義務　　監査役は，株主総会の提出議案等を調査し，法令・定款違反等の事項があれば調査結果を株主総会に報告しなければならない (384条)。監査役の監査範囲を会計監査に限定する定款の定めがある会社では，会計に関する調査に限られる (389条4項)。これは，監査役の株主総会に対する一般的な調査・報告義務であり，決算監査については，監査報告の作成義務がある (436条以下)。

　　(オ)　違法行為等差止請求権　　監査役は，取締役が法令・定款に違反する行為をし，またはするおそれがある場合で会社に著しい損害が生じるおそれ

があるときは，取締役に対し，当該行為をやめるように請求できる（監査役の違法行為等差止請求権．385条1項）。監査役の監査範囲を会計監査に限定する定款の定めがある会社の監査役には，この職務権限はない（389条7項）。

　監査役の差止請求によっても取締役の違法行為等を阻止できないときは，監査役は訴えを提起し，また仮処分を申請することができる（民保23条．東京地決平20・11・26資料版商事法務299・330）。監査役は，会社の機関としての地位において仮処分を求めるものであるから，裁判所は監査役に担保を立てさせない（385条2項）。

　　(カ)　会社・取締役間の訴訟における会社代表　　監査役設置会社においては，会社が取締役に対し，または取締役が会社に対して訴えを提起する等の場合，取締役と会社との間における利害衝突を防止するため，また，監査役に業務監査権限が与えられていることから，監査役は，取締役と監査役設置会社との間の訴えにおいて，会社を代表する（386条1項1号）。監査役の監査範囲を会計監査に限定する定款の定めがある会社の監査役には，この職務権限はない（389条7項）。

　取締役に対して訴えを提起するかどうか，弁護士の誰を代理人にするか等，訴えに関する意思決定も監査役が行う。

　　(キ)　各種訴訟の提起権　　監査役（監査役の監査範囲を会計監査に限定する定款の定めがある会社の監査役を除く）はまた，会社の組織に関する行為の無効の訴え（828条2項），株主総会決議取消しの訴え（831条1項）の提起権を有する。

　　(ク)　監査報告　　監査役は，事業年度ごとに，監査の結果をまとめた監査報告を作成する（381条1項後段）。監査役の監査範囲を会計監査に限定する定款の定めがある会社では，監査報告も会計に関するものに限られる（389条2項）。監査報告は，定時株主総会の招集に際して株主に提供される（437条）。また，会社に備え置かれ，株主・債権者等の閲覧に供される（442条）。

　　(d)　監査費用　　監査役がその職務執行のための費用の前払や償還等を会社に対して請求する場合，会社は当該費用または債務が職務執行に必要でないことを証明した場合を除き，請求を拒むことはできない（388条）。委任の原則

によれば，委任事務の処理に必要であることは受任者の側が証明する必要があるが（民650条），費用の請求を容易にすることで，監査役の独立性の強化・保障を図り，監査の実効性を確保しようとする趣旨である。監査費用には，監査に必要な一切の費用が含まれ，実地調査に要する費用，補助者として弁護士・公認会計士等を依頼する費用，監査役スタッフ（サポートスタッフ）を雇用する費用等も含まれる。

3 監査役会

(1) 総説　監査役会は，すべての監査役で組織する会議体である（390条1項）。会社は，定款の定めにより，監査役会を置くことができる（326条2項）。ただし，取締役会設置会社であり，かつ監査役設置会社であることが前提である（327条1項2号）。公開大会社は，委員会型の会社を除き，監査役会を置かなければならない（328条1項）。監査役会設置会社は，非公開会社であっても，その監査役の監査の範囲を会計に関するものに限定することはできない（389条1項・2条9号）。

(2) 構成　監査役会設置会社（2条10号）の監査役は，3人以上で，そのうち半数以上は，社外監査役でなければならない（335条3項）。社外監査役の要件は，平成26年会社法改正により社外取締役についてと同様に規制が強化された（2条16号）。特に，親会社の監査役は，子会社の社外監査役にはなれないものとされた（同号ハ）。親会社の監査役は，監査において親会社の利益を子会社またはその少数派株主の利益の犠牲の下で優先するおそれがあるからである。もっとも，親会社の監査役が，子会社の社外監査役ではない監査役を兼ねること自体に問題はなく，親会社による子会社管理という面から，そうした監査役がいることが望ましい場合も少なくない。規制内容は，10年間の冷却期間を置く等，社外取締役とほぼ同様である。

すなわち，①監査役に就任する前10年間，その会社または子会社で取締役・会計参与・執行役・支配人その他の使用人であったことがないこと，②社外監査役に就任する前10年間のいずれかの時点で，その会社または子会社で取締役・会計参与・執行役・支配人その他の使用人であったことがないこと，③現在そ

の会社の大株主(自然人),親会社の取締役・監査役・執行役・支配人その他の使用人でないこと,④現在その会社の兄弟会社の業務執行取締役等でないこと,⑤その会社の取締役・支配人その他の重要な使用人・大株主(自然人)の配偶者・2親等内の親族でないこと,である。

いずれも,会社との過去の関係(しがらみ)や近親関係,あるいは親会社等との関係に左右されない,独立性の高いものを監査役に加えることで,監査機能を向上させようとする規制内容である。

監査役会は,監査報告の作成,常勤監査役の選定・解職の方針等に関する事項の決定を行う(390条2項)。実効的な監査のためには会社業務に精通した者が必要であり,監査役会は,監査役の中から1人以上の常勤監査役を置くことが必要であるが(同条3項),会社法は常勤監査役の定義規定を置いていない。一般には,会社の営業時間中,監査役の職務に専念する者と解されているが,その半数以上が社外監査役から構成される監査役会において,社内の情報をしっかりと収集し,社外監査役へ伝達する役割を担う者として常勤監査役が期待される。他方で,監査役会設置会社でなければ,その監査役全員が非常勤であってもよい。

(3) 運営　監査役の独任制の趣旨に基づき,監査役会は,各監査役が招集できる(391条。招集手続につき392条)。監査役会の決議は,出席監査役ではなく,全監査役の過半数で決定する(393条1項)。一人一議決権であり,他人を代理人とすることが認められない点は取締役会と同様である。議事録に関しても,取締役会と同様である(同条2項～4項・394条)。監査役会に対する報告(357条1項2項・390条4項)は各監査役への通知をもって代えることができるが(395条),取締役会のような決議の省略は認められていない(370条対比)。監査役会報告の作成については,情報の送受信により同時に意見交換ができる方法により監査役会を開催することが認められる(会社則130条3項)。

II　会計監査人

会計監査人は会計(計算)の適正さを監査する機関である(396条1項)。会計

監査人制度は，会計に関する専門的識見を有する者を関与させることで企業の会計の適正性・正確性を確保することを目的とするが，その職務は取締役により作成された計算書類の事後的なチェックである。会計監査人を置いたとしても監査役の会計監査に関わる権限がなくなるわけでもない。大会社では設置が強制されており（328条），その他の会社も任意で設置できる。ただし，監査等委員会設置会社と指名委員会等設置会社では必ず会計監査人を置かなければならない。

　的確な会計監査の実施により計算書類の適正性・正確性を確保するためには，監査役等の場合と同様に，経営陣に対する関係において会計監査人の地位の独立性が確保されていなければならない。そこで，監査役等に会計監査人の独立性を担保する役割を担わせるメカニズムがとられている。

1　資　　格

　会社法は，会計監査人を役員には含んでいない（329条）。外部性を重視しているからであろう。しかし，積極的な資格として会計知識を有する専門家であることが要求される。すなわち，会計監査人は公認会計士または監査法人でなければならない（337条1項）。監査法人の場合，職務執行を行う自然人を選定し，会社に通知しなければならない（同条2項）。的確な会計監査をする上で，会計監査人が監査対象の会社やその経営陣から独立している必要があるため，会社法・公認会計士法に一定の欠格事由が定められている（同条3項，公認会計士法4条・24条〜24条の3）。そのため，公認会計士またはその配偶者が，会社またはその子会社から監査業務以外の業務（たとえば，コンサルタント業務）により継続的な報酬を受けている場合，その会社の会計監査人にはなれない（337条3項2号，公認会計士法24条の2）。当該報酬を得るために監査において手心を加えるおそれがあるからである。欠格事由に該当する者が株主総会で選任された場合，決議は無効となる。

　会計監査人は株主総会において選任に関する意見を述べることができる（345条5項・1項）。

2 選任等

(1) 選任　会計監査人の選任は，代表取締役・代表執行役に対する独立性を確保するため，取締役会等ではなく，役員と同様に株主総会の決議によって行われる（329条1項。341条の適用はなく普通決議による）。会計監査人はいつでも株主総会の決議により解任することができる（339条1項）。株主総会に提出する会計監査人の選任議案は，取締役・取締役会ではなく，監査役（監査役会設置会社では監査役会，監査等委員会設置会社では監査等委員会，指名委員会等設置会社では監査委員会：以下，本節では，これらの機関を総称して「監査機関」という）が決定する（344条・399条の2第3項2号・404条2項2号）。会計監査人の解任議案および会計監査人を再任しない旨の議案についても同様である（同条）。会計監査人を誰にすべきかの判断を取締役・取締役会に任せると癒着のおそれが生じ，会計監査人の独立性が脅かされかねないので，取締役等の関与をできるだけ排除し，実効的な監査を実現できるようにする趣旨である。

株主総会で選任された会計監査人と会社との関係は委任に関する規定に従い（330条），その職務を執行するにつき善管注意義務を負う（民644条）。このため，会計監査人も，「通常実施すべき監査手続」に従って監査を実施しなければならない（大阪地判平20・4・18判時2007・104）。会計監査人の任務懈怠責任およびその追及方法は取締役の場合と同様であり，対第三者責任規定（429条1項）も同様に適用され，計算書類や会計監査報告に虚偽記載があった場合の責任も規定されている（同条2項4号）。

(2) 任期　会計監査人の員数は特に定められていない。任期は選任後1年以内に終了する事業年度のうち最終のものに関する定時株主総会の終結の時までである（338条1項）。任期は1年と短いが，会計監査人特有の定めとして，自動更新制度が法定されている。すなわち，任期満了となる定時株主総会時に別段の定めがない限り，当然再任されたとみなすこととされている（同条2項）。会計監査人の地位の安定を図るとともに，監査の継続性が重視されるからである。もっとも，会計監査人設置会社が会計監査人を置く旨の定款の定めを廃止する定款変更をした場合，会計監査人の任期はその定款変更の効力発生時に自

動的に満了する（同条3項）。

会計監査人の終任（任期満了・辞任・解任等）については，330条（委任の準用），339条（株主総会の普通決議による解任）が取締役の場合と同様である（欠員の措置については346条の1項ではなく4項が適用され一時会計監査人を選任する。854条［解任の訴え］は適用されない）。上場会社等では，会計監査人への信頼を失わせる不祥事が発生してもその解任をするための臨時株主総会の招集が困難な場合が少なくない。そこで，会計監査人に職務上の義務違反等の一定の事由がある場合には，監査機関が会計監査人を解任することができる（全員の同意が必要。340条1項～2項・4項～6項）。この場合，解任後最初に開催される株主総会で，解任の旨およびその理由を説明しなければならない（同条3項）。選任の場合と同様に，解任や辞任についても，会計監査人は株主総会における意見陳述権がある（345条5項・1項～3項）。

(3) 報酬　会計監査人の報酬等（361条1項参照）は，定款・株主総会決議により定める必要はなく，基本的は経営に関する事項として取締役等が決定してよいことになっている。ただし，取締役が報酬等を決定する場合，監査機関の同意が必要とされている（399条）。

(4) 職務権限　会計監査人は，会社の計算書類およびその附属明細書などを監査し，会計監査報告を作成しなければならない（396条1項）。会計監査人の会計監査は，監査機関による会計監査とは別個になされるいわゆる外部監査である。会計監査人はいつでも会計帳簿等の閲覧権を有するほか，取締役等に対して会計に関する報告を求めることができる（同条2項）。必要に応じて子会社に対しても会計に関する報告を求め，また，会社または子会社の業務および財産の状況を調査することができる（同条3項）。

会計監査人は監査機関と連携してその職務を行うことが期待されている。会計監査人は，取締役の職務の執行に関し不正の行為または法令・定款違反の重大な事実を発見した場合，直ちに監査機関に報告しなければならない（397条1項・3項～5項）。監査機関の側から報告を請求することもできる（同条2項・4項・5項）。会計監査人自身は違法行為等を是正させる手段を持たず，監査機関に

その対応を任せることになるが，これは会社外部の専門家である会計監査人の負担が重くなりすぎないようにバランスをとり，会計監査に集中させるための規定である。

Ⅲ　会 計 参 与

1　趣　　　旨

　取締役は日々の経営の成果や財産状況を定期的に把握し，事業年度ごとに計算書類（435条2項）を作成し，株主をはじめとする関係者に情報提供しなければならない。しかし，企業会計は複雑で，ときに会計知識を有する者の助けを必要とする。会計参与は平成17年会社法制定時に新設された専門的資格が要求される株式会社の役員で，取締役と共同して計算関係書類（計算書類およびその附属明細書・臨時計算書類・連結計算書類）を作成する権限を有する者である（374条1項）。

　株式会社は会計参与を置くことができる。会計参与は，公認会計士または税理士という会計知識を有する専門家という資格要件が定められている（333条1項）。株式会社であっても，必ずしも企業会計に精通した従業員等を雇用しているとは限らない中小企業を対象に，その健全な会計処理を制度的にアシストすることが主たる目的である。

　取締役会設置会社は監査役を置く必要があるが，非公開会社で会計参与を置く場合，監査役を置かなくてよいため（327条2項），取締役会設置会社である非公開会社で監査役を置かない会社は，会計参与を置かなければならないことになる。会計参与を置く株式会社を会計参与設置会社という（2条8号）。会計参与は役員に該当するので（329条1項），会計参与と会社との関係は委任に関する規定に従い（330条），会社に対して善管注意義務を負う（民644条）。会計参与が任務を怠ったときは，それにより会社に生じた損害を賠償しなければならない（任務懈怠責任。423条1項）。

2　選　任　等

　会計参与は，取締役と同様に株主総会決議により選任される（329条・341条）。

員数については規定はなく，任期は取締役と同様である（334条1項・332条［4項・5項を除く］）。終了事由には，任期満了，辞任，資格喪失（333条）があり，株主総会における解任（339条），および訴えによる解任の制度（854条）も取締役と同様に適用される。他方，会計参与にはその選任，解任または辞任についての株主総会における意見陳述権，辞任した者につき，辞任後最初に招集される株主総会に出席し，辞任した旨および理由の陳述権が認められている（345条1項～3項）。こうした点は，監査役と同様であり，会計参与も職務の執行の過程で取締役と意見を異にする可能性があり，取締役が会計参与の地位に不当な影響を及ぼすことのないよう牽制しながら株主に情報を提供することを目的とする。

　会計参与の報酬等は，定款または株主総会の決議により定めなければならない（379条1項。2項も参照）。

3　職務権限

　会計参与の職務の中心は，取締役と共同して，計算関係書類を作成することである（374条1項前段）。この職務を適切に遂行できるようにするため，会計参与には会計帳簿またはこれに関する資料の閲覧・謄写および会計に関する報告徴求の権限が与えられている（同条2項）。必要に応じて，この権限は子会社にも及ぶ（同条3項・4項）。

　会計参与が職務を行うに際して，取締役（指名委員会等設置会社では執行役も）の職務の執行に関し不正の行為または法令・定款に違反する重大な事実があることを発見したときは，遅滞なく，これを株主（監査機関がある場合は監査機関）に報告しなければならない（375条）。取締役会設置会社の会計参与は，計算関係書類を承認する取締役会（436条3項・444条5項）の決議に出席し，必要があれば意見を述べなければならない（376条1項）。計算関係書類の作成につき，会計参与が取締役（指名委員会等設置会社では，執行役）と意見を異にするときは，会計参与は株主総会において意見を述べることができる（377条）。

　会計参与は，事業年度ごとに会計参与報告を作成しなければならない（374条1項後段。記載内容につき会社則102条）。会計参与報告は，計算書類等とともに，会計参与の事務所の中から会計参与が定めた場所（会社則103条）に一定期間備

置し，株主・債権者・親会社社員は閲覧・謄写等請求をすることができる（378条。当該場所は登記事項である［911条3項16号］）。

Ⅳ　検　査　役

　機関に類似するものとして，臨時に設置される各種の検査役がある。たとえば，①変態設立事項についての検査役（33条），②株主総会検査役（306条），③業務・財産状況調査のための検査役（358条），④募集株式の発行で現物出資財産の価額調査を行う検査役（207条）等，である。検査役は株式会社の臨時の機関である。

　検査役は，法律に定められた場合（33条・207条・284条・306条・358条）に裁判所により選任される。検査役の職務内容は選任の根拠となる各規定に定められた事項に限定される。検査役の目的は，役員等と無関係な会社の部外者により，内部監査の穴を補正することにある。旧商法下では，同様の趣旨で法定事項を調査する株主総会・創立総会において選任された者も検査役とされていたが，平成17年に制定された会社法では，裁判所により選任される者を検査役とし，株主総会等で選任される者（94条・316条）と区別した。

　検査役の資格につき，会社法上の規定はないが，職務の性質上，取締役・監査役・会計監査人・会計参与・執行役・支配人その他の使用人は，検査役になることはできない。通常，検査役は弁護士の中から選任される。検査役と会社との関係は，準委任の関係にあり，委任の規定（民656条・643条以下）が適用される。検査役の解任権と報酬決定権は裁判所が有する。検査の費用および検査役の報酬は会社が負担する。

5　委員会型会社制度

　上場会社の機関設計のほとんどが監査役会設置会社であり，指名委員会等設置会社を採用している会社は非常に少ない。これは，3つの委員会を強制的に設置しなければならないことに対する負担感や各委員会の委員の過半数を社外

取締役とし，多くの権限を各委員会に委ねることへの抵抗感，とりわけ，取締役会決議でも覆せない強大な決定権限を持つ指名委員会や報酬委員会に対する抵抗感等によるものとされる。

しかしながら，社外取締役の役割を積極的に評価し，できるだけ多くの社外取締役を取締役会に入れることが望ましいと考える立場（社外取締役にガバナンス機能を期待する法制は近年の諸外国の大きな流れである）から，指名委員会等設置会社と同様に，社外取締役を中心として監督機能に重きを置いた取締役会を目指しつつ，使い勝手の良い機関設計の創設を望む意見も現れるようになった。くわえて，上場会社のメインストリームである監査役会設置会社は，取締役会の外にある監査役会が取締役の職務執行を監督する仕組みであるが，この仕組みは取締役が監査を担う欧米流と異なっており，従来から海外の投資家等にとって理解されづらいものでもあった。

そこで，平成26年会社法改正により，監査等委員会設置会社という新しいタイプの機関設計が創設された。上場企業の場合，コーポレートガバナンス・コードにおいて社外取締役の設置が求められていることも，この新たな機関設計の積極的な活用を促進するものといえる。

I　監査等委員会設置会社

1　総　　説

監査等委員会設置会社は，従来の監査役会設置会社の監査役会の代わりに，社外取締役がその委員の過半数を占める監査等委員会を取締役会に設置する会社である。このとき監査役は置かれず（327条4項），それゆえ社外監査役を重複して置く必要もない。取締役会と会計監査人を置く会社は，定款に定めることで監査等委員会設置会社となることを選択できる（なお，こうした会社は指名委員会等設置会社を選択することもできる）。監査等委員会設置会社になることで，監査役設置会社・監査役会設置会社における監査役・監査役会の役割である監査のすべてと取締役会の役割である監督の一部を監査等委員会に一元化できる。他方，取締役会の過半数が社外取締役である場合，業務の決定権限を取締役会

から取締役に大幅に委譲することが認められ，執行と監督を分離することでいわゆるモニタリング・モデルの機関設計が実現できる。

監査等委員会設置会社を選択するかどうかは会社の任意である。大会社で公開会社でもある会社は，監査役会設置会社・監査等委員会設置会社・指名委員会等設置会社の3つの選択肢があることになる。会社法がこうした機関設計の選択制を認めたのは，コーポレート・ガバナンスの仕組みとして何がベストであるかは必ずしも明らかではなく，複数の仕組みのいずれもが制度としての合理性をもっていると考え，その選択を各社の判断に委ねたからである。

2 監査等委員会

監査等委員会の委員は取締役であるが，監査等委員である取締役は，それ以外の取締役とは多くの点で区別されており，選任も他の取締役と区別して株主総会の決議により選任される（329条2項）。こうした仕組みは，業務執行機関である取締役会からの監査等委員の独立性を確保する趣旨である。監査等委員である取締役の解任は，株主総会の特別決議による（309条2項7号）等，他の取締役と異なる扱いを受ける。監査等委員である取締役は，3人以上で，その過半数は適格な社外取締役（2条15号）でなければならない（331条6項）。これは同様に社外取締役の監督機能に期待する指名委員会等設置会社にならうものである。監査等委員である取締役は，会社または子会社の業務執行取締役，支配人その他の使用人，子会社の会計参与・執行役を兼ねることができない（同条3項）。取締役の任期については，監査等委員である取締役は選任後2年以内，そうでない取締役は選任後1年以内に終了する事業年度のうち最終のものに関する定時株主総会終結時までである（332条3項・4項）。監査等委員である取締役の任期は，その独立性を確保する目的から他の者より長く，かつ，この任期は定款または株主総会の決議により短縮することはできない（同条4項）。会社が株主総会に監査等委員である取締役の選任議案を提出するには，監査等委員の独立性の確保の目的から，監査等委員会の同意が必要である（344条の2第1項）。監査等委員会は，監査等委員である取締役の選任を株主総会の議題とすることまたは選任議案を株主総会に提出することを請求できる（同条2項）。

監査役の場合と同様に，監査等委員である取締役の選任，解任，辞任，報酬のいずれにおいても，監査等委員である取締役は意見を述べることができる（342条の2第1項・361条5項）。辞任をした者は，辞任後最初の株主総会で辞任の理由を述べることができる（342条の2第1項～3項）。さらに，監査等委員会が選定する監査等委員は，株主総会において，監査等委員である取締役以外の取締役の選任，解任，辞任，報酬のいずれにおいても，意見を述べることができる（342条の2第4項・361条6項）。これは，社外取締役の経営評価機能の表れであり，監査等委員会は，指名委員会等設置会社の指名委員会の有する権限（404条1項）とは異なるが，それに類似した権限も有することになる。

監査等委員である取締役の独立性の確保のため，株主総会における取締役の報酬等にかかる決議に関し，監査等委員の報酬等は，それ以外の取締役の報酬等と区別して定める（361条2項・3項・5項）。

3 監査等委員会の権限

監査等委員会はすべての監査等委員から構成され，監査等委員はすべて取締役である（399条の2第1項・2項）。最大の職務は，取締役の職務執行の監査と監査報告の作成であるが，そのほか，株主総会に提出する会計監査人の選任・解任，会計監査人を再任しないことに関する議案の内容の決定や監査等委員以外の取締役の選任・解任，報酬についての意見を決定することもその職務である（同条3項）。監査等委員会の権限を取締役会の権限とすることはできない。

監査等委員会で選定された監査等委員は調査を行う権限をもつこと，各監査等委員は取締役会や株主総会への報告義務があること，および取締役の行為を差し止める権限があること，監査等委員会で選定された監査等委員は（監査等委員が訴訟当事者である場合を除き）会社・取締役間の訴訟で会社を代表する権限があることが定められている（399条の3～399条の7）。監査等委員会の運営は，指名委員会等設置会社の監査委員会の運営と同様である（399条の8～399条の12）。

監査等委員会の監査は，指名委員会等設置会社の監査委員会と同様に，内部統制システムを利用して経営の妥当性まで踏み込んだ監査を委員会として行うことが期待されている（大会社でなくても内部統制システムの整備に関する決定が

義務づけられている［399条の13第1項1号ハ］)。

4　取締役会の権限

　監査等委員会設置会社における取締役会の権限は，業務執行の決定と監督および代表取締役の選定・解職である。代表取締役は，監査等委員である取締役以外の取締役の中から選定しなければならない（399条の13第3項)。監査等委員会設置会社において業務を執行するのは，代表取締役または代表取締役以外の取締役であって取締役会の決議により当該会社の業務を執行する取締役として選定されたもの（363条1項）である。

　監査等委員会設置会社の取締役会の権限に関しては，一般の取締役会（362条）と異なり，監視・監督の職務が重視され，必ずしも細目的な事項を決定するのが適切ではないと考えられている。それゆえ，ほかに必ず決定しなければならない事項としては，経営の基本方針と監査等委員会の職務執行についての省令事項，内部統制システムの整備が定められている（399条の13第1項・2項)。通常，会社の取締役会の法定決議事項（362条4項）や重要な業務執行の決定については，取締役に委任できないことを原則とするが（399条の13第4項)，一定の要件を満たす場合，指名委員会等設置会社の執行役への委任と同様に，取締役への委任も認められている。すなわち，取締役の過半数が社外取締役である場合には，取締役会決議で重要な業務執行（指名委員会等設置会社で執行役に委任できない事項である416条4項各号の事項に対応する事項を除く）の決定を取締役に委任することができる（399条の13第5項)。また，このような社外取締役要件を満たさなくても，定款で定めれば，重要な業務執行（同様の委任できない事項を除く）を取締役に委任できる（同条6項)。これらは，監査等委員である社外取締役等が業務執行者の監督に専念できるようにすることが望ましいとの考えから，取締役会で決定すべき業務執行の範囲をできるだけ狭くできるようにして，業務執行者に対し，業務執行の委任を広く認めている。取締役会の招集権者が定められている場合でも，監査等委員会の選定する監査等委員は取締役会を招集することができる（399条の14)。

　監査等委員会設置会社における特則として，監査等委員以外の取締役と会社

との間の利益相反取引（356条1項2号3号）につき，当該取引につき事前に監査等委員会の承認を受けた場合，当該取引により会社に損害が生じたときの取締役の任務懈怠の推定規定（423条3項）を適用しないとされている（同条4項）。これは，監査等委員会設置会社限定で認められる定めであるが，こうした権限は，監査等委員会が監査機能のみならず，監督機能も担っていることの表れとされる。しかしながら，監査等委員会が単なる監査機関を越え，監督機能を持っていることは，利益相反取引の任務懈怠推定を外す（司法審査の基準を緩和する）理由としては説得的ではない。それゆえ，むしろ，理論的な整合性から離れ，監査等委員会設置会社制度の利用を促す（甘味剤［スィートナー］としての）政策的配慮によるものと解する立場もある。

II　指名委員会等設置会社

1　総　　説

　指名委員会等設置会社制度は，米国の上場会社に典型的なコーポレート・ガバナンスの構造（いわゆるモニタリング・モデル）を参考に，平成14年会社法改正により創設された。当初は委員会等設置会社と呼ばれ，平成17年会社法制定により，委員会設置会社と改称された。平成26年会社法改正で，監査等委員会設置会社が新設されたのに伴い，これと区別するために，指名委員会等設置会社に改められた。取締役会と会計監査人を置く会社は，定款に定めることで指名委員会等設置会社を選択できる。指名委員会等設置会社では，業務執行と監督の分離を推し進めるため，それ以外の会社と大きく異なるガバナンス規整が置かれている。すなわち，①取締役会の役割は，基本事項の決定と委員会メンバーおよび執行役の選定・選任等の監督機能が中心で，指名委員会・監査委員会・報酬委員会の3つの委員会（社外取締役が過半数）が監査・監督の役割を果たす，②監督と執行が制度的に分離され，業務執行は執行役が担い（取締役は原則として業務執行できない），会社を代表する者も代表執行役となるほか，業務の意思決定も執行役にその多くが委ねられる（取締役が執行役を兼ねることは可能）。こうした指名委員会等設置会社を選択するかどうかは，会社の任意

である。

2 特　徴

　指名委員会等設置会社の最大の特徴は，業務執行と監督の分離が強化されていることである。業務執行と監督を分離した結果として，業務執行を行う者によるスピーディーな経営が可能となる。指名委員会等設置会社では，執行役が業務執行に関する意思決定と執行をする（418条）。監査役会設置会社でも，取締役会が業務執行に関する意思決定や執行権限を代表取締役に委ねることはできたが，重要な業務執行については取締役会が決定しなければならない（362条4項）。他方，指名委員会等設置会社では，業務執行の意思決定を大幅に執行役に委ねることが可能である（416条4項）。指名委員会等設置会社は，3つの委員会，取締役会，（代表）執行役，会計監査人（代表取締役・監査役（会）の不設置）がワンセットとなっており，任意に設置できる機関は会計参与のみである。

3 取締役会

　指名委員会等設置会社の取締役は原則として会社の業務執行をすることができない（415条）。これは，通常，取締役会設置会社では代表取締役などの業務執行取締役が取締役の中から選定され，これらの者が会社の業務執行を担当することと対照的である（363条1項対比）。取締役会は執行役の監督に特化する。取締役会は執行役を選任するとともに，3つの委員会（指名委員会・報酬委員会・監査委員会）の各委員を選定する。取締役会は，経営の基本方針などを決定するほか，執行役・取締役の職務を監督する（416条1項）。取締役会に設置される3つの委員会の委員は取締役の中から選ばれ（400条2項），各委員会の過半数を社外取締役としなければならない（同条3項）。指名委員会等設置会社は，社外取締役によるチェック機能が果たす役割に期待するところが大きい。くわえて，社外取締役による監督機能の強化のため，社外取締役が中心となる委員会の権限はきわめて強く，指名委員会および報酬委員会の決定については取締役会が決議によりこれを覆すこともできない。

　同一の取締役が複数の委員会のメンバーを兼ねることは可能である。また，

監査委員会の委員を除き，執行役等を兼ねることもできる（400条4項）。指名委員会等設置会社においては，3つの委員会の中でも，監査委員会が中心的な役割を果たすことが期待されている。指名委員会等設置会社の取締役の任期は，選任後1年以内に終了する事業年度のうち最終のものに関する定時株主総会の終結時までであり，非公開会社であっても定款により延長できない（332条2項・6項）。指名委員会等設置会社では，監督に特化した役員（監査役）がいない（監査担当の役員である監査委員は，同時に取締役としての業務執行の決定も行う）ことを考慮し，株主総会での選任を通じた株主による直接の監督を受ける機会をなるべく多く持たせるためである。

4　3つの委員会

　指名委員会等設置会社に設置される3つの委員会（2条12号）は，委員である取締役3人以上で組織され，委員は取締役会において選定される（400条1項・2項）。各委員会の委員の過半数は社外取締役でなければならない（同条3項）。従来，指名委員会等設置会社ではない取締役会設置会社では，特定の取締役が社内権力を事実上把握し，取締役会の監督機能には期待できない例も見受けられた。そこで，社内の序列に縛られず特定の取締役に支配されない社外取締役に各委員会の過半数を占めさせることで，特定の取締役に支配されない各委員会を確立させることで，取締役会の監督機能の強化が期待されている。

　各委員会の委員には別の取締役を充てなければならないわけではないので，指名委員会等設置会社では，最低2人の社外取締役を置く必要がある（各委員会の委員を3人として，社外取締役がすべての委員会の委員を兼任する場合であるが，最小の構成は各委員会の委員の職責の重さを考えると望ましい選択ではない）。なお，監査委員は，その会社・子会社の執行役・業務執行取締役，または子会社の会計参与・支配人その他の使用人を兼ねることができない（400条4項）。

　各委員会の運営については，招集や決議・議事録につき，取締役会と類似のルールが定められている（410条～413条）。各委員会の活動をバックアップするため，費用の償還請求などの権利も定められている（404条4項）。

　委員はいつでも取締役会の決議で解職できる（401条1項）。欠員の場合の権

利義務の継続・一時委員の選任等につき，同条2項～4項参照。

（1）指名委員会　株主総会に提出する取締役（および会計参与）の選任・解任に関する議案の内容を決定する（404条1項）。監督機関としての取締役会の執行役に対する独立性を高めるため，取締役会の構成員の人事権を社外取締役を中心とする指名委員会に委ねた。

（2）監査委員会　①執行役等（執行役・取締役・会計参与）の職務の執行の監査および監査報告の作成，②株主総会に提出する会計監査人の選任・解任および会計監査人を再任しないことに関する議案の内容を決定，する（404条2項）。監査委員会は，監査機関の権限に相当する権限を有するほか，いわゆる妥当性監査の権限も有し，会社法は詳細な規定を定める（405条～407条・408条）。なお，計算書類の監査につき，監査委員会が決算監査を行う（436条以下）。

（3）報酬委員会　執行役等の個人別の報酬等の内容を決定し（361条1項，379条1項・2項の適用はなく，定款または株主総会の決議も不要），執行役が支配人その他の使用人を兼ねているときは，その支配人その他の使用人の報酬等の内容についても決定する（404条3項）。取締役や会計参与の報酬等の決定に執行役が事実上関与することを防ぐことで，執行役からの取締役・会計参与の独立性を確保するとともに，執行役報酬に関するお手盛りを防止し，執行役の業績に相応した報酬等にすることが報酬委員会を設置する趣旨である。

報酬委員会は，執行役等が受ける個人別の報酬の内容の決定に関する方針を定めたうえで，それに基づき各報酬を決定する（409条）。

5　執　行　役

（1）意義　執行役は，指名委員会等設置会社の業務を執行する者である（418条2号）。執行役の中で，指名委員会等設置会社を代表する権限を持つ者を，代表執行役という（420条1項）。

（2）執行役　指名委員会等設置会社は，業務執行を担う機関として1人以上の執行役を置かなければならない（402条1項）。執行役は取締役会決議により選任され（同条2項），任期は1年（選任後1年以内に終了する事業年度のうち最終のものに関する定時株主総会終結後最初に招集される取締役会の終結時まで［同条

7項〕）である。執行役の選任権限が取締役会にあり，取締役の任期が1年であることと平仄を合わせている。資格に関しては取締役の規定が準用され，一定の欠格事由がある（同条4項・331条1項）。取締役との兼任は可能であり（402条6項），使用人との兼任も特に禁じられていない。会社との関係は，委任の関係であり（402条3項），職務執行につき善管注意義務を負う（民644条）。また，取締役の忠実義務や，競業取引・利益相反取引に関する規定の準用がある（419条2項・355条・356条・365条）。必要な承認のない競業取引による損害に関する推定規定（423条2項）や利益相反取引における任務懈怠責任の推定規定（同条3項），自己のためになした直接取引の場合の特則（428条）も適用される。

　執行役の終任は任期満了，資格喪失，辞任によるほか，取締役会決議によりいつでも解任できるが（403条1項），正当な理由なく解任された場合，損害賠償を請求することができる（同条2項）。執行役が欠けた場合の対応につき，取締役と同様の規律による（403条3項・401条2項～4項参照）。

　(3)　職務権限　　執行役の権限は，取締役会決議により委任を受けた指名委員会等設置会社に業務の執行の決定（416条4項参照）および指名委員会等設置会社の業務の執行である（418条）。執行役が会社に著しい損害を及ぼすおそれのある事実を発見したときは，ただちに，当該事実を監査委員に報告しなければならない（419条1項）。これは，監査委員会による監査権限の適切な行使のために必要な情報を提供する趣旨である。

　執行役が2人以上いる場合における執行役の職務の分掌および指揮命令の関係その他執行役相互の関係に関する事項は，取締役会が決定する（416条1項1号ハ）。業務執行の統一性を確保する上では，1人の代表執行役の指揮命令に他の執行役は服すべき旨を定めることが多いとされる。しかし，各執行役は相互に指揮命令関係には立たず，自己の担当職務を独立して執行するような制度設計とすることも可能である。

　(4)　代表執行役　　取締役会は，執行役の中から代表執行役を選定しなければならないが，執行役が1名のときは，その者が代表執行役に選定されたものとされる（420条1項）。代表執行役の解職は取締役会によりいつでも可能であ

る（同条2項）。代表執行役の権限は，会社の業務に関する一切の裁判上または裁判外の行為をする権限である（420条3項・349条4項）。また，表見代表執行役の規定がある（421条）。

6　役員等の損害賠償責任

　会社の業務が適正に行われることを確保するため，会社法は，役員等に任務懈怠責任（423条1項）を課す一方で，その責任の免除や制限につき一定の定めを設けている。また，株主が会社に代わり，任務懈怠責任などの役員等の会社に対する責任を追及すること（株主代表訴訟。847条以下）などの株主が会社の業務の適正化を図ることを目的とする権利も定めている。くわえて，役員等が悪意または重大な過失により任務を怠った場合など一定の場合には，会社以外の第三者も役員等の責任を追及できるものとしている。

I　会社に対する責任

1　任務懈怠責任

　(1)　総説　　会社法423条1項は，取締役・会計参与・監査役・執行役・会計監査人を合わせて役員等と呼び，これら会社との関係で委任関係にある者が，その任務を怠った場合，会社に対して，任務懈怠により生じた損害を賠償する責任を負わせている（330条参照）。これは，会社に対する損害賠償責任の一般的な根拠規定である。そして，役員等の任務懈怠とは，委任契約上の受任者が負う義務である善管注意義務（民644条）に違反することを意味する。したがって，善管注意義務違反は任務懈怠に該当し，判例上も，会社や役員等を名宛人とする具体的な法令に違反する行為は，直ちに任務懈怠を構成するものとされる。他方で，予想することが困難な法令違反の可能性も否定できない。こうした場合，取締役に過酷な結果とならないように過失の判断で対応するのが判例の立場であるとされる。なお，任務懈怠に基づく会社に対する損害賠償責任は，役員等だけでなく，発起人・設立時取締役および設立時監査役（53条1項），そし

て精算人（486条1項）についても会社法で定められている。

　取締役会設置会社における取締役には善管注意義務の一内容として，相互に他の取締役の職務を監視・監督することが期待されている。監視・監督義務に違反した取締役は，任務懈怠責任を追及される可能性がある。ただ，上場会社等の大規模な会社では，業務の多くが各業務担当取締役の下で階層的に従業員に委ねられている。それゆえ，個々の取締役が他の取締役の職務の執行や従業員を直接監視することは現実的でない。そこで，大会社である取締役会設置会社では，業務執行の決定として内部統制システムを整備する義務があると考えられており，内部統制システムが適切に機能している会社では，何らかの不正行為の結果，会社に損害が生じたとしても直ちに取締役の任務懈怠責任が追及されるわけではない。

　そして，取締役の任務懈怠の有無を判断する上で，従業員の不正行為が極めて巧妙な手段で行われていたことが認められる場合，当該行為を発見できなかった取締役は会社に対する任務懈怠責任は否定されると解されている（最判平21・7・9判時2055・147）。なお，監査役は取締役の職務の執行を監査する（381条1項前段）以上，取締役会による内部統制システムの整備についても監査しなければならず，監査役は，そうした職務を行う際に善管注意義務を負い，それに違反すれば任務懈怠責任が生じうる。

　会社は，役員等の任務懈怠責任を追及するためには，役員等の任務懈怠，損害の発生，損害と任務懈怠との間の因果関係，損害額（，そして役員等の故意・過失の存在）を立証しなければならない。ただ，これらの立証は常に容易であるとは限らない。そこで，取締役・執行役が違法な競業取引をした場合（たとえば，取締役会の承認を経ていない場合）は，当該取引により取締役が得た利益を損害額と推定する旨を定めている（423条2項）。

　(2)　利益相反取引の特則　　取締役・執行役が利益相反取引（356条1項2号・3号）をした場合，(356条1項・419条2項違反の有無を問わず) 以下の取締役・執行役につき任務懈怠が推定される（423条3項）。すなわち，①356条1項（419条2項準用）の取締役・執行役（423条3項1号），②会社が利益相反取引をすること

を決定した取締役・執行役（同項2号），③利益相反に関する取締役会の承認決議に賛成した取締役（指名委員会等設置会社においては取締役の利益相反取引の場合に限る）（同項3号・369条5項），である。なお，監査等委員会設置会社では，監査等委員以外の取締役が利益相反取引をする場合，当該取引につき監査等委員会の承認を受けたときは，任務懈怠は推定されない（423条4項）。

また，自己のために利益相反取引の直接取引をした取締役・執行役の責任は，無過失責任である（428条1項）。

2　利益供与

利益供与の場合，利益供与に関与した取締役（執行役）は，会社に連帯して，供与した額に相当する額を支払う義務を負い，利益供与行為をした取締役（執行役）は無過失責任である（120条4項）。

会社法は，株主および適格旧株主（120条1項第1かっこ書）ならびに最終完全親会社等（847条の3第1項）の株主（以下，「株主等」）の権利行使に関して会社が財産上の利益を供与することを禁止している（120条）。これに違反して行われた利益供与は，会社の基本秩序に対する違反として無効である。利益供与が取締役・執行役・会社の使用人等により行われたとき，それらの者には重い刑事罰が科せられる（970条1項。会社自体は罰せられない）。株主等の権利行使に関するものであるという会社の意図を知りつつ利益の供与を受けた者，または第三者を受領者として利益を許与させた者も同罪である（同条2項）。利益供与を会社に要求する行為も同じく罰せられる（同条3項）。さらに，利益供与に関する罪を犯した者がそのことを理由として会社関係者に威迫を加える行為も罰せられる（同条4項）。

供与される利益は，供与者の名義のいかんを問わず，会社またはその子会社の計算において支出されたことが必要である。相手方に対する債務免除といった会社からの財産移転がない場合も含まれる。しかし，取締役や使用人等の会社関係者による利益供与であっても，株主の権利の行使に関してこれらの関係者が自己のポケットマネーを提供するといった会社・子会社の負担とならない利益供与は規定対象から外れる。もっとも，実質的に見て，総会屋対策費など

に充てる目的での手当が会社から支給されている場合は，規制違反となる。

　会社法120条1項の「株主の権利の行使に関し」とは，実質的な供与相手方が株主等としての地位に基づき行使することのできるすべての権利の行使・不行使に関するものを含む。それゆえ，株主等の権利行使に関するものである限り，株主等でない者に対する利益供与も違法となりうる。株主の議決権等の権利の行使を回避する目的で，当該株主から株式を取得するための費用を会社が第三者に供与する行為は，株主等の権利の行使に関する利益供与にあたる（最判平18・4・10民集60・4・1273）。なお，「権利の行使に関し」とは，会社側の主観的要件に過ぎず，供与の相手方において会社側の意図を認識していないことや，会社の意に沿う行為を現実に行うことはその要件ではない。

3　剰余金分配

　分配可能額を超えて剰余金分配がされた場合，業務執行者（取締役等）は，分配された額を会社に支払義務を負うが，無過失を立証したときは，この責任を免れる（462条1項・2項）。

4　責任を負う者

　会社に対して責任を負う者は，任務懈怠の作為（不作為）をした取締役ら役員等であるが，こうした行為が取締役会等の決議に基づいてされた場合，その決議に賛成した者も，それが任務懈怠に該当するときは，同一の責任を負う。決議に参加した取締役は，議事録に異議をとどめておかないと決議に賛成したものと推定される（369条5項）。

　任務懈怠につき責任を負う取締役等が複数いる場合には連帯責任となり（430条），各取締役等が負担する損害賠償額は同じであることが原則である。ただ，上場会社等においては損害賠償額が極めて高額になる場合もあり，任務懈怠に関与した程度や責任を負うべき期間の長短等，取締役等の責任原因の関与に応じて取締役等が負うべき損害賠償額を個別に算定すべきであろう。個々の取締役等の寄与度に応じて損害賠償額を別個に算出する判例もみられる（大阪地判平12・9・20判時1721・3）。

II　役員等の責任追及と免責・軽減

1　総　　説

　会社の業務が適正に行われることを確保するため，会社法は，役員等に任務懈怠責任（423条1項）を課すとともに，株主が会社に代わり，任務懈怠責任を含む役員等の会社に対する責任を追及する株主代表訴訟（847条）等の，株主が会社の業務の適正化を図るための権利も定めている。他方で，役員等の責任の免除・軽減につき一定の規制を定めている。

2　株主代表訴訟

　会社が取締役等に対して有する権利を，一定の場合，株主が会社に代わって行使することが認められる。米国法を参考に昭和25年改正で導入された制度である。この場合，株主は会社の機関として行動することになる。これまでに，実際に提訴されたケースはそれほど多くはないが，政治献金事件・証券損失補填事件・銀行の内部統制に関する事件等，世間の注目を集めた事件が少なくない。

　取締役等の責任は本来，会社が原告となって訴えを提起すべきものであるが，取締役間の仲間意識などから，会社が必要な責任追及を怠ったり，真摯に訴訟追行をしなかったりする，いわゆるなれ合いが生じ，その結果，会社ひいては株主の利益が害されるおそれがある。そこで，株主自らが役員等に対し，会社に代わって責任追及する訴えを提起することが認められている。このような株主による訴訟追行の可能性が認められた訴えを，会社法では「責任追及等の訴え」と呼んでいる（会社自身が原告となる場合も「責任追及等の訴え」に含まれる〔847条1項〕）。そして，このうち株主が原告となって提起する責任追及等の訴えを，一般に株主代表訴訟と呼ぶ。原則として，6ヵ月前から引き続き株式を有する株主に対して，会社を代表して会社の有する請求権を代位して役員等に対する責任追及を行う機会が与えられている。株主代表訴訟の対象となるのは，発起人・設立時取締役・設立時監査役・役員等・清算人（同項第4かっこ書），そして，株主の権利行使に関して利益供与を受けた者（120条3項），不公正な払込金額で募集株式また募集新株予約権を引き受けた者（212条1項・285条1項）と，

出資履行を仮装した者（102条の2第1項・213条の2第1項・286条の2第1項）である（847条1項本文）。なお，会社が取締役等を訴える場合も，株主が代表訴訟で取締役等を訴える場合も，なれ合い訴訟となる弊害に備えるため，訴訟告知（849条4項・5項）・再審（853条）の特則を定めている。

　提訴要件を充足する株主は，まず，会社に対して上記相手方に対する責任追及の訴えを提起するよう請求しなければならず，請求の日から60日以内に会社が訴えを提起しないときに，自ら訴えを提起することができる（847条1項～3項）。ただし，上記期間を待っていると，時効完成や財産の隠匿などにより会社に回復不能な損害が生じるおそれがあるときには，会社に対する提訴請求なしに直ちに訴えを提起することができる（同条5項本文）。

　株主代表訴訟は，地方自治法における住民訴訟（地自242条の2）と同様の発想によるものであるが，会社の権利の実現という直接的な意義だけでなく，会社の諸機関またはその構成員に対する強力な規律付けという効果も期待されている。原告となる株主への給付を請求する訴訟ではないことから，提訴費用が請求額のいかんに関わらず低額（13,000円）に固定されていることも（847条の4第1項・民訴費4条2項），活発な訴訟提起に大きく寄与している。株主代表訴訟は，提訴株主に対する経済的見返りが必ずしも明確でないため，役員等の責任が追及されるために効果的に利用されるように保障しつつ，他方で，会社・株主全体の利益を真に確保する目的でこの制度が利用されるようにする工夫が求められる。会社法は，前者の保障として，訴額の定額制（847条の4第1項）のほか，費用償還請求（852条1項）等を法定するとともに，後者の工夫として，担保提供（847条の4第2項），不提訴理由書（847条4項），役員サイドへの会社の補助参加（849条1項）等の制度を規定している。

　株主代表訴訟の制度は法定されているため，役員等の任務懈怠責任は，総株主の同意がないと免除することはできない（424条）。なお，訴訟上の和解をすることは認められ，この場合，責任免除に総株主の同意は不要となる（850条4項）。会社が和解の当事者でないときは，会社の承認が必要である（同条1項）。裁判所は，会社に対して和解内容を通知し，かつ，その和解に異議があれば2

週間以内に述べるべき旨を催告し（同条2項），会社がその期間内に書面で異議を述べなかったときは，上記による通知の内容で和解することを承認したものとみなされる（同条3項）。

3　多重代表訴訟

多重代表訴訟とは，親子会社や持株会社をトップに有するグループ企業において，親会社や持株会社の株主が子会社の取締役等の子会社に対する責任を追及する訴えである。子会社の取締役等に子会社に対する責任がある場合，本来，株主である親会社や持株会社が子会社の取締役等の責任を追及すべきである。しかし，親会社と子会社取締役等との密接な関係などから責任追及がなされないおそれがあるため，平成26年会社法改正により，親会社株主の保護のため，多重代表訴訟制度を創設した。

孫会社を含む多重構造を有することもあるので，多重代表訴訟と呼ばれ，「最終完全親会社等の株主の特定責任追及の訴え」（847条の3）と規定されいる。この「最終完全親会社等」とは，たとえば，X社はY社にすべての株式を保有され，Z社がY社のすべての株式を保有する場合におけるZ社を指し（同条1項），「完全親会社等」には，完全子会社等と合算で完全子会社のすべての株式を保有する場合も含まれる（同条2項）。特定責任は，小規模な子会社の取締役は完全親会社の使用人的な地位にあるため，親会社株主による責任追及の対象とすることは酷な結果にもなりかねないので，子会社の株式の帳簿価額が親会社の純資産額の5分の1を超える場合に限り，認められるものである（同条4項・会社則218条の6）。この20％ルールは，子会社の取締役等の責任の原因となった事実が生じた日において満たされている必要がある。また，「原告適格」として，親会社の株主の持株要件は，100分の1以上を6ヵ月前から保有していなければならない（847条の3第1項本文・6項）。会社に最終完全親会社等がある場合，特定責任を総株主の同意で免除するには（55条・103条3項・120条5項・424条［486条4項で準用する場合を含む］・462条3項ただし書・464条2項・465条2項），対象会社の総株主の同意のほか対象会社の最終完全親会社等の総株主の同意も必要である（847条の3第10項）。一部免除や責任限定契約についても，対象会社だけでなく，

第 5 章　株式会社の機関

対象会社の最終完全親会社等においての手続が必要である（425条・427条参照）。

4　違法行為等差止請求権

株主代表訴訟は，すでに行われた違法行為等につき，会社内部の機関が責任追及等の訴えを提起せず，会社の請求権を放置するという不適切な状態を解消するため，一定の手続により，株主が会社のために役員等に対する責任追及の訴えを提起することを認めるものである。これに対して，違法行為等差止請求権は，現に行われ，または，行われようとしている違法行為等について，株主が会社に代わってこれを差し止めることを認めるものである。株主代表訴訟と同様に，法定訴訟担当の一種と解されている。

取締役が法令もしくは定款に違反する行為をし，または，するおそれがある場合，当該行為により会社に著しい損害が生じるおそれがあるときは，6ヵ月前（定款で短縮可）から引き続き株式を有する者は，当該取締役に対して，当該行為をやめることを請求することを認めている（360条1項）。監査役設置会社または委員会型会社では，会社に回復不能な損害が生じるおそれがあるときに限り，株主は違法行為等差止請求をすることができる（同条3項）。指名委員会等設置会社では，執行役が会社の業務執行を行うことから，株主は，執行役の違法行為等の差止請求権も与えられている（422条）。

5　責任免除・軽減

会社法423条1項の任務懈怠を原因とする役員等の会社に対する責任を免除するためには，総株主の同意が必要である（424条）。もっとも，多数の株主がいる上場会社等では，すべての株主の同意を得ることは現実的ではない。また，会社が一定のリスクを負って事業を行う以上，取締役等が萎縮することなく適切な経営判断を行うためには，取締役等の責任を一定の範囲内で軽減することには合理性がある。そこで，会社法は，役員の責任の一部を軽減する規定を定めている。

軽減対象となるものは，423条1項の任務懈怠責任に限定され，その任務懈怠につき，役員等に悪意・重大な過失がないことを条件に，①株主総会の特別決議，②定款の授権に基づく取締役会決議，③会社との間で締結される責任限

定契約（ただし，業務執行に従事しない取締役［427条1項第1かっこ書］，会計参与，監査役，会計監査人に限る。以上の者を「非業務執行取締役等」という）のいずれかにより，役員等の損害賠償額を一定範囲に限定することが可能となる（425条～427条・309条2項8号）。

損害賠償責任のうち，免除することができない額（最低責任限度額）は，①代表取締役および代表執行役の場合：6年分の報酬に相当する額，②前記以外の取締役（業務執行取締役等である者に限る）：4年分の報酬に相当する額，③非業務執行取締役等（業務執行取締役等以外の取締役・会計参与・監査役・会計監査人）の場合：2年分の報酬に相当する額，である（425条1項）。それゆえ，損害賠償額のうち，上記の最低責任限度額を超える部分の全部または一部の免除が可能となる。

Ⅲ　第三者に対する責任

1　法定の特別責任

役員等がその任務に違反した場合，本来的には，会社に対する関係で責任を負うのみであるが，その結果，株主や会社債権者が損害を受ける場合もあり，会社法は，役員等に会社以外の第三者に対する特別の責任を定めている。すなわち，役員等がその職務を行うについて悪意または重過失があったときは，当該役員等は，これによって第三者に生じた損害を賠償する責任を負う（429条1項）。ただ，取締役が職務を執行する過程で第三者に損害を発生させた場合，当該取締役と契約関係にない第三者が損害賠償を請求できるかどうかは，取締役の不法行為責任（民709条）の成否の問題である。にもかかわらず，なぜ，会社法は429条の規定を定めているのであろうか。本規定の趣旨については，議論が分かれているが，判例は，株式会社が経済社会において重要な地位を占めており，しかも，株式会社の活動はその機関である役員等の職務執行に大きく依存していることから，役員等に法定の特別責任を課して第三者の保護を図ったと解している（最大判昭44・11・26民集23・11・2150）。

判例の立場によれば，本規定による責任は，不法行為責任（民709条）とは別

個の責任であり，役員等が第三者に対して不法行為責任を負わない場合でも，本規定による責任を負う場合がある。また，役員等が会社に対する任務を怠ったこと（任務懈怠）につき悪意または重大な過失があれば，たとえ第三者に対する加害行為につき悪意または重大な過失がなくても，本規定の適用がある。さらに，役員等の悪意または重大な過失による任務懈怠と第三者の損害との間に相当因果関係がある限り，任務懈怠により会社に損害が生じ，その結果，第三者に損害が生じた場合（すなわち，間接損害の場合）であろうと，任務懈怠により直接第三者に損害が生じた場合（すなわち，直接損害の場合）であるかを問わず，役員等は本規定による責任を追及されることになる。

判例の立場（法定責任説：多数説）によると，429条1項は，第三者保護のため取締役の責任を加重したものとなるのに対し，本規定を不法行為責任の特則であると解する見解（不法行為責任説：少数説）もある。不法行為責任説は，取締役の職務内容の複雑性から取締役が第三者に対して負うことになる不法行為責任（民709条）の主観的要件を「悪意または重大な過失」に限定したのが429条1項であり，同項は取締役の責任を軽減するものであると構成する。不法行為責任説によると，悪意または重大な過失は第三者に対する加害行為について必要であり，損害賠償の範囲は直接損害の場合に限定され，当然，一般不法行為の責任は排除されるこことになる。

任務懈怠に基づいて役員等が会社に対して損害賠償責任を負う場合と同様に，第三者の損害につき複数の役員等が損害賠償責任を負うとき，これらの役員等は連帯債務者となる（430条）。役員等の第三者に対する責任の消滅時効期間は民法167条1項所定の10年間であり（最判昭49・12・17民集28・10・2059），遅延損害金の利率は民法404条所定の年5分である（最判平1・9・21判時1334・223）。

2 虚偽記載等による責任

役員等が，会社法429条2項各号所定の書類に虚偽の記載（電磁的記録により作成された場合は，虚偽の記録）をした場合，そのことによって第三者に生じた損害を賠償しなければない。ただし，その者が当該行為をすることで注意を怠らなかったことを証明したときは，この責任を免れる（429条2項柱書ただし書）。

不実の情報開示を信頼した第三者を保護するために，立証責任が転換された過失責任となっている。なお，役員等が虚偽記載した場合であっても，当該虚偽記載と第三者の損害との間に相当因果関係が認められなければ，責任は追及されない（東京地判平17・6・27判時1923・139）。

> ### Column
>
> **社外取締役**
>
> 　日本の上場企業の社外取締役が7000人を超えた（2016年8月）。全上場企業の96％が社外取締役を選任し，東証1部においては，91％の企業で2人以上選任されている。平成26（2014）年会社法改正で，上場企業における社外取締役の選任が（コンプライ・オア・エクスプレイン・ルールとはいえ）事実上義務づけられ，2015年に導入されたコーポレートガバナンス・コードでは，2人以上の独立性の高い社外取締役の選任を求められる等，上場企業の社外取締役を選任するインフラ整備は相当程度（＆急ピッチで）進んだ。2005年時点では，東証1部では，たった35％であった状況とは劇的な変わりようである。
> 　他方で，社外取締役の兼務規制が近時，クローズアップされている。上場企業における取締役会は年平均で概ね15回位であり，月1回以上の出席が必要となる。東証の時価総額上位100社における社外取締役の兼務状況は2016年6月時点で，49％であり，ほぼ半数の社外取締役は複数社を掛け持ちであった。データとしては，2社が27％，3社が13％，4社が8％，5社が1％であった。兼務が半数いる背景には，企業サイドが適任とする人が重複する傾向があるとの指摘もあるが，多数の兼務は社外取締役としての働きに対するネガティブな影響が懸念される。
> 　一部の会社では，兼務を全面禁止しているが，そうした会社は少数で，2社～4社の間で制限を設けている会社の方が多い。全面禁止が望ましいといえるのか，あるいは，何社までが兼務の許容範囲であるかは難しい線引きであるが，有事に際して，臨時取締役会が開催された場合，兼務が多いと身動きがとれないリスクは高まる。社外取締役として働こうとすればするほど，（ITの技術を活用するにせよ）十分な情報提供・意見交換の場，さらには，社外取締役のみを構成員とする場も必要となろう。
> 　日本経済新聞2016年11月22日朝刊によると，
> ------
> 　米議決権行使助言大手のグラスルイスは，2017年度の指針で社外取締役の兼務基準を厳しくする。上場企業の経営陣が社外役員を兼務する場合，1社しか

兼務を認めない方針だ。従来は4社まで兼務する社外役員の選任議案には賛成を推奨していた。兼務制限を通し，社外役員の経営参加を促す。対象となるのは，上場企業の執行役員や代表取締役が，社外取締役や社外監査役を務める場合。それ以外の非上場企業経営者や大学教授といった場合でも，兼務できる社数は4社までとし，従来の6社から減らす。

　とのことである。
　（大学教授の兼務規制トピックも含めて）今後の動向も注目である。
　なお，上場企業の社外取締役の年間平均報酬額は約600万円である。

第6章

株式会社の資金調達と支配権の維持

1　新株の発行

I　資金調達と新株発行

1　株式会社における資金調達方法

　会社が事業活動を行うためには，多くの資金が必要である。設立当初は，そのための資金すべてが出資という形で集められ，これを基に事業が開始されたはずである。この出資に対しては株式が発行され，会社の資本金を形成する。しかし事業活動を進めるうちに，必要とする資金に不足をきたすこともある。そのような場合の資金の調達方法としては，まず，会社自身の蓄えである利益の社内留保を用いることが考えられる。たとえば，準備金や積立金をあてる方法である（452条）。一方，外部から新たに資金を調達する方法としては，銀行などからの借入金が考えられるが，株式会社では，新たに株式を発行する方法（199条以下）と新株予約権を発行する方法（236条以下），そして会社法上のすべての会社が利用することができるところの社債を発行する方法（676条以下）がある。

　本節では，まず，株式会社が株式の引受人を募集し，その引受人から金銭等の払込みを受けることによって資金を調達する方法に関する法規整を扱う。

　会社が募集株式を発行して調達した資金は，返金義務を負わない自己資金である。資金需要がある会社がこの方法を選択する場合，資金調達の機動性を重視するであろう。しかし，新たに募集株式を発行することで，既存株主の経済的・支配的利益に影響を及ぼすことがある。そこで，会社と既存株主との間の

利害調整をはかる必要がある。ここでは，そのための制度についても述べる。

2 新株発行規制

会社法は，株主となる者に新たに払込みを行わせ新株を発行するいわゆる通常の新株発行に，会社が保有する自己株式を処分する場合も含めて，「募集株式の発行等」として規定する（199条以下）。いずれも会社の資金の調達方法として，会社による募集に応じた者に対して株式が割り当てられ，その株式について出資金等の払込み（現物出資の給付を含む）が確実になされる必要がある点，および新たな株主が生ずることから，既存株主との間の利害調整も必要となる点で共通であることによる。

本節で述べる新株発行は，株式引受人等による払込みを伴ういわゆる有償増資であり（199条以下），通常の新株発行と呼ばれるものである。新株は，この他に，株式分割（183条以下），株式の無償割当て（185条以下），取得請求権付株式・取得条項付株式の取得で新株を対価とする場合（108条2項5号・6号），新株予約権の行使（280条以下），そして吸収合併（749条以下），吸収分割（757条以下），株式交換（767条以下）が行われた場合等にも発行される。これらは，払込みを伴わないもの，あるいは発行手続が特殊であるとして，特殊の新株発行といわれる。

自己株式の処分は，合併や株式交換などに際して，新たに株式を発行する代わりに会社が保有する自己株式を交付する場合，新株予約権の行使に際して新株に代えて移転する場合，単元未満株主の請求に応ずる場合等にも行われるが，これらを除き行われる場合，新株発行と同じ規定の下に置かれている。

3 新株発行方法の多様性

(1) 多様な株式の発行　会社法では，同一会社が発行する株式は，その権利内容において平等であることを原則としつつ，一定の範囲と条件の下で，権利内容の異なる複数の株式，すなわち種類株式の発行を認めている（108条1項）。このような株式の発行を認めるのは，会社の資金調達の便宜を図るためと，会社に支配関係の多様化の機会を与えるためである。

会社法が認める種類株式のうち，とりわけ剰余金の分配および残余財産の分

配に差異を設ける種類株式は，たとえば業績不振のために募集普通株式の引受けが見込めないときに，これらについて優先的な取扱いをする優先株式とすることで，株式引受人の募集を容易にしようとするときに用いられる。また優先株式を議決権制限株式とすることで，社債と株式の中間的な性格を持たせることができ，資金調達を容易にしたい会社側と，議決権行使には関心がないが有利な投資先を得たい投資者側のニーズそれぞれに対応することができる。

(2) 現物による払込み　株式の払込みにあたり，金銭以外の財産をもって出資の目的とすることは，設立時だけでなく，新株発行時でも認められている。出資者の側において払込みのための現金がない場合，あるいは会社側において出資者が保有する特定の財産を取得したい場合に有益である。設立時とは異なり，現物出資をなし得る者についての制限はないが，出資にかかる法規制は同じである（207条）。

4　授権資本制度

授権資本制度とは，会社が発行できる株式数をあらかじめ定款で定めておき，この範囲内で取締役会等の機関に発行の決定権限を与え，機動的な株式の発行により資金調達ができるようにする制度である。これは，取締役会等による株式発行の許容限度を示すものであり，既存株主にとっては，会社における持株比率がどの程度まで薄められるかを予想する範囲ということができる。

昭和25年の商法改正で授権資本制度が採用されるまでは，資本が定款の記載事項であったため，株式発行により資金を調達するには定款を変更しなければならず，したがって株主総会の特別決議が必要であった。しかし改正後は，取締役会に授権資本枠の範囲内で発行の権限を与え，その判断で迅速な資金調達が可能になった。多額の資金需要は，たとえば企業が新規市場に進出したり，新製品の開発プロジェクトを編成するなどで生ずることもあるが，経営の建直しや借入金の返済などのために生ずる場合もある。前者では広く一般から株式市場を通じて新たな投資者を多数募ることも考えられるが，後者では市場を通じた調達は困難な場合もあり，関係者に新株を引き受けてもらう必要も生じる。このような会社の経営状態に応じた資金調達は，経営を担当する取締役会の判

断を優先させることで効果的に行うことができると考えられるのである。

　会社法の下でも，株式会社が株式を発行できるのは，定款に定めた発行可能株式総数の範囲内であり（37条1項・98条・113条1項），設立時発行株式の総数は，発行可能株式総数の4分の1を下ることができない（37条3項）。設立に際して発行されなかった株式数を会社成立後に適宜発行することになるが，この未発行部分を発行するのが新株発行である。発行可能株式総数を増加するには，定款を変更しなければならないが，その場合にも，変更後の発行可能株式総数は，当該定款の変更が効力を生じた時における発行済株式の総数の4倍を超えることができないのが原則である（113条3項）。

　なお，公開会社（2条5号）以外の会社では，定款に記載する「発行可能株式総数」，および定款を変更して授権資本枠を増加させる場合の「発行可能株式総数」に関する制限は適用されない（37条3項ただし書・113条3項1号）。このような会社では，募集株式の発行等の決定は株主総会の特別決議によることが原則であるから（199条2項），授権資本枠の増加は発行済株式総数の4倍以内であるとする制約をはずしても，既存株主の利益を害することはないと考えられるからである。

5　新株発行の手続（募集株式の発行等）

(1)　**募集事項等の決定と決定機関**　会社が新株を発行したり自己株式を処分するために，これらを引き受ける者を募集するとき，この引受けの申込みをした者に対して割り当てる株式を募集株式という（199条1項）。会社は，引受人の募集に際して，この募集株式について，次に掲げる①から⑤の事項（「募集事項」という）を決定しなければならない（199条1項1号～5号）。

①　募集株式の数，種類株式の場合はその種類及び数（199条1項1号）
②　募集株式の払込金額またはその算定方法（同2号）
③　現物出資に関する事項（同3号）
　　現物出資については，裁判所の選任した検査役により現物出資財産の調査を受ける必要があり，取締役は，検査役の選任を裁判所に請求しなければならない（207条）。もっとも，以下の場合は検査役の調査が不要とされ

ている（207条9項）。

　　a．現物出資者の全員に発行する株式の総数がその新株発行の直前の発行済株式総数の10分の1を超えない場合
　　b．現物出資の対象となる財産の価額の総額が500万円を超えない場合
　　c．現物出資の対象となる財産が市場価格のある有価証券である場合
　　d．現物出資が相当であることについて，弁護士・弁護士法人，公認会計士・監査法人，税理士・税理士法人の証明を受けた場合（不動産の場合，不動産鑑定士の鑑定評価が必要）（証明・鑑定をする者の欠格事由について，同条10項）
　　e．現物出資が，会社に対する金銭債権であって（弁済期が到来しているものであること），その金銭債権について定められた出資金額が当該金銭債権の負債の帳簿価額を超えない場合

④　払込み・給付の期日または期間（199条1項4号）
　会社は払込み・給付期日に代えて，払込み・給付期間を定めることができる。

⑤　増加する資本金及び資本準備金に関する事項（同5号）
　払込みまたは給付がなされた財産の額が増加資本金額となるのが原則であるが，払込財産額または給付財産額の2分の1を超えない額を，資本金ではなく資本準備金として計上することができる（445条2項・3項）。

　募集株式の発行等に際して，定款に，株主が募集株式の割当てを受ける権利を有する旨の規定をおかない限り，株主は当然には割当てを受ける権利を持たない。会社法は，募集株式の発行等の割当て方法を含めて，募集株式の発行等を決定する機関を，公開会社と公開会社以外の会社で異にする規定をおいている。

　　(a)　公開会社における決定　　公開会社では，上記①～⑤の募集事項については，その割当て先も含めて，原則として，取締役会（一定の要件の下で，指名委員会等設置会社では執行役に，監査等委員会設置会社では取締役に委任できる［416条4項・399条の13第5項参照］）において決定することを要する（201条1項）。

市場価格のある株式を引き受ける者を募集するいわゆる公募の場合には，募集株式の払込金額に代えて，公正な価額による払込みを実現するために適当な払込金額の決定方法のみを定め，代表取締役等に具体的な払込金額等を決定させることができる（201条2項）。この場合に，募集事項に関し，金融商品取引法に基づく開示がなされていれば，株主に対する通知等も不要である（同条5項）。以上の手続により，迅速な募集株式の発行等が可能である。

　取締役会決議により，第三者に募集株式等を割り当てることもできるが（第三者割当て），払込金額が募集株式を引き受ける者にとって「特に有利な金額」である場合，募集事項の決定は，株主総会の特別決議によらなければならない（201条1項・199条3項・309条2項5号）。既存株主の有する株式の経済的価値を低下させるおそれがあるためである。取締役は，株主総会において，その払込金額で募集することが必要である理由を説明しなければならない（201条1項・199条3項）。

　なお，種類株式として譲渡制限株式が発行されていて，この株式を募集する場合，定款に別段の定めがない限り，さらに，当該種類の株主を構成員とする種類株主総会の決議を経る必要がある（199条4項・200条4項・324条2項2号）。当該株主の当該種類株式についての持株比率を保護するためである。

　取締役会が以上の募集事項を定めたときは，払込期日（払込期間を定めた場合にはその期間の初日）の2週間前までに，株主に対して募集事項を通知または公告しなければならない（201条3項・4項。なお，金商法による開示等がなされている場合を除く［5項］）。とりわけ第三者割当ての方法による場合，既存株主は，その払込金額によっては保有株式の価値が低下し，経済的な損失を被るおそれもある。そこで，利害関係を持つ株主に募集事項を知らせ，その差止請求権（210条）を行使する機会を保証しようとするものである。

　なお，会社は，第三者割当ての結果，当該募集株式の引受人が総株主の議決権の過半数を有することになる場合（すなわち支配権の異動を伴うとき），そのような引受人（「特定引受人」という）に関する情報を，払込期日等の2週間前までに株主に通知または公告しなければならない（206条の2第1項・2項。なお，

金商法による開示等がなされている場合を除く［3項］)。この通知等の日から2週間以内に，総株主の議決権の10%以上（定款で引下げ可）を有する株主が，会社に対して，特定引受人による募集株式の引受けに反対の通知をしたときは，当該公開会社は，払込期日等の前日までに，当該特定引受人に対する募集株式の割当て等について株主総会の普通決議による承認を受けなければならない（同条4項）。ただし，当該公開会社の財産の状況が著しく悪化している場合において，当該公開会社の事業の継続のため緊急の必要があるときは，株主総会の決議を要しない（同項ただし書）。

(b) 公開会社以外の会社における決定　新たに募集株式の発行等を行う場合には，その都度，株主総会の特別決議により前記①～⑤の募集事項を決定することを要する（199条1項）。公開会社以外の会社では，各株主が会社の経営と密接にかかわっている場合が多く，株主が会社における自己の持株比率を維持する要請が強い。会社における株主構成に変動をもたらす募集株式の発行等に，既存株主がかかわることができるようにするため，募集株式の発行等は，株主総会の特別決議で決することとされている（199条2項）。なお，株主総会の特別決議により，募集事項等の決定を取締役（取締役会設置会社にあっては取締役会）に委任することもできる。その委任の決議に際しては，募集株式の数の上限，および払込金額の下限を定めることを要する（200条1項）。委任は，払込みまたは給付の期日（期間を定めた場合はその末日）が決議の日から1年以内の募集株式の発行について効力を有する（同条3項）。

このような会社で，払込金額が募集株式を引き受ける者に対して「特に有利な金額」で募集株式の発行等を行う場合（第三者割当てによる有利発行）には，公開会社の場合と同様に，取締役は，株主総会において，そのような金額で募集することの必要な理由を説明しなければならない（199条3項）。株主総会で取締役会等に募集事項の決定を委任する場合に，払込金額の下限が募集株式を引き受ける者にとって「特に有利な金額」である場合にも，同様の説明を要する（200条2項）。

なお，種類株式発行会社で，募集株式の種類が譲渡制限株式である場合，当

該種類株式の募集事項の決定を委任するには，当該種類株主総会の特別決議が必要である（200条4項）。

(2) **株主に株式の割当てを受ける権利を与える（株主割当て）場合**　募集株式の発行等に際して，株主に割当てを受ける権利を与えることもできる。株主（自己株式には割り当てられないので，当該会社は除く）は，その持株数に比例的に割当てを受けることができる（ただし，一株に満たない端数は切り捨てられる。202条2項）。公開会社以外の会社では，通常，この方法による。

株主割当てによる場合，募集事項（199条1項1号～5号）および株主割当てに関する事項（202条1項1号・2号）の決定は，公開会社では取締役会による。公開会社以外の会社では，株主総会の特別決議によらなければならない（202条3項。定款で，取締役の決定あるいは取締役会の決議による旨が定められている場合は除く）。募集株式の引受けを望まない株主も，持株比率を維持するには，申込みを事実上強制されることになるためである。

会社は，申込みの期日を定め（202条1項），株主が申込みの機会を確保できるように，引受申込みの期日の2週間前までに，株主に対して，募集事項，割当てを受ける株式数および引受けの申込み期日を通知しなければならない（202条4項）。割当てを受けることは株主の権利であり，引き受ける義務を負うわけではない。期日までに申込みをしない株主は，失権する（204条4項）。しかし引受権を行使する限り，募集株式の発行等の前後を通じて株主の持株比率が減ることはない。

(3) **株式の割当てと出資の履行**　株式会社は，株式の募集に応じて引受けの申込みをしようとする者に対して，①会社の商号，②募集事項，③金銭の払込みをすべきときは，払込取扱い場所等を通知しなければならない（203条1項）。これに対して，株主割当てによる株主も含めて，申込者は，①氏名または名称および住所，②引き受けようとする募集株式数を記載した書面を会社に交付しなければならない（203条2項。なお，電磁的方法によることも可［同条3項］）。

会社は，株主割当ての場合を除き，申込者の中から募集株式の割当てを受ける者，その者に割り当てる募集株式の数を定め，払込み等の期日の前日までに，

申込者に対して割当数を通知しなければならない。申込人は割当てを受けた株式について，募集株式の引受人となる（204条1項・3項・206条）。

募集株式の引受人が募集株式のすべてを引き受ける場合（総数引受契約を締結する場合）には，上記の手続は不要である（205条1項）。募集株式が譲渡制限株式であるときは，その引受契約について，原則として，株主総会（取締役会設置会社にあっては取締役会）の決議により，その承認を受けなければならない（205条2項）。

募集株式の引受人は，払込期日（払込期間を定めた場合はその期間内）に，会社が定めた払込取扱い金融機関において払込金額の全額を払込み（208条1項），あるいは現物出資の目的財産のすべてを給付しなければならない（同条2項）。募集株式の引受人が期日ないしは期間内に出資の履行をしない場合には，募集株式の株主になる権利を失う（208条5項）。

定められた払込期日に払込みがあった新株については，当該期日に効力が生じ，払込人は株主となり，また払込み等の期間を定めた場合には，出資の履行を行った日あるいは現物出資財産の給付日に，株主となる（209条）。

新株発行の効力が生ずると，会社の発行済株式総数，資本金額は増加する（445条1項～3項）。それに伴い，会社は変更登記をしなければならない（911条3項5号・9号・915条）。

(4) 引受けの無効・取消しの制限　設立時と同様に，民法における心裡留保・通謀虚偽表示を理由とする無効の規定は，募集株式の引受けについての申込み，割当て，総株式の引受け契約にかかる意思表示には，適用されない。また，錯誤ないしは詐欺・強迫を理由とする募集株式の引受けの取消しをすることができない（211条）。

6　募集株式の発行等と出資の確保

(1) 払込金額が不公正であった場合　取締役や執行役と通じて，著しく不公正な払込金額で募集株式を引き受けた者は，会社に対して公正な価額との差額相当を支払う義務を負う（212条1項1号）。既存の株主や他の引受人の株式の財産的価値を低下させ，公平性に欠けることになるためである。また，公正な

価額の払込みを確保することで，募集株式の引受けそのものは有効とすることができるからでもある。

(2) 現物出資財産の価額が著しく不足する場合　払込みが現物出資の場合において，出資の履行時の財産価額が，決定された募集事項の価額に著しく不足するときは，他の株式引受人との間の公平に欠けるだけでなく，既存の株主等の財産的価値を低下させることになる。そこで，現物出資を行った株式引受人は，会社に対して不足額の支払義務を負う（212条1項2号）。もっとも，出資の履行時の財産価額が，決定された募集事項の価額に著しく不足することについて，善意無重過失の株式引受人は，募集株式の引受け（または総数引受契約）の意思表示を取り消して，この責任を免れることができる（212条2項）。

(3) 出資の履行を仮装した場合　引受人が募集株式の払込みあるいは給付を仮装した場合，引受人は会社に対して，仮装した払込金額の全額の支払あるいは給付を仮装した現物出資財産の給付を行う義務を負う（213条の2第1項）。この義務を免れるためには，総株主の同意が必要である（同2項）。また，募集株式の引受人は，支払もしくは給付の履行後でなければ，出資の履行を仮装した募集株式について，株主の権利を行使することができない（209条2項）。

(4) 株主による関与取締役等の責任追及の訴え　会社は，著しく不公正な払込金額で募集株式を引き受けた引受人，および募集株式の株主になった時における給付した現物出資財産の価額が著しく不足する引受人に対しては，差額相当額あるいは不足額の支払，募集株式の払込みを仮装した引受人には，支払あるいは給付の履行を求めることができる（212条1項・213条の2第1項）。しかし会社側すなわちこれらに関わった取締役等は，引受人に支払や給付等の請求をしない可能性がある。そこで，株主（公開会社にあっては，6ヵ月前から引き続き株式を有する株主）は，会社に対して，関与した取締役等だけでなく，不公正な価格で引き受けたあるいは払込みを仮装した募集株式の引受人に対しても，これら支払もしくは給付を求める訴えの提起を請求できる（847条1項・2項）。

Ⅱ 支配権維持と募集株式の発行等

1 既存株主の利益保護（経済的利益と支配的利益）

会社により募集株式が発行されると，既存の株主に対しては，次のような影響が生ずるおそれがある。

① 引受人への交付が，不公正な価額で行われた場合，会社財産は株式を通じて全株主が共同で所有すると考えられるので，新株発行前に既存の株主が有していた一株あたりの会社財産ないしは価値が減少することになり，経済的な利益が損なわれることになる。

② 基本的に議決権総数が増加するため，既存株主の議決権割合が減少し，会社に対する影響力が弱まる。

③ 種類株式を発行する場合には，その内容によっては，既存株主の議決権が無力化するおそれがある。

このうち，①については，Ⅰにおいて述べたような，払込金額等が不公正な場合の差額払込義務を法定し（212条1項1号），あるいは出資の目的物価額不足塡補責任（212条1項2号・213条・213条の2）により出資金を確保することで担保されうる。さらに，会社が募集株式を第三者に「特に有利な金額」で発行する場合には，株主総会において会社側がその必要性を説明した上で，特別決議を要するものとして既存株主の同意を得るという手続が置かれている（199条3項・200条2項）。これに対して，②および③について，既存株主の利益を確保するために，会社法は次のような制度を設けている。

2 募集株式の発行等の決定手続に対する規制

②の会社における支配割合の希薄化は，募集株式の発行を株主割当てにすることで回避できる。しかしそれでは，資金調達の機動性が犠牲になりかねない。会社法は，基本的に，機動性を優先させる法制をとった。

公開会社では，取締役会等に授権資本枠の範囲で発行権限を与える制度をとるため，その限りで既存株主は，募集株式の発行等に伴う持株比率の低下は甘受しなければならない。発行価額の公正が保たれていれば，持株比率を保つた

めに株式市場で買い増すことができると考えられるからである。もっとも，公開会社であっても，既存株主の利益を保護する観点から，支配権の異動を伴う第三者割当て等による募集株式の発行等については，前述の通り（Ⅰ5(1)参照），10％以上の議決権株主から反対の通知がなされた場合，株主総会の決議を必要とする制度が導入された（206条の2）。

　一方，わが国の株式会社の多くを占めるいわゆる閉鎖会社では，株主の実質は投資者というよりは共同経営者か，少なくとも社員相互の信頼関係を基礎に株式を保有する者であり，したがって会社における持株比率を維持し，会社の株主構成が変わらないことを期待している。このような会社では，低下した持株比率を回復するために市場で買い増すこともできない。持株比率の維持に対する保証を欠くかつての新株発行法制に対する批判から，平成2年の商法改正では，いわゆる閉鎖会社の株主に新株引受権が法定された（旧法280条ノ5ノ2）。これに対して会社法は，株主が当然には割当てを受ける権利を有しないものとしたが（202条参照），株主構成の維持を重視する会社では，定款で株主の割当権を定めることができる。また，公開会社以外の会社では，募集事項の決定は原則として株主総会の特別決議を要するものとして（199条），株主の関与を原則としている。

3　種類株式を発行する旨の定款の定め

　会社は，内容の異なる株式を発行できる（108条1項1号〜9号）。多様な株式の発行は投資家に投資の選択肢を与えることにもなるため，会社は政策的な資金調達が可能となる。従来，株主間契約で行われていた起業家と資金提供者の間の利害調整も，種類株式の発行により，株式の属性として組み入れることが可能になる。その一方で，③に掲げたように，たとえば会社が，拒否権付株式（108条1項8号），取締役・監査役選任権付株式（同項9号。ただし指名委員会等設置会社および公開会社は不可［108条1項ただし書］），あるいは単元数が異なる種類株式（188条3項）を発行すると，既存の株主の議決権を実質的に制限することになる。

　そこで，会社法は，種類株式は，定款で定めて登記をしない限り，発行する

ことができないこととした（108条2項・911条3項7号）。種類株式を発行する旨の定款の定めがある場合には，原則として，設立時募集株式の引受けをしようとする者あるいは募集株式の引受けの申込みをしようとする者に対して，種類株式に関する事項を通知しなければならない（59条1項5号・203条1項4号）。これは，将来株主になる可能性がある者に対して，種類株式の発行を予測させることで，潜在的な者も含めて株主を保護する役割を担っている。

4 募集事項等の株主に対する開示の要請

募集事項を株主総会で決することを原則とする公開会社以外の会社では，株主はその内容を把握することができる。しかし，公開会社では，原則として取締役会において募集事項を決定することとされているため（201条1項），株主は，知らないうちに，自らに不利益となる募集株式の発行等がなされる可能性がある。そこで，公開会社が取締役会で募集事項を決定したときは，株主に差止めの機会（210条）を与えるために，払込期日の2週間前までに，株主に対して当該募集事項を通知または公告しなければならないこととされている（201条3項・4項）。この通知または公告の要求は，金融商品取引法により開示がなされている場合等，株主の保護がなされているときは不要である（同条5項）。

また，公開会社において支配株主の異動を伴う募集株式の割当てをなす場合は，株主に対して，特定引受人に関する情報を通知または公告しなければならない（206条の2第1項・2項。なお，金商法による開示等がなされている場合を除く［同3項］）。支配株主の異動は実質的に会社の基礎の変更になるため，株主による反対の意思表示とそれに伴う手続（206条の2第4項）の機会を確保させるためである。

III 瑕疵ある募集株式の発行等

1 募集株式の発行等の差止請求

募集株式の発行等が，法令または定款に違反したり，著しく不公正な方法で発行されたために，不利益を受けるおそれのある株主は，その効力発生前に，会社に対して，その株式の発行または自己株式の処分をやめることを請求する

ことができる (210条)。この請求は，訴訟で行うこともでき，その場合は，差止めの訴えを本案として発行等差止めの仮処分を申請する。

「法令違反」の例としては，会社法が定める募集株式の発行等を決定する機関の決定を経ていない場合 (199条2項・201条1項・202条3項・206条の2第4項など)，公開会社において株式引受人にとって「特に有利な金額」で募集するにもかかわらず，株主総会の特別決議を経ずに行われる場合 (201条1項) などがある。

「著しく不公正な方法」とは，募集株式の発行等が不当な目的を達成する手段として利用される場合をいう (東京地判昭27・9・10判タ23・33)。多くの差止請求が提起される中で，下級審判例は，基本的に，取締役会が募集株式の発行等を決定した主要な目的が何であるかにより判断する方法 (主要目的ルール) に依拠していると考えられている。資金需要がないのに自派に多数の株式を割り当て，多数派工作をするような，会社支配権の維持・獲得を主要目的とする発行等について，著しく不公正なものとして，差止めを認めている (さいたま地決平19・6・22金判1270・55，東京地決平20・6・23金判1296・10)。

2　株式の発行・自己株式の処分の無効の訴えと不存在確認の訴え

株式の発行や自己株式の処分により株主の利益が害される場合，そのような発行あるいは処分を無効とすることが求められる。しかし，新株主や会社債権者等の利害関係人の利益保護も必要とされるところから，民事訴訟の原則に従うことは，多くの問題が生ずる。そこで会社法は，株式の発行の無効の訴え (828条1項2号) および自己株式の処分の無効の訴え (828条1項3号) という特別な訴訟類型を用意し，既存の株主等にその無効を主張する手段を与えている。

訴え提起権者は，株主，取締役，執行役，清算人，監査役 (監査の範囲が会計事項に限定されている場合を除く) に限定されており (同条2項)，出訴期間も，公開会社の場合は募集株式の発行等が効力を生じた日 (すなわち払込期日。ただし，払込期間を定めた場合は期間の末日と解される) から6ヵ月以内，公開会社以外の会社では払込期日から1年以内に限定されている。

無効原因について，会社法は具体的な規定をおいていない。しかし，定款に株主の募集株式を引き受ける権利をおいている場合に，これを無視するような

発行は，無効原因となると考えられる。このような定款規定をおく趣旨が，株主の会社における持分利益を保護することにあり，これを法的に保障する必要があるからである。また，募集事項の通知または公告（201条3項・4項）を欠くことは，株主による差止めの機会を失わせることになる。そこで，この手続のみを欠くだけで他に差止事由がない場合を除いて，無効原因となるとされる（最判平9・1・28民集51・1・71，最判平10・7・17判時1653・143）。その他，差止請求の仮処分を無視して発行された場合について，無効原因とする判例がある（最判平5・12・16民集47・10・5423）。

会社法制定以前から，新株発行の手続が行われておらず，払込みもないのに，新株発行の登記がなされている場合など，新株発行の実体がない場合について，新株発行の不存在の確認を求める訴えができると解されており，裁判所もその可能性を認めていた（最判平9・1・28民集51・1・40，最判平15・3・27民集57・3・312）。会社法は，これを整備し，裁判所に，株式の発行や自己株式の処分が不存在であることの確認を求めることができることを明文で認めた（829条）。不存在確認判決は，株式の存在の有無について統一的な解決がはかれるようにするために，対世効をもたせている（838条）。訴えの被告は会社に限定され（834条1項13号・14号），出訴期間の制限はない。また，確認の利益が認められる限り，原告適格についても制限はない。

3　不公正な払込等にかかる関係者の民事責任

不公正な払込金額で募集株式の発行を引き受けた者，あるいは出資を仮装した引受人の責任については前述した（Ⅰ6参照）。

さらに，これらに関与した取締役等（213条1項・3項）について，引受人等と連帯して，財産価額が不足する場合には差額の支払義務（213条），仮装した払込金額の全額の支払（現物出資の仮装の場合は，現物出資財産または相当する金銭全額の支払）義務を負わせることで（213条の3第1項），引受人の払込義務を補完させるものとされている。

また，これら取締役等は，任務懈怠の責任を負うことになる（423条1項）。

2 新株予約権の発行

I 資金調達と新株予約権の発行

1 新株予約権の意義

　新株予約権とは，新株予約権者が株式会社に対して行使することにより，当該株式会社の株式の交付を受けることができる権利をいう（2条21号）。新株予約権者は，定められた権利行使期間内であればいつでも権利行使できるので，株式の時価と新株予約権の権利行使価額を勘案して権利を行使し，あるいは権利を行使せず放棄することもできる。会社は，新株予約権者による権利行使があると，新株を発行するか自己株式を交付する義務を負う。

　会社が第三者に対してあらかじめ定めた金額で新株を取得する権利を与える制度は，平成13年商法改正前も，取締役・使用人に対する報奨的な報酬（いわゆるストック・オプション）として，また社債に付加して転換社債・新株引受権付社債という形で用いられていた。しかし，ストック・オプションを対象者等の制約がなく広く活用したいとの経済界からの要望があり，またオプションの公正価値の算出が会計処理に関する理論の進展等に伴い可能になったこと，さらに，会社が発行する新株を優先的に引き受ける権利を意味する新株引受権と区別する必要から，平成13年商法改正（法律128号）で新株予約権という概念が創設され，その発行が認められることとなった。現在，新株予約権は，報奨的報酬や社債に付した発行の他，敵対的な企業買収に対する防衛策として発行されるなど，さまざまな事業目的のために用いられ，多様な機能を有している。

　新株予約権は株式そのものではないが，新株予約権者は予約権の行使（権利行使価額の払込み・給付）により株式を取得する。したがって，新株予約権の発行が既存の株主に与える影響は，募集株式の発行等と類似している。そこで，会社法は，規整に関しても募集株式の発行等と類似したものを用意している。

2 募集新株予約権の発行と出資の確保

　募集新株予約権は無償で発行することもできるが（238条1項2号参照），通常

はその価値に対応する対価の支払を受けて，すなわち有償で発行される。新株予約権が有償で発行されると，会社には，新株予約権の発行価額に，新株予約権の権利行使価額をあわせた額が払い込まれることになる。

募集新株予約権の申込者は，その払込みを待たず，新株予約権の割当日に新株予約権者となる（245条1項）。もっとも，新株予約権が有償で発行される場合，発行価額の全額を，払込期日が定められた場合はその期日，その他の場合は新株予約権の行使期間の初日の前日までに，会社が定めた払込取扱い金融機関において払い込まなければ，当該新株予約権の行使ができない（246条1項）。

新株予約権者が株主になるには，さらに，新株予約権を行使し，出資の目的が金銭であるときは会社が定めた払込取扱い金融機関に権利行使価額の全額を，金銭以外の財産が出資の目的とされているとき（現物出資）は当該財産を，払い込みまたは給付することを要する（281条1項・2項）。

会社法は，これらの払込み・給付が確実になされるように，新株予約権者の責任を規定している。すなわち，現物出資財産の価額が，募集事項に記載された価額に達しない場合，新株予約権者は差額支払い義務を負う（281条2項）。取締役等と通じて著しく不公正な払込金額等で新株予約権を引き受けた者は，公正な価額を支払う義務を負う（285条）。また，新株予約権を行使した新株予約権者が，募集新株予約権の発行時の払込みおよび新株予約権の行使時の出資を仮装した場合について，募集株式の発行等の出資の履行を仮装した場合（213条の2）と同様の規定が置かれている（286条の2）。

3　募集新株予約権の発行手続

募集新株予約権の発行方法および発行手続は，募集株式の発行等とほぼ同じである。会社は，以下のような新株予約権の権利内容（236条1項）をはじめとする募集事項（238条1項）を定めなければならない。公開会社以外の会社では，募集事項の決定は，原則として株主総会の特別決議を要する（238条2項。なお，239条）。一方，公開会社では，原則として取締役会の決議で定めることができる（240条1項。なお，399条の13第5項・6項・416条4項）。

ただし，募集新株予約権が引受人にとって特に有利な場合，すなわち(i)募集

新株予約権を無償で発行することが引受人にとって特に有利な条件である場合，(ii)払込金額が引受人にとって特に有利な金額である場合には，公開会社でも株主総会において取締役がその必要な理由を説明したうえで特別決議で決することを要する（238条2項・3項・240条1項）。

また，新株予約権の目的である株式が譲渡制限株式である場合には，当該譲渡制限株式に係る種類株主総会の決議を経る必要がある（238条4項）。

会社法が定める募集事項は，以下の通りである（238条1項各号）。

① 新株予約権の内容（236条1項1号～11号に法定）および数
② 無償で発行する場合はその旨
③ 募集新株予約権1個と引換えに払い込む金額，またはその算定方法
④ 募集新株予約権の割当日
⑤ 募集新株予約権と引換えに金銭の払込期日を定めるときは，その期日
⑥ 募集新株予約権に社債が付されているときは，会社法676条に掲げる募集社債に関する事項
⑦ 募集新株予約権に社債が付されているときの新株予約権について，買取請求権に関し別段の定めをするときはその定め

4　新株予約権の無償割当て

会社は，株主に対して，その持株数に応じて，新たに払込みをさせずに新株予約権を割り当てることができる（277条）。新株予約権の内容をはじめとする割当事項の決定は，原則として，取締役会設置会社では取締役会の決議により，取締役会非設置会社では株主総会の普通決議による（278条3項）。株主は，無償割当ての効力発生日に当該新株予約権者になる（279条1項）。会社は，新株予約権の無償割当てを行う旨の通知を権利行使期間の末日の2週間前までに行うことを要する（279条3項）。新株予約権者に権利行使のために準備する期間を与えるためである。

割当てから権利行使期間の末日までが短期の場合，株主割当てにより募集株式を発行する方法（202条）に類似する。しかし，株式の割当てを受ける権利は譲渡できないのに対して，新株予約権は原則として譲渡が可能であるため，株

式の取得を望まない株主は，新株予約権を譲渡することで，持株比率は低下しても経済的な利益は得ることができる。

なお，株主に対する新株予約権の無償割当ては，その内容として，差別的行使条件や差別的取得条項を付することで，敵対的企業買収に対する防衛策としても用いられる。

5 新株予約権の譲渡

新株予約権は，原則として自由に譲渡できる（254条1項）。もっとも，新株予約権付社債に付された新株予約権は，それのみを分離して譲渡することはできない（254条2項）。また，会社は，必要に応じて新株予約権発行の際に，権利内容として，その譲渡による取得につき会社の承認を要する旨を定めることで，譲渡制限新株予約権とすることもできる（243条2項2号・262条～266条）。

譲渡は，新株予約権証券が発行されているか（＝証券発行新株予約権）否かにより異なる。

証券発行新株予約権の譲渡および質入れは，意思表示と相手方への新株予約権証券の交付により効力が生ずる（255条）。無記名式新株予約権証券は，証券を継続して占有することでその譲渡および質入れを会社・第三者に対抗しうる（257条3項）。ただし，記名式新株予約権証券の場合，証券の占有で第三者に対抗しうるが，会社に対抗するには，会社が作成することを義務づけられている新株予約権原簿（249条）への記載・記録が必要である（257条2項）。

一方，新株予約権証券を発行する旨の定めがない場合，譲渡および質入れは，当事者間の意思表示のみで行われるが，会社その他の第三者に対抗するには，譲受人あるいは質権者を新株予約権原簿に記載・記録することが必要である（257条1項）。

6 新株予約権の行使

新株予約権の行使は，行使する新株予約権の内容・数そして権利行使する日を明らかにして行わなければならない（280条1項）。その際，出資の目的を金銭とするときは権利行使価額の全額を，金銭以外の財産を出資の目的とするとき（現物出資）は当該財産を，権利行使日に払い込みまたは給付しなければな

らない。新株予約権者は新株予約権を行使した日に，当該新株予約権の目的である株式の株主になる（282条1項）。

会社は，新株予約権が行使されると，新株予約権の内容に従って株式の交付を行うことになるため，新株予約権の目的である種類および数の株式は，新株予約権の行使期間中は留保しておかなければならない（113条4項）。なお，現物出資に関しては，原則として，検査役の調査が必要であり，募集株式の発行等と同様の規制が置かれている（284条）。

II 支配権の維持と新株予約権

新株予約権が行使されると，社外にある株式総数が増加するのは募集株式の発行等の場合と同じである。そこで，既存株主の利益を保護するために，募集株式の発行等とほぼ同じ制度が設けられている。

1 発行可能株式総数との関係

定款による発行可能株式総数枠の設定が，新株予約権の発行により潜脱されることがないようにするため，新株予約権（行使期間の初日が到来していないものを除く）の権利者が，その行使により取得することとなる株式の数は，発行可能株式総数から発行済株式（自己株式を除く）の総数を控除して得た数を超えてはならない（113条4項）。その限りで，取締役会等の発行権限を有する機関が恣意的な発行を行うことに対する制約として働く。もっとも，その範囲内であれば，原則として，公正な内容である限り，当該機関に発行権限を付与したことになる。

2 発行手続規制

(1) 発行事項の決定方法　新株予約権の募集事項を定めるには，原則として，株主総会の特別決議が必要である（238条2項・309条2項）。なお，公開会社では，取締役会決議で募集事項を定めることができるが，一定の場合には，株主総会の特別決議が必要であるとして（240条1項・238条3項），株主の関与を求める。さらに，公開会社では，募集新株予約権の引受人が，その引き受けた募集新株予約権の行使によって交付を受ける株式の株主となった場合に有するこ

ととなる最も多い議決権数が、総株主の議決権の過半数になる場合、そのような引受人（「特定引受人」という）による引受けについて、10%以上の議決権株主から会社に対して反対の通知がなされたときは、特定引受人に対する当該新株予約権の割当てについて株主総会の普通決議による承認を必要とする制度が導入された（244条の2）。ただし、当該公開会社の財産の状況が著しく悪化している場合において、当該公開会社の事業の継続のため緊急の必要があるときは、株主総会の決議を要しない（同条第5項ただし書）。

(2) 募集事項の通知または公告　募集新株予約権に関し、取締役会決議等で決定することを原則とする公開会社では、株主が、直接、新株予約権の発行に関与することはない。そこで既存株主に、その利益を損なう新株予約権の発行を差し止める請求の機会を与えるため、割当日の2週間前までに、株主に対し、当該募集事項を通知または公告しなければならない（240条2項・3項、なお、同条4項参照）。

なお、前述のような支配権の移動を伴う募集新株予約権の割当てを行うときは、株主がこれに対する反対の意思を表示できるように、払込期日の2週間前までに、特定引受人に関する情報を通知または公告しなければならない（244条の2第1項・3項。なお、金商法による開示等がなされている場合を除く［同4項］）。

Ⅲ　瑕疵ある新株予約権の発行

1　株主による新株予約権の差止請求

募集新株予約権の発行が、法令・定款に違反し、または著しく不公正な方法により行われようとする場合には、不利益を受けるおそれのある株主は、会社に対してそのような発行をやめることを求めることができる（247条）。この差止請求の対象は、会社法238条1項の募集による新株予約権の発行であり、募集株式の発行等の差止請求（210条）と同様、既存株主の利益を保護する趣旨である。新株予約権の無償割当て（277条）は、条文上は、247条の規定から外れるが、同条を類推適用し差止請求を認めるべきであるとされている（最決平19・8・7民集61・5・2215）。

第6章　株式会社の資金調達と支配権の維持

　もっとも，何をもって著しく不公正な方法（いわゆる不公正発行）であるかについては，議論がある。募集株式の発行等の場合と同様に，募集新株予約権の発行も，支配権をめぐる争いがある場面で，取締役らが自派に大量の募集新株予約権を割り当てるような場合は，基本的に不公正発行とされよう。ただし，支配権の維持・確保を目的とする発行が，すべて不公正発行とされるわけでもない。濫用的買収者の買収を阻止するための新株予約権の発行について，不公正発行には当たらないとした判例がある（東京地決平17・3・16判タ1173・140，東京高決平17・3・23判時1899・56）。

　会社法上，新株予約権の無償発行に加えて（238条1項2号あるいは277条），新株予約権の内容として，会社に一定の事由が生じたことを条件として，会社が新株予約権を取得し，その対価として株式等を交付するというような，取得条項付新株予約権の発行も可能である（236条1項7号）。もっとも，会社経営陣が，企業買収に対する防衛策として，これらを駆使した新株予約権の発行をしようとするとき，不公正発行になるかだけでなく，株主平等原則の視点からも検討が必要とされる（最決平19・8・7民集61・5・2215）。

2　新株予約権の発行の無効の訴え・不存在確認の訴え

　会社法は新株予約権の発行の無効の訴え（828条1項4号）を設け，株主等は，新株予約権の発行の無効を主張することができる。株式発行等の無効を求める訴えと同趣旨である。また，新株予約権の発行が不存在の場合に，対世効による統一的解決をするため，株主等は，新株予約権の発行が不存在であることの確認を求める訴え（829条3号）を提起することも認められた。

3　不公正な払込金額等にかかる関係者の責任

　不公正な払込金額により新株予約権の引受けがなされた場合（285条1項1号・2号），給付された現物出資財産の価額が著しく不足する場合（同項3号）には，新株予約権者だけでなく職務上関与した取締役や価額証明者等について，募集株式の発行等の場合と同様に，民事責任の規定が置かれている（286条）。

　また，新株予約権を行使した新株予約権者が，会社法246条1項の規定による払込み，あるいは281条に規定する払込みまたは給付を仮装した場合，仮装

した者に加えて（286条の2），関与した取締役等も責任を負う（286条の3）。

3 社　　　債

I　総　　　説

1　社債の意義

　社債とは，会社法の規定により，会社が行う割当てにより発生する当該会社を債務者とする金銭債権であって，会社法676条各号に掲げる事項についての定めに従い償還されるものをいう（2条23号）。株式の発行により調達した資金が自己資本であるのに対し，社債により調達した資金は，借入金・支払手形などとともに他人資本となる。

　社債に関しては，会社法の制定に伴い大幅な改正がなされた。すなわち，①社債の発行が，株式会社だけでなく持分会社にも認められ，これに伴い社債そのものに関する規定は，「第2編　株式会社」に含まれていない，②新株予約権付社債に関する規定は，新株予約権は株式会社が発行するものであるから，株式会社の新株予約権の章におかれている，また，③通常の募集以外に，合併等の対価としての発行，取得条項付株式・取得条項付新株予約権の取得の対価としての発行が認められるようになったこと，などが挙げられる。

　社債は，会社の行う借金の1つであるが，通常，貸し手が多数の公衆である点に特徴がある。そのため，社債に関する法的規整は，次のようなものに分けられる。社債は募集方法が大量かつ集団的である。そこで，まず，集団的な起債のため，特に技術的処理が必要となり，そのための規整がなされている。つぎに，社債は一般の公衆に対する大量かつ長期の債務である。そこで，社債権者の保護が必要となり，そのための規整がある。さらに，多数の債権者が継続して会社と利害関係を持つことになるため，社債権者を団体として取り扱う必要が生じ，そのための規整がある。また，多数の債権者がその債権を容易に譲渡できる方法として有価証券に化体されるものとしているところから，有価証券についての規整もある。

2 社債と株式

　株式と社債は，いずれも小口の資金を広く一般から集めて，巨額の資金を調達する方法であり，このような調達方法が容易にできるように，流通性を持たせている点で共通する。しかし，株式の発行により調達した資金が自己資本であるのに対し，社債により調達した資金は他人資本である点で大きな違いがある。

　すなわち，募集株式の対価として払込みまたは給付された財産は，会社の自己資本として資本金等の額に組み入れられるが（445条など），募集社債の対価として払い込まれた金銭は会社の負債である。したがって，出資者である株主は会社内部の持分権者であるのに対し，社債権者は会社外部の債権者である。会社内部者である株主には，経営参加権として議決権（308条1項）等の共益権が認められるのに対し，外部者である社債権者にはこのような権利はない。そこで，募集株式の発行等に伴い株主数が増加すると，経営参加権を保有する者が増加することになるため，原則として株式の発行には株主総会の決議が求められている（199条1項・200条1項）。これに対して，社債の募集そのものは純粋に資金調達の意味しかないため，業務執行権限で行うことができる（362条4項5号参照）。

　社債は金銭債権であるから，社債権者には募集時に定めた金額の利息（676条3号）が支払われ，償還期限には償還される（676条4号）。これに対して，株主は原則として出資金の払戻しはできないし，剰余金がなければその分配はなされない（461条）。会社が解散し清算する場合，株主は，会社債務弁済後に残余財産の分配を受けられるだけであるのに対し（504条），社債権者は，株主に優先し通常の債権者と同順位で弁済を受けることができる。そこで典型的な社債は，リスクの大きい株式投資に比べ，安全な投資対象とされ，社債が利殖証券といわれるのに対し，株式は投機証券といわれる。

　このように，社債と株式は法律的には大きな差がある。しかし会社に対する資金提供者からは，社債・株式それぞれが有する属性に着目した有利な投資を選択する需要もある。そこで会社法は，いずれも資金調達手段としての株式と

社債について，会社側と投資家側それぞれのニーズに応じた資金調達が行われるようにするために，様々な種類の発行を認めている（108条・238条1項6号）。これら株式や社債に付された条項の内容を組み合わせる形で，両者の経済的・機能な側面が接近した社債的な株式や株式的な社債を設計することも可能となっている。

たとえば，議決権を行使することができない代わりに（108条1項3号），剰余金について，分配可能額の中から一定の額の配当金を優先的に受けることができるものとし，これに一定の期間が経過した場合には，会社が当該株式を強制的に取得する（同項6号）という条項が付された種類株式は，機能としては社債に近いものとなる。他方，会社の分配可能額に応じて利率が変動し，分配可能額がない場合には，取得条項が発動し，対価として株式が交付されるような新株予約権付社債（236条1項7号・275条2項）は，議決権のない株式と機能的に近い。

II 社債の種類

1 普通社債と新株予約権付社債

社債は，発行会社が期限には元本を償還するものとして利息を定期的に支払うことを約し，社債権者がこれを受け取る権利を取得するというものである。株式会社が発行する社債は，新株予約権の付されていない普通社債（2条23号）と新株予約権付社債（2条22号）に分けることができる。

新株予約権付社債とは，社債に新株予約権が付与されたもので，両者の分離譲渡ができないものである。

従来，普通社債に転換権を付加した転換社債や社債発行会社の新株を引き受ける権利が付与された新株引受権付社債が発行され，社債の安定性を確保しつつ株価上昇による利益も期待しうるものとして投資家に受け入れられ，会社にとっても，容易かつ有利な資金調達を可能にした。平成13年の改正法（法律128号）は，これらを①新株予約権の行使に社債の償還を伴う新株予約権付社債，②新株予約権の行使に社債の償還を伴わない新株予約権付社債，③社債と新株

第6章　株式会社の資金調達と支配権の維持

予約権を同時に同一人に発行するものとして整備し，①と②を特殊な社債である新株予約権付社債とした。①のタイプは，その新株予約権を行使すると社債の発行価額と同額が払い込まれたものとみなされる。一方②のタイプは，予約権を行使する者が原則として払込みをすることを要し，したがってその場合の社債は存続する。

　会社法のもとで新株予約権付社債については，原則として，新株予約権の規定（236条以下）と，社債に関する規定（676条以下）の双方が適用される。もっとも社債は株式会社だけでなく持分会社も発行を認められているが，新株予約権は株式会社にしか認められないため，新株予約権付社債に特別な規定（236条2項・254条2項・3項・267条2項・3項・5項等）は，新株予約権に関する項目で取り扱われている。

2　無担保社債と担保付社債

　社債に，元利金の支払を担保するための物上担保権が設定されているか否かによって，無担保社債と担保付社債に分けることができる。

　担保付社債は，会社法のほかに担保付社債信託法の規整の適用を受ける。社債の発行会社が，多数で変動する可能性のある社債権者に対して個別に担保権を設定するのは困難であるし，社債権者が個別に担保権を行使することも難しい。そこで社債に担保を付す場合には，物上担保権の目的財産を有する者が信託会社との間で信託契約をむすぶ必要があり，担保付社債の担保はこの信託契約に従うものとされた（担信2条1項）。信託契約により，受託会社が物上担保権を取得して総社債権者のために担保権を保存し実行する義務を負い（担信36条），総社債権者はその債権額に応じて平等に担保の利益を受けるというものである（担信37条）。このような受託会社が存在する場合には，社債管理者をおく必要はないとされている（担信2条3項）。

　前述の普通社債および新株予約権付社債それぞれに，担保付と無担保の別があることになる。

3　社債券発行社債と社債券不発行社債

　社債は元本が償還されるまで比較的長期にわたるため，社債権者が投下資本

を回収しやすいように譲渡できることが求められる。そのため，従来，原則として社債券が発行されるものとしてきた。これに対して会社法は，株券について不発行を原則としており（214条参照），社債券についても同様とされることになった（676条6号）。募集社債事項を決定する際に，社債券を発行する旨を定めた場合にのみ，記名社債券または無記名社債券が発行される（696条）。

一方，社債券の発行を定めなかった場合，あるいは「社債，株式等の振替に関する法律」による振替社債（短期社債と社債発行決議で同法の適用を受ける旨定めた一般の社債）については，社債券は発行されない（社振66条・67条）。

社債券の発行の有無により，譲渡および質入れの方法が異なる。

Ⅲ　社債の発行手続

1　募集社債に関する決定事項

会社は，その発行する社債を引き受ける者を募集しようとするときは，その都度，次に掲げる事項を定めなければならない（676条）。

① 募集社債の総額
② 各募集社債の金額
③ 募集社債の利率
④ 募集社債の償還方法および期限
⑤ 利息の支払い方法および期限
⑥ 社債券を発行するときはその旨
⑦ 社債権者が，無記名社債券と記名社債券の間の転換請求の全部または一部をすることができないとするときはその旨
⑧ 社債管理者が社債権者集会の決議によらず当該社債の全部について，訴訟行為または破産手続等に属する行為をすることができるとするときはその旨
⑨ 各募集社債の払込金額もしくは最低金額またはこれらの算定方法
⑩ 募集社債と引換えにする金銭の払込みの期日
⑪ 一定の日までに募集社債の総額の割当てを受ける者を定めていない場合

において，募集社債の全部を発行しないこととする（いわゆる打切り発行をしない）ときはその旨およびその一定の日
⑫　その他，法務省令で定める事項（会社則162条1号～6号）

2　決 定 機 関

　社債募集会社が取締役会設置会社の場合，前記の募集社債に関する決定事項は取締役会の決議が必要である。もっとも，①の募集社債の総額，および募集に関する重要事項として法務省令で定めた事項（会社則99条）以外の決定は，取締役等に委任することもできる（362条4項5号参照）。

　なお，新株予約権付社債の募集事項は，原則として，公開会社以外の会社では株主総会の特別決議による。公開会社では，募集事項は，原則として取締役会決議で定めることとされているが（238条2項・240条1項），新株予約権の払込金額について第三者に特に有利な場合には，募集事項の決定は株主総会の特別決議が必要である（238条1項6号・3項・239条2項）。これは，第三者に対する募集株式の有利発行の場合と同じ趣旨であって，社債に付された新株予約権が潜在的には株式の性質を持つことから，既存株主の利益を保護するためである。

3　募 集 方 法

　募集の方法には，総額引受けと公募発行，売出し発行がある。総額引受けは，特定人が社債の総額を包括的に引き受ける方法であり（679条），起債会社との引受契約によって社債が成立するから，起債会社は直ちに必要とする資金を入手できる。引受人は後で機を見て社債を一般に売り出すことになる。

　公募発行は，直接公衆から募集する方法である。募集事務を起債会社が直接行うことは少なく，他の会社（金融商品取引業者）に委託することが多い。

　売出し発行とは，社債の総額を確定することなく，一定期間を定めてその期間内に公衆に対して，随時，個別に売り出す方法である。従来は，特別法による場合を除き認められないと解されていたが，会社法の下では可能と解される（681条1号・676条11号）。

4　社債権者となる者

　募集社債の引受けを申し込む者は，次に掲げる事項を記載した書面を会社に

交付しなければならない（677条2項）。
① 氏名・名称および住所
② 引き受けようとする募集社債の金額および金額ごとの数
③ 会社が払い込む金額として最低金額を定めた場合には，希望する払込金額

会社は，申込者の中から割当てを行い，通知する（678条。なお，総額引受けの場合はこれらの適用はない［679条］）。

割当てがなされたとき，あるいは総額引受契約が成立したとき，申込者または契約者は社債権者になる（680条）。社債の応募額が発行予定総額に達しない場合でも，その旨を募集事項で定めておけば（676条11号），実際の応募額を総額として社債が成立する。

Ⅳ　社債発行会社の義務

1　社債発行に関する規制

会社法は，社債権者の保護のために，原則として発行会社に社債管理者の設置を強制し，その義務および責任を強化するなどにより権限を合理化することで対処することとされている（702条以下）。また，金融商品取引法の募集にあたる場合には，有価証券届出書の提出等の開示制度の規制を受けることになる。その他，格付機関による格付けも一般投資家にとって重要な情報源となりうる。

2　社債原簿の作成

会社は社債原簿を作成し（681条），本店（社債原簿管理人［683条］をおいた場合には，その営業所）に備え置かなければならない（684条1項）。社債の種類等（676条3号〜8号および会社則165条）のほか，社債権者の氏名・名称および住所が記載される（無記名式社債券が発行されている場合は除く）。

社債発行会社が社債権者に対してする通知・催告は，社債原簿上の住所にあてて発すれば足りる（685条）。譲渡または質入れについて，株主名簿の場合と同様の効力が認められる（株式の場合126条・130条・147条等，社債の場合688条・693条参照）。

社債権者および会社債権者，株主（社員）は，営業時間内，いつでも閲覧・謄写を請求することができる（684条2項，会社則167条）。

3 利払いと償還

社債権者には定期的に利息が支払われる。利率・支払時期・支払方法等は，募集社債に関する事項として決定されなければならない（676条）。募集社債の申込者に通知され，社債原簿にも記載される（677条1項・681条1号）。利息の支払いは，社債原簿に記載された社債権者の住所においてなされる。社債券が発行されている場合には，利札を付することができる（697条2項）。この利札は社債券から切り離すと，利息の支払請求権を表章する無記名式の有価証券となり，社債券とは別に流通しうる。利札の所持人には，各利札の期日にこの利札と引換えに利息が支払われる（705条2項）。

会社が利息の支払を怠った場合には，社債権者集会の決議に基づいて，決議執行者は，会社に対して2ヵ月を下らない一定の期間内に弁済すべきこと，その期間内に弁済しない場合は社債の総額について期限の利益を失う旨を通知することができる（739条1項・2項）。会社が期限内に弁済しないと，社債の総額について期限の利益を失う（同条3項）。なお，利息支払請求権は5年の消滅時効にかかる（701条2項）。

発行会社は，社債の満期が到来すると元本を償還する。いつ，どういう方法で償還するかは，募集社債に関する事項（676条4号）として決定しておかなければならない。満期前に定期的に一部ずつ償還することもできる。また，有利であるなら，会社自身が取得するいわゆる買入償還をすることができる。

なお，社債の償還請求権は10年の経過により時効で消滅する（701条1項）。

V 社債の管理

社債は，多数の公衆に対する長期・集団的な会社の借入である。そこで，社債権者が自己の利益を守りやすくし，集団的な処理を可能にするために，社債管理者と社債権者集会の制度が設けられている。

1　社債管理者の設置

　社債を募集する場合には，社債管理者を置き，社債の管理を委託しなければならない（702条）。社債は公衆による投資を前提としているが，多数の小口社債権者が自らの利益を守るのは容易ではないから，専門家に権利保全や債権回収の世話をさせようとするものである。もっとも，自らの利益を守れるような大口の社債権者，あるいは社債権者が少ない場合は，強制する必要はない。そこで，この社債管理者の設置義務は，①各社債の金額が1億円以上である場合と，②社債の発行が50口未満の場合には，免除される（702条ただし書，会社則169条）。

　社債管理者になると，任意に辞任することも，発行会社が一方的に解任することもできない（711条・713条）。それでも管理者が欠けてしまう場合には，事務承継者を定める必要がある（714条）。これは社債権者を保護するための制約である。必要な社債管理者を置かずに社債を発行すると，過料に処せられる（976条33号）。

　(1)　**社債管理者の権限**　社債管理者は，社債権者のために弁済を受け，または社債に係る債権の実現を保全するために必要な，一切の裁判上または裁判外の行為をなす権限を有する（705条）。これに対して社債権の処分に関する行為は，社債権者集会の決議に基づいて行うが（706条1項），迅速な事務処理を行えるように，募集社債に関する事項において定めておけば（676条8号），社債の全部について訴訟行為や倒産処理の手続をすることができる（706条1項2号）。社債管理者は，以上のような権限行使に必要な場合，裁判所の許可を得て，発行会社の業務および財産を調査することができる（705条4項・706条4項）。

　その他，社債権者集会を招集し（717条2項），その決議を執行する（737条）。発行会社が一部の社債権者に対して行った弁済・和解等が著しく不公正な場合，訴えによりその取消しを求めることができる（865条1項）。

　(2)　**社債管理者の義務**　社債管理者は，社債権者のために公平・誠実に社債を管理しなければならず，社債権者に対して善管注意義務を負う（704条）。社債管理委託契約は，発行会社と社債管理者の間で結ばれるが，この義務は契約上は第三者である社債権者に対して負うことになる。これは担保付社債信託

法により受託会社に負わされている義務（担信35条）を，社債管理者にも負わせることとしたものである。

社債管理者が複数ある場合は，権限行使にあたる行為は共同で行い，発行会社から弁済を受けた元利金を社債権者に連帯して支払う義務を負う（709条）。

(3) 社債管理者の責任　社債管理者が法律あるいは社債権者集会の決議に違反し，そのために社債権者に損害が発生すれば，損害賠償責任を負う（710条1項）。また，社債管理者は，社債権者の利益のために行動する義務を負うが，社債の償還もしくは利息の支払に関し，社債権者と利益が衝突する地位に立つ可能性もある。自らの利益を優先して社債権者に損害を与えた場合には，特別の責任が生ずる（710条2項）。以上の損害賠償請求権は，個々の社債権者が行使することができる。

2　社債権者集会

社債権者集会は，社債権者の利害に重大な関係を有する事項について決議する機関であって，社債の種類別に構成される（715条）。会社法に定める事項のほか，社債権者の利害に関する事項について決議することができる（716条）。招集権者は発行会社および社債管理者であるが（717条2項），ある種類の社債総額の10％以上の社債権者は，招集を請求することができ，招集されなければ，裁判所の許可を得て自ら招集することもできる（718条1項・3項）。社債権者は，それぞれの社債権者集会において，当該種類の社債の金額の合計額（償還済みの額を除く）に応じて議決権を持つ（723条1項）。議決権の代理行使も可能であり（725条），書面による議決権行使（726条），電磁的方法による議決権行使（727条），議決権の不統一行使も認められている（728条）。

決議の方法は，原則として出席者の議決権総数の過半数による普通決議であるが（724条1項），一定の事項については，総議決権数の5分1以上で，出席者の議決権総数の3分の2以上にあたる多数の賛成による特別決議が必要である（724条2項）。

決議は，裁判所の認可により効力が生ずる（732条・734条）。会社法は，招集手続違反，決議方法の法令違反，決議が不公正な方法で成立したこと等，裁判

所が決議を不認可とする事由をおいているため，株主総会決議とは異なり，決議取消しの訴えや決議不存在，無効確認の訴えについての規定は存在しない。

なお，多数の社債権者がいる場合には社債権者集会の開催が煩雑であるため，社債権者集会の決議で代表社債権者を選任し，この者に社債権者集会で決議すべき事項の決定を委任することができる (736条)。決議の執行は，社債管理者または社債権者集会代表者があたる (737条)。

Ⅵ 社債の流通

社債は元本が償還されるまで比較的長期にわたるため，社債権者が投下資本を回収しやすいように譲渡できることが求められる。社債の譲渡は，社債券の発行がなされているか否かにより異なる。

社債券を発行する旨の定めがなされている社債の譲渡および質入れは，意思表示と相手方への社債券の交付により効力が生ずる (687条・692条)。しかし，会社および第三者に譲渡を対抗するには，社債券が記名式であるか無記名式であるかにより異なる。記名社債の場合は社債券の占有でたりるが (689条参照)，会社に対しては，社債原簿への記載・記録が必要である (688条2項)。これに対して無記名社債の譲渡は社債券の占有により，また質入れは債券を継続して占有することで会社・第三者に対抗しうる (688条3項)。社債権者は，記名式から無記名式に，あるいはその逆への転換を請求できるが，社債契約により制限されることもある (698条・676条7号)。

社債券を発行する旨の定めがない社債の譲渡および質入れは，意思表示のみで行われる。もっとも，会社その他の第三者に対抗するには，譲受人あるいは質権者の氏名・名称および住所を社債原簿に記載・記録しなければならない (688条)。

さらに，社債の無券化がはかられた振替社債の場合には，振替機関または口座管理機関が管理する口座において，譲受人の口座の社債金額を増額することで譲渡・質入れの効力が生ずることとなる。

第6章　株式会社の資金調達と支配権の維持

Column
新株予約権の無償割当てを用いた資金調達——ライツ・オファリング

　欧州では一般的に利用されている手法であり，近時，わが国でも上場会社の資金調達方法として注目されている。既存株主に持株比率に応じて新株予約権を無償で割当て（277条），株主が新株予約権を行使して払い込まれる権利行使価額相当を株式資本として調達しようというものである。株主は新株予約権を行使すれば持株比率を維持できる。一方，払込みを望まない株主は，取引所に上場された新株予約権を換金することで，株式価値の希釈化による損失を回避することができる。

　割当てを受けた株主が新株予約権を行使しない場合は証券会社が取得して行使することを約束するコミットメント型と，そのような約束が交わされていないノンコミットメント型がある。証券会社の関与がない後者のタイプでは，銀行からの借入れだけでなく公募あるいは第三者割当て増資等，他の資金調達方法が奏功しない状況で会社が取る手段，という評価もある。

［会社による新株予約権の無償割当て］

第7章 株式会社の計算

1 計算規定の目的と概要

　会社法第2編第5章は「計算等」と題し，株式会社に関わる会計の原則（第1節），会計帳簿等（第2節），資本金の額等（第3節），剰余金の配当等（第4節），剰余金の配当等を決定する機関の特則（第5節），剰余金の配当等に関する責任（第6節）について規定する。このほか，会社法施行規則（同116条～133条を参照）や会社計算規則等の法務省令にも計算に関わる定めが置かれている。こうした会社の計算に関わる規制の内容は，①計算書類の作成と開示，②剰余金の分配規制である。

　①は，株主や会社債権者に対する情報開示の必要性から規制されている。株主は会社の出資者である。そして，会社はその財務状況や経営成績等を株主に報告しなければならない。株主はそうした報告に基づき，会社を経営する取締役等の選任・解任，株式譲渡による投下資本の回収等を検討することになる。また，株式会社は払込額を責任の上限とする有限責任社員（株主）から構成されており，債権者が自己の債権を回収することができるのは会社財産だけに限られている。このため，債権者にとっても会社の財務状況等を知ることは取引を行う上でとても重要である。

　②は，剰余金の分配可能額を計算するための規制である。会社は剰余金の一部を株主に配当するが，これは会社財産の減少を招くことになる。有限責任社員から構成される株式会社において，会社財産の減少は債権者にとって不利となる。しかし，会社が債権者の利益のため株主に剰余金の配当をしないとなる

と，株主には大きな不満となろう。このように，株主と債権者は剰余金の分配をめぐり対立関係にある。そこで，会社法では，株主の利益と債権者の利益を調整し，資本制度を用いることで債権者保護を図りつつ，剰余金の分配を可能とする制度を置いている。これが分配可能額の計算である。

以下では，会社の計算に関わる制度の仕組みについて説明することとする。

2 計算書類および決算手続

I 計算書類とは何か

1 会計帳簿

計算書類の作成にあたり，会社はその基礎となる会計帳簿を作成する必要がある（432条1項）。この会計帳簿は，日記帳，元帳，仕訳帳等から構成される。そして，会社は会計帳簿につき，帳簿閉鎖の時から10年間保存しておくことが義務づけられている（432条2項）。なお，会計帳簿の作成にあたり会社は，「一般に公正妥当と認められる企業会計の慣行」に従うことが要求される（431条。会社の行った会計処理が公正な会計慣行に反したか否かが争われた事例として，最判平20・7・18刑集62・7・2101を参照）。この「公正妥当と認められる会計の慣行」とは，企業会計審議会が定めた「企業会計原則」やその他の会計基準，および企業会計基準委員会が定めた各種の会計基準が主たるものとされている。

2 計算書類等の作成義務

株式会社は，毎事業年度終了後に計算書類を作成しなければならない。計算書類の作成は，代表取締役（指名委員会等設置会社では取締役会の選定した執行役）の職務である。会計参与を設置している会社では，会計参与と共同して作成しなくてはならない（374条1項）。

会社は，その成立の日における貸借対照表を作成しなければならない（435条1項）。これは，会計帳簿に基づき作成する。また，会社は，①貸借対照表，②損益計算書，③株主資本等変動計算書，④個別注記表といった各事業年度に係る計算書類のほか，⑤事業報告，⑥これら書類に係る附属明細書を作成（電

磁的記録も可）しなくてはならない（435条2項・3項，会社則116条2号，会社計算59条）。計算書類等は，作成時から10年間保存する義務がある（435条4項）。計算書類等の具体的な内容は，後述する。

II 決算手続

1 「決算」とは何か

先述のように，会社は計算書類等を各事業年度について作成するが，こうした計算書類等は会社の機関の監査・承認を受け，株主や債権者等の利害関係者に公開される。こうした一連の手続・過程を一般に「決算」と呼ぶ。

2 計算書類等の監査

(1) 監査機関を有する会社の監査　　株式会社のうち監査機関を有する会社については，以下のような方法により計算書類等に対する監査がなされる。

まず，会計監査人設置会社を除く監査役設置会社では，計算書類・事業報告・附属明細書について，監査役の監査を受けなくてはならない（436条1項）。ただし，監査役の監査の範囲を会計に関するものに限定する旨の定款の定めを置く会社では，当該監査役に事業報告を監査する権限はないと解されている（会社則129条2項）。

次に，会計監査人設置会社では，計算書類とその附属明細書については，監査役（監査等委員会設置会社では監査等委員会，指名委員会等設置会社では監査委員会）と会計監査人の監査を受けなくてはならない（436条2項1号）。また，事業報告とその附属明細書については，監査役（監査等委員会設置会社では監査等委員会，指名委員会等設置会社では監査委員会）の監査を受ける必要がある（436条2項2号）。

(2) 取締役会設置会社における計算書類の承認　　取締役会設置会社においては，計算書類・事業報告・附属明細書について取締役会の承認が必要とされている（436条3項。会計参与設置会社につき376条を参照）。

さらに，取締役会設置会社では，取締役は定時株主総会の招集の通知に際して，取締役会の承認を受けた計算書類・事業報告，監査報告・会計監査報告を

株主に提供する必要がある（437条）。

ここで会社は，定時株主総会の会日の1週間前（取締役会設置会社では2週間前）から，計算書類・事業報告・附属明細書を会社の本店に5年間，その写しを支店に3年間，それぞれ備え置き（442条1項・2項），株主や債権者の閲覧・謄写に供する（442条3項）。親会社社員についても，裁判所の許可を得て閲覧等ができる（442条4項）。

3　株主総会への報告・承認

取締役は，監査等の手続を経た計算書類および事業報告を定時株主総会に提出（電磁的記録についてはその提供を）しなくてはならない（438条1項）。さらに，定時株主総会に提出された計算書類は承認を受けなければならず，取締役は事業報告の内容を報告する（438条2項・3項）。

なお，会計監査人設置会社については，計算書類の承認に関わる特則がある。この特則によれば，取締役会の承認を受けた計算書類が，会計監査人の無限定適正意見と監査役（または監査役会・監査等委員会・監査委員会）の適法意見があるなどの要件を満たす場合，株主総会の承認を受ける必要はなく，取締役は計算書類の内容を報告すればよいとされる（439条，会社計算135条）。実際に上場会社等では，この特則により株主総会の場では計算書類の報告のみがなされているという。

4　臨時計算書類と連結計算書類

(1)　臨時計算書類　　株式会社は，事業年度中の一定の日を臨時決算日として決算をすることができる（441条1項）。この臨時決算により，臨時決算日までの損益を剰余金配当等の分配可能額に含めることができる（461条2項2号イ）。この臨時決算で作成される貸借対照表と損益計算書を臨時計算書類という。その監査・承認の手続等については，各事業年度に係る計算書類と同様である（441条2項〜4項，会社計算121条以下等）。

(2)　連結計算書類　　大規模な株式会社の中には，多数の子会社や関連会社を有し，企業グループ（企業集団）として事業を行っているところがある。その場合，企業グループ全体の財務状況や経営成績を知っておくことで，対象と

する会社の実際の財務状況等を把握することができる。そうしたある会社とその子会社から成る企業グループ全体について作成されるのが連結計算書類である。連結貸借対照表・連結損益計算書・連結株主資本等変動計算書・連結注記表がこれに該当する（会社計算61条。同62条〜69条も参照）。ただし、剰余金配当規制については、単体の貸借対照表が基準となる。

会計監査人設置会社は、各事業年度に係る連結計算書類を作成（電磁的記録も可）することができる（444条1項・2項，会社計算61条以下）。ただし、会計監査人設置会社のうち、事業年度の末日において大会社で、かつ金融商品取引法上の有価証券報告書提出会社は、連結計算書類の作成が強制される（444条3項）。

連結計算書類は、監査役（監査等委員会設置会社では監査等委員会，指名委員会等設置会社では監査委員会）と会計監査人の監査を受け、取締役会の承認後、定時株主総会の招集通知により株主に提供され、株主総会において監査の結果が報告される（444条4項〜7項，会社計算134条）。

3　計算書類の内容と記載方法

I　貸借対照表

(1)　総説　会社の財務状況を表す書類の一つに貸借対照表（Balance Sheet [BS] と呼ばれる）がある。貸借対照表は、決算期という一定の時期における会社の財務・財産状態を表したものであり、会社がどのように資金を調達し、その資金がどのように運用されているのかが分かるようになっている。つまり、会社財務の安定性・健全性を示しているといえよう。

貸借対照表は、左側（「借方」と呼ばれる）に資産の部、右側（「貸方」と呼ばれる）に負債の部と純資産の部を掲げる方式で作成される（会社計算73条1項）。様式としては、左右に対照表示される勘定式と、縦に順に表示する報告式とがある。勘定式の場合、右側に資金の調達源、左側に資産が示される。貸借対照表を見ることで、会社の資産のうち、どれだけの額が会社債権者に帰属し（負債）、どれだけの額が株主に帰属する（純資産）かが分かる。左側の合計額と右

側の合計額は一致する（資産から負債を差し引くと「純資産」の額が明らかになるが，仮に負債の方が多いと「債務超過」となる）。

(2) 記載方法　貸借対照表の資産の部は，①流動資産，②固定資産，③繰延資産に分かれる（会社計算74条1項）。①には，現金，預金，売掛金，在庫資産等の事業取引に関わる資産や1年内といった短期間で入れ替わる性質の資産が入る。②は，長期間使用される有形固定資産（土地，建物，機械等）や無形固定資産（特許権等），投資その他の資産（投資している金融商品や子会社等の株式等）に区分される。③は，すでに支出された費用を将来の収益に対応させるために資産として計上されたもの（開業費，研究費等）である。

負債の部は，①流動負債，②固定負債に分かれる（会社計算75条1項）。①は，短期借入金，買掛金，支払手形等の事業取引から生じた負債や1年内に履行期が到来する負債である。②は，社債や長期借入金等の長期の負債である。

純資産の部は，①株主資本，②評価・換算差額等，③新株予約権に分かれる（会社計算76条1項1号）。①は，資本金や資本剰余金，利益剰余金等に区別される。資本金や資本剰余金は，会社の設立や株式発行の際に株主が会社に払込んだ金額（払込資本）に相当する。利益剰余金は，会社の利益から構成される。なお，会社の保有する自己株式は，控除項目として株主資本の部に表示される。

(3) 資産と負債の評価　貸借対照表の資産の部には，会計帳簿上に付されている資産が記載される。ここにいう資産については，原価主義により，取得価額（物品等を取得するために要した金額）が付されるのが原則とされている（会社計算5条1項）。そして，償却すべき財産については，事業年度末日（事業年度末日以外の日において評価すべき場合にはその日）に相当の償却をしなければならない（会社計算5条2項）。減価償却費の計上である。

事業年度末日における時価が著しく低い資産（当該資産の時価がその時の取得原価まで回復すると認められるものを除く）は，時価を付さなければならず，予測できない減損が生じた資産等は相当の減額をすることになっている（会社計算5条3項）。

取立不能のおそれのある債権については，事業年度末日において取立てがで

貸借対照表

平成　年　月　日

科　　目	金　　額	科　　目	金　　額
（資産の部）		**（負債の部）**	
Ⅰ　流動資産	××	Ⅰ　流動負債	××
現金預金	××	支払手形	××
受取手形	××	買掛金	××
売掛金	××	1年内返済長期借入金	××
有価証券	××	未払金	××
商品	××	未払費用	××
前渡金	××	未払法人税等	××
前払費用	××	未払消費税等	××
未収収益	××	賞与引当金	××
繰延税金資産	××	Ⅱ　固定負債	××
その他	××	社債	××
△貸倒引当金	△××	長期借入金	××
Ⅱ　固定資産	××	退職給付引当金	××
1　有形固定資産	××	負ののれん	××
建物　　　　　××		**負債の部合計**	××
△減価償却累計額　△××	××	**（純資産の部）**	
工具器具備品　××		Ⅰ　株主資本	××
△減価償却累計額　△××	××	資本金	××
土地　　　　　××		新株式申込証拠金	××
△減価償却累計額　△××	××	資本剰余金	
2　無形固定資産	××	資本準備金　　　　××	
借地権	××	その他資本剰余金　××	××
のれん	××	利益剰余金	
その他	××	利益準備金　　　　××	
3　投資その他の資産	××	その他利益剰余金　××	××
関係会社株式	××	自己株式	××
出資金	××	自己株式申込証拠金	××
長期貸付金	××	Ⅱ　評価・換算差額等	××
繰延税金資産	××	その他有価証券評価差額金	××
その他	××	繰延ヘッジ損益	××
△貸倒引当金	△××	土地再評価差額	××
Ⅲ　繰延資産	××	Ⅲ　新株予約権	××
開業費	××	**純資産の部合計**	××
資産の部合計	××	**負債・純資産の部合計**	××

きないと見込まれる額を控除する必要がある（会社計算5条4項）。貸倒引当金である。債権については，その取得価額が債権金額と異なる場合その他相当の理由がある場合には適正な価格を付すことができる（会社計算5条5項）。

事業年度末日における時価が取得原価より低い資産や，上場会社の株式等の市場価格のある資産（子会社・関連会社の株式と満期保有目的の債券を除く）その他事業年度末日においてその時の時価または適正な価格を付すことが適当な資産については，時価や適正な価格を付すことができる（会社計算5条6項）。

負債については，原則として，債務額を付すのが原則とされている（会社計算6条1項）。債務額を付すことが適当でない負債については，時価または適正な価格を付すことができる（会社計算6条2項以下）。これは，将来の費用または損失の発生に備えた準備額で，当期に負担するのが合理的なもの，具体的には，退職給付引当金，返品調整引当金，製品保証引当金，売上割戻引当金等がある。

II 損益計算書

損益計算書（Profit and Loss Statement［PL］と呼ばれる）は，会社の経営成績を明らかにするため，一定の期間（事業年度）における収益とそれに対応する費用を記載する書類である。

会社の本来の事業活動によって生じた収益を売上高として記載し，そこから収益を生み出すための費用である売上原価（商品の製造に要した費用等）を差し引いたのが，売上総損益である（会社計算89条）。さらに，販売費と一般管理費（広告宣伝費等）を差し引き，営業損益を算出する（会社計算90条）。これが，本来の事業活動によって会社が上げた利益とされる。これに，営業外収益（受取利息，有価証券売買益等）を加算し，営業外費用（支払利息，有価証券売却損等）を差し引いたものが，経常利益である（会社計算91条）。さらに，これに臨時に発生した収益・費用である特別利益（固定資産売却益等）・特別損失（固定資産売却損等）を加味したものが，税引前当期純利益である（会社計算92条）。ここから，法人税を減じるなどして，当期純利益が計算される（会社計算93条・94条）。実務では，経常利益が重視される。

[損 益 計 算 書]
自　年　月　日
至　年　月　日

科　　　目	金　　額
売　上　高	×××
売　上　原　価	×××
売　上　総　損　益	×××
販売費及び一般管理費	×××
営　業　損　益	×××
営　業　外　収　益	×××
営　業　外　費　用	×××
経　常　損　益	×××
特　別　利　益	×××
特　別　損　失	×××
税引前当期純損益	×××
法　人　税　等	×××
法人税等調整額	×××
当　期　純　損　益	×××

Ⅲ　その他の書類

(1)　株主資本等変動計算書　　株主資本等変動計算書は，各事業年度における貸借対照表の純資産の部の変動を示す書類である（当該書類は，近年になって貸借対照表の純資産の部の変動要因が増えたことなどから，純資産の部の変動を明らかにするため導入されたものである）。この計算書には，事業年度の資本金，資本剰余金・利益剰余金（準備金・その他の剰余金），自己株式，評価・換算差額等の変動の明細を表示する（会社計算96条）。

(2)　個別注記表　　個別注記表は，これまでに述べた計算書類によって会社の財産・損益の状態を正確に判断するために必要な注記事項をまとめて表示するものである。計算書類の注記のほか，継続企業の前提に関する注記（会社の事業継続に疑義があるかどうか），重要な会計方針が記載される（会社計算97条以下）。

(3)　事業報告　　事業報告は，事業年度中の会社の状況を文章で表した報告

株主資本等変動計算書

	株主資本									評価・換算差額等			新株予約権	純資産合計
	資本金	資本剰余金			利益剰余金				自己株式	株主資本合計	その他有価証券評価差額金	繰延ヘッジ損益	評価・換算差額等合計		
		資本準備金	その他資本剰余金	資本剰余金合計	利益準備金	その他利益剰余金		利益剰余金合計							
						×××積立金	繰延利益剰余金								
前期末残高	×××	×××	×××	×××	×××	×××	×××	×××	△×××	×××	×××	×××	×××	×××	×××
当期変動額															
新株の発行	×××	×××		×××						×××					×××
剰余金の配当					×××		△×××	△×××		△×××					△×××
当期純利益							×××	×××		×××					×××
自己株式の処分			×××	×××					×××	×××					×××
株主資本以外の項目の当期変動額(純額)											×××	×××	×××	×××	×××
当期変動額合計	×××	×××	×××	×××	×××	―	×××	×××	×××	×××	×××	×××	×××	×××	×××
当期末残高	×××	×××	×××	×××	×××	×××	×××	×××	△×××	×××	×××	×××	×××	×××	×××

書である。会社の主要な事業内容等の状況，会社役員等に関する事項，買収防衛策の内容，内部統制システムの概要と運営状況等が記載される（会社則117条〜126条）。

(4) 附属明細書　　附属明細書は，計算書類・事業報告の内容を補足する事項を表示する書類である（会社則128条，会社計算117条）。有価証券，固定資産，引当金の明細が記載される。

4 資本金と準備金

I　資本金等の意義

貸借対照表上の純資産の部の株主資本は，資本金，資本剰余金（資本準備金・その他の資本剰余金），利益剰余金（利益準備金，その他の利益剰余金）等に分類される（会社計算76条2項）。このうち，資本準備金と利益準備金とを併せて法定準備金という。

株主有限責任の原則のもと，株主は会社債権者に対して責任を負う必要がないことから，債権者にとっては会社財産だけが頼りである。しかし，会社はその財産を株主に分配できることから，仮にこれが自由に分配できるとなると，債権者の利益が害されることにもなりかねない。こうしたことから，会社に対しては，ある程度の財産の確保を要求している。この財産を具体的な金額に表したのが資本金や準備金である（準備金は資本金のクッションとしての役割を果たしているといえる）。したがって，資本金や準備金は，会社債権者の保護を目的に設けられているといえる。なお，会社は資本金の額を登記することが要求されている（911条3項5号）。

II　資本金や準備金の額

株式会社における資本金の額は，原則として，設立または株式の発行に際して株主となる者が会社に対して払込みまたは給付をした財産の額とされる（445条1項）。株主から払込み・給付がなされた財産につき，その2分の1は資本金

に組み入れなくてはならないが (445条 2 項), 残りを資本準備金として計上することができる (445条 3 項)。

会社が剰余金を配当する場合, 準備金の合計額が資本金の額の 4 分の 1 に達するまで, その配当により減少する剰余金の額の10分の 1 を資本準備金または利益準備金として積み立てておく必要がある (445条 4 項, 会社計算22条)。

このほか, 会社が合併や分割等の企業再編を行った際にも, 一定の額が資本金や準備金として計上されることがある (445条 5 項, 会社計算35条以下)。

III 資本金・準備金の減少の手続

1 「減資」とは何か

会社は, 資本の減少, すなわち資本金の額を減少させることができる。これを「減資」と呼ぶ。会社が減資を行うのは, 資本として拘束されていた財産を株主に還元する場合や会社に欠損がある場合(資本金の額を減少させることで会社財産の分配を可能とする操作を行う)などとされる。しかし, こうした減資は, 株主への影響が大きいこと(会社の基礎的変更を伴うため)や会社債権者を害するおそれがあることなどから, 以下のような手続が必要とされる。

2 株主総会等における手続の内容

資本金の額の減少は, 株主総会の特別決議によって行われるが(447条 1 項・309条 2 項 9 号), 準備金の額の減少については, 株主総会の普通決議で足りる(448条 1 項)。減少する資本金や準備金の額に制限はないが, その額につき, 資本金の額の減少の効力発生日における資本金・準備金の額を超えることは認められない(447条 2 項・448条 2 項)。

会社が株式の発行と同時に資本金の額を減少させると決めつつも, 資本金の額が前の額を下回らないようであれば, 取締役の決定(取締役会設置会社では取締役会の決議)で足りる(447条 3 項。準備金にも同様の規定がある〔448条 3 項〕)。

3 債権者保護手続

会社が資本金や準備金の額を減少する場合(減少する準備金の額の全部を資本金とする場合を除く), その債権者は, 原則として異議を述べることができる(449

条1項)。ただし，準備金のみを減少させる場合につき，それを定時株主総会で決議し，かつ減少額が定時株主総会（計算書類を取締役会で決定する場合は取締役会の承認の日）の日における欠損額を超えない場合，異議を述べることができない（449条1項ただし書）。

債権者が異議を述べることのできる場合，会社は，官報に「減少の内容や異議を述べられる期間（1ヵ月以上）」等を公告し，かつ「知れている債権者」には各別に催告しなくてはならない（449条2項）。ただし，その公告を官報ではなく日刊新聞紙または電子公告するときは，催告は不要とされる（449条3項）。債権者が異議を述べなかった場合は，承認したものとみなされる（449条4項）。

債権者から異議があった場合，会社はその債権者に弁済するか，相当の担保を提供するか，信託会社等に相当の財産を信託しなければならないが，債権者を害するおそれがない場合は，こうした手続きを行わなくてもよい（449条5項）。

なお，資本金等の額の減少の効力発生日は，原則として，株主総会において定められた日であるが，債権者保護手続が終了していないときは，この限りでない（449条6項）。また，会社は資本金等の額の減少の効力発生日前であればいつでも，その発生日を変更することができる（449条7項）。

4 無効の訴え

資本金の額の減少の手続等に瑕疵がある場合，株主や取締役，会社債権者等は，資本金の額の減少無効の訴えを提起し，手続を無効とすることができる（828条1項5号・2項5号）。提訴期間は，効力発生日から6ヵ月以内である（828条1項5号）。無効判決は対世効であるが（838条），遡及効は制限される（839条）。訴えの管轄・移送，担保提供命令，弁論等の必要的併合および原告が敗訴した場合の損害賠償責任については，他の「会社の組織に関する訴え」の場合と同様とされる（835条～837条・846条）。

Ⅳ 資本金・準備金の増加の手続

会社は，株主総会の普通決議により，剰余金を減少してそれを資本金や準備金に組み入れることができる。その場合，株主総会において「剰余金の減少額，

資本金・準備金の額の増加の効力発生日」を定める（450条以下）。減少額は，効力発生日の剰余金の額を超えてはならない（450条3項・451条3項）。

また，会社は，株主総会の普通決議により，損失の処理，任意積立金（社債償還積立金や設備拡張準備金等）の積立てやその他の剰余金の処分（資本金・準備金の額の増加，剰余金の配当等を除く）が行える（452条）。

5 利益の分配

I 規制の趣旨

会社は事業活動によりその成果である利益を得る。この利益について，会社は株主に配当することができる。こうした株主への分配を剰余金の分配といい（453条を参照），社内に留保するための決定とあわせて，剰余金の処分という。剰余金の処分により，社内に留保される場合には会社の責任財産が増加するが，剰余金の配当に充てられる場合には，会社財産が社外に流出することから債権者を害するおそれがある。そこで，会社法では剰余金の配当に対する規制を設けている。すなわち，事前的には分配可能額を規制し，事後的には取締役等の期末欠損補填に関わる責任である。こうした規制により，債権者保護を確保し，債権者による異議手続を要することなく会社財産の社外流出を認めている（剰余金の配当のほか，自己株式の取得も株主に対する会社財産の分配といえる。詳細は，本書第4章第6節I2「自己株式取得の弊害」を参照）。つまり，株主と債権者との利益の調整がなされるというわけである。

II 剰余金の配当の手続

1 会社の機関における手続

(1) 株主総会による決議　　剰余金の配当は，原則として，株主総会の普通決議により決定する。剰余金を配当するにあたり，会社は，配当財産の種類および帳簿価額の総額，株主に対する配当財産の割当てに関する事項，効力発生日を定める（454条1項）。種類株式を発行している場合には，その内容に応じて定められるが（454条2項），その株主間では株式数に応じたものである必要

がある (454条3項)。なお、自己株式には配当が認められていない (453条かっこ書)。

会社は、金銭以外の現物配当を行うこともできるが、これについては特別の規則がある。すなわち、株主総会の決議により、配当財産の代わりに金銭を交付することを会社に請求する権利（金銭分配請求権）を株主に与えなくてはならない (454条4項)。こうした権利を株主に与えず、現物配当のみの場合には、株主総会の特別決議が必要となる (309条2項10号)。現物配当は、企業グループ内の組織再編、たとえば、親会社（持株会社等）が子会社から孫会社株式を現物配当により受け取り、親会社の直下に置くような場合に用いられることが実務上多いとされる。

(2) 取締役会決議による場合　取締役会設置会社については、1事業年度の途中で1回に限り、取締役会の決議によって剰余金の配当（金銭配当に限られる）ができる旨を定款で定めることが可能である (454条5項)。実務上、こうした「中間配当」に関する定めを置き、年2回配当を実施する会社が多い。

また、会計監査人設置会社のうち、取締役の任期が1年以下である監査役会設置会社、監査等委員以外の取締役の任期が1年以下の監査等委員会設置会社、指名委員会等設置会社については、定款により、①剰余金の配当（金銭分配請求権を株主に与えない現物出資を除く）、②特定者からの場合を除く自己株式の有償取得、③欠損補塡のための準備金の減少、④財産の社外流出を伴わない剰余金の処分につき、取締役会の権限とすることができる (459条1項4号)。こうした定款を置く場合、当該会社は、剰余金の配当について株主総会決議によらない旨を定款で定めることができる (460条)。

2　剰余金の配当に対する規制

(1) 財源規制等　剰余金の配当は会社財産の社外流出になるため、会社は無制限に配当をなすことが制限されている。すなわち、①分配可能額の範囲内で剰余金の配当をしなければならないこと (461条1項)、②配当の際には、一定の準備金の積立てをすること (445条4項)、③会社の純資産額が300万円以上であること (461条2項6号、会社計算158条6号) などである。

(2) 分配可能額　分配可能額の算定は複雑なため、ここではその大まかな

内容のみ説明する。分配可能額は，以下の手順により算定される。すなわち，①事業年度末日（決算日）における剰余金の額を算定し，②分配時点までの剰余金の増減を反映させ，分配時点における剰余金の額を算定，③分配時点における剰余金の額から自己株式の帳簿価額等を差し引いて分配可能額を算定する（461条2項，会社計算156条等を参照）。①～③の額の具体的な算定方法は，下記の表のとおりである。

【剰余金の額の算定方法】

(a) 事業年度末日（決算日）における剰余金の額＝①資産の額＋②自己株式の帳簿価額の合計額－③負債の額－④資本金と準備金の合計額－⑤法務省令で定める各勘定科目に計上した額

(b) 分配時点における剰余金の額＝①事業年度末日における剰余金の額＋②最終事業年度末日後の自己株式処分損益＋③最終事業年度末日後の減資差益＋④最終事業年度末日後の準備金減少差益－⑤最終事業年度末日後の自己株式消却額－⑥最終事業年度末日後の剰余金の配当額－⑦法務省令で定める各勘定科目に計上した額

(c) 分配可能額の算定＝①分配時点における剰余金の額－②分配時点の自己株式の帳簿価額－③事業年度末日後に自己株式を処分した場合の処分対価－④その他法務省令で定める額

---

(3) 剰余金配当の支払い時期等　　剰余金の配当は，上記の法定の手続を経れば，原則として，いつでも可能である（453条）。剰余金配当の効力発生により配当支払請求権が発生し，譲渡，差押え等の対象となる。配当の支払いは，会社の費用により，株主の株主名簿上の住所または株主が会社に通知した場所に支払うこととなる（457条）。

Ⅲ　違法配当

1　違法配当に関わる役員等の責任

分配規制に反して，十分な分配可能額がないにもかかわらずになされた配当

は違法とされる。いわゆる「蛸配当」（蛸は空腹のときに自分の足を食べるといわれることから）である。剰余金の分配規制に反して配当がなされた場合，①金銭等の交付を受けた株主，②当該行為に関する職務を行った業務執行者（業務執行取締役［指名委員会等設置会社における執行役］，その他の関与者），③株主総会や取締役会に違法配当議案を提出した取締役は，連帯して，会社に対し違法配当した金銭等の帳簿価額に相当する金銭を支払う義務を負う（462条1項）。

　上記の責任を負う者のうち，株主以外の取締役等は，その職務を行うことについて注意を怠らなかったことを証明したときは，責任を免れることができる（462条2項）。しかし，違法配当に関わる規制は債権者保護を目的としていることから，こうした取締役等の義務につき，分配可能額を超える部分については，総株主の同意があっても免除されない（462条3項）。反対に，分配可能額を超えない部分については，総株主の同意があれば免除される。

　取締役等が違法配当額を弁済したときは，株主が違法配当であることについて悪意であれば求償できるが，善意であれば求償できない（463条1項）。

　会社の債権者は，金銭等の交付を受けた株主に対し，直接に違法配当額に相当する金銭を支払うよう請求できる（463条2項）。この場合，債権者保護を重視する立場から，株主の善意・悪意は問われないと解されている。なお，返還請求できる額は，その債権者の会社に対する債権額の範囲内に限定される。

　違法配当がなされた場合，会計参与，監査役，会計監査人も任務懈怠責任として，会社に対し損害賠償責任を負う（423条1項）。

2　自己株式の違法な取得

　一定の株式買取請求権行使に応じて株式を取得した際に，株主に対する金銭の額の支払いが分配可能額を超えていた場合には，その職務を行った業務執行者は会社に対して連帯してその超過額を支払う義務を負う（464条1項本文）。ただし，その職務を行うことについて注意を怠らなかったことを証明したときは，責任を免れる（464条1項ただし書）。この責任は，総株主の同意がなければ免除されない（464条2項）。

3 期末欠損塡補責任

　期末に欠損が生じた場合，業務執行者は，会社に対し連帯してその欠損の額を支払う義務を負う（465条1項本文）。この責任は，剰余金の分配可能額に関する規制を遵守している場合にも発生する。支払額は分配額が上限となる。ただし，業務執行者がその職務を行うことについて注意を怠らなかったことを証明したときは，責任を免れる（465条1項ただし書）。この責任は，総株主の同意がなければ免除されない（465条2項）。

6　計算書類の開示・公告

I　情報開示の必要性

　会社は，その情報について株主や会社債権者等の利害関係者に開示することが法律により強制されている。情報開示の機能としては，①必要な情報を関係者に提供する，②権利行使の機会を知らせるだけでなく，合理的な判断に基づく行使ができるようにする，③情報の格差を解消し，当事者（会社と株主・債権者等）の地位を対等に近づける，④不正を抑制するといったことがあげられる。

　開示の方法としては，①関係者に直接情報を提供する方法（直接開示）と，②一定の場所で情報を提供する方法（間接開示）がある。①については，公告（官報や日刊新聞紙等）や株主等に書類を直接送付する等の方法があり，②については，登記や会社の本店・支店に書類を備え置く等の方法がある。近時は，インターネット等の情報通信手段の発達により，電子化された商業登記（インターネットにより登記の閲覧ができる）や公告（電子公告を選択すれば，会社は自己の情報をウェブサイト上で開示できる）により，かつてのような紙媒体に限られていたときに比べ，株主や債権者等による会社の情報収集が容易になっている。

II　開示制度の内容

1　計算書類等の公告

　会社の計算書類の開示について，会社法は，会社は定時株主総会の終了後遅

滞なく，貸借対照表（大会社については損益計算書も）を公告しなくてはならないと定めている（440条1項）。定款により公告の方法が官報または日刊新聞紙である会社は，貸借対照表の要旨を公告すればよいが，電子公告をしている会社については，要旨の公告が認められていない（440条2項）。なお，電子公告を選択した会社は，定時株主総会が終結した日の後5年間を経過する日まで継続して計算書類を開示する必要がある（940条1項2号）。また，公告の方法を官報または日刊新聞紙としている会社についても，株主総会終結後5年を経過する日まで，電磁的方法により計算書類を不特定多数の者がその提供を受けることができる状態に置く措置をとることができる（440条3項）。

金融商品取引法上の有価証券報告書提出会社（主に上場会社）については，会社法上の公告が免除される（440条4項）。

そのほか，先述のように，会社の計算書類や事業報告等については，定時株主総会の招集通知の際に株主に提供され，また会社の本店等に備え置かれる。

2　上場会社等に対する開示規制

会社法上の情報開示制度は，商業登記や公告（計算書類の開示）等を通じて，株主や債権者等の会社の利害関係者の意思決定や権利行使のための基本情報を提供することを目的としているが，金融商品取引法（金商法）上の情報開示制度は，株主だけでなく潜在的な投資家も含め，国民全体が対象となる。つまり，証券市場に株式等を発行する会社（上場会社等）は，投資家に対して，自社の財務状態や経営成績を正確に公開しなくてはならないのである。こうしたことから，金商法では会社法以上に詳細な情報開示を会社に要求している。

金商法上の情報開示には，①株式等の発行者が証券発行時に要求される開示（発行開示），②発行者が定期的に要求される開示（継続開示）がある。①の開示は，有価証券届出書の公衆縦覧（金商5条・25条）と，投資家への目論見書の交付（金商13条・15条）によってなされる。また，②の開示は，有価証券報告書（金商24条1項）によってなされる。なお，有価証券報告書は，上場会社のほか，資本金5億円以上かつ株主数1000名以上の会社も事業年度ごとに提出しなくてはならない。このほか，上場会社等については，3ヵ月ごとの四半期報告書や臨

時報告書等の提出が求められる（金商24条以下を参照）。こうした書類は，公衆縦覧に供される（金商25条）。

　上記の金商法上の開示書類には，貸借対照表や損益計算書等の計算書類が含まれるが，こうした書類（金商法では「財務諸表」と呼ばれる）は，財務諸表規則・連結財務諸表規則に従って作成（金商法では会社法上の計算書類のほか，会社の手許現金の流れを示す書類＝「キャッシュ・フロー計算書」等の作成も求めている）され，利害関係のない公認会計士・監査法人の監査証明を受ける必要がある（金商193条・193条の2）。また，財務諸表の信頼性確保のため，金商法では，上場会社等に対し，有価証券報告書とともに内部統制報告書の作成を義務づけるとともに（金商24条の4第1項），会社の代表者に内部統制の有効性を確認することを要求している（金商24条の4の2）。

　なお，上場会社等が開示すべき書類については，投資者に対する直接交付や公衆縦覧のほか，金融庁が運営する電子開示制度＝EDINET（詳細は，http://info.edinet-fsa.go.jp/を参照）を通じて開示がされている。また，上場会社等に対しては，証券取引所が情報開示を迅速かつ適時になすことを求めている。

7　株主の情報収集権

I　会計帳簿閲覧請求権

1　請求の要件

　会社は公告により貸借対照表等について一般に公開するため，その会社に関わる全株主は当該書類を確認することができる。しかし，計算書類を作成する基になった会計帳簿については，以下の要件を満たす株主にのみその閲覧が認められている。すなわち，総株主の議決権の100分の3（定款で緩和可）以上の議決権を有する株主または発行済株式の100分の3（定款で緩和可）以上の数の株式を有する株主は，会社の営業時間内であればいつでも，会計帳簿やこれに付随する資料の閲覧・謄写を請求できる（433条1項前段）。この場合，株主は，請求の理由を明らかにする必要がある（433条1項後段）。請求の理由については，

具体的な記載が求められるが（最判平2・11・8金判863・20），請求者がその理由を基礎づける事実が客観的に存在することを立証する必要はないと解されている（最判平16・7・1判時1870・128）。

親会社の社員についても，その権利行使のため必要があるときは，裁判所の許可を得て子会社の会計帳簿等の閲覧・謄写を請求することができる（433条3項）。

このほか，裁判所は，申立てまたは職権により，訴訟の当事者に対し会計帳簿の全部または一部の提出を命ずることができる（434条）。

2　閲覧の対象となる会計帳簿等

閲覧の対象となるのは，会社の会計帳簿と資料である。ここにいう会計帳簿とは，日記帳，元帳，仕訳帳等を指し，その資料とは，会計帳簿作成の直接の資料となった資料，その他の会計帳簿を実質的に補充する資料であり，会計の伝票，受領書等が該当するが，契約書等は原則として含まれないとした裁判例が存する（横浜地判平3・4・19判時1397・114。限定説）。これに対しては，会社の会計に関する限り，一切の帳簿・資料が会計帳簿閲覧権の対象に含まれるべきとする見解もある（非限定説）。

3　閲覧請求の拒絶

会計帳簿の閲覧により，会社の秘密情報等が外部に流出するおそれがある。その結果，会社の利益が失われ，これにより他の株主の利益を害することも考えられる。そこで，会社法では，会社が次のいずれかの拒絶事由に該当する場合を除き，株主からの帳簿閲覧請求を拒むことができない（433条2項）。その拒否事由とは，①請求する株主（請求者）が権利の確保または行使に関する調査以外の目的で請求を行ったとき，②請求者が会社の業務の遂行を妨げ，株主の共同の利益を害する目的で請求を行ったとき，③請求者がその会社の業務と実質的に競争関係にある事業を営みまたはこれに従事する者であるとき，④請求者が会計帳簿またはこれに関する資料の閲覧・謄写によって知り得た事実につき，利益を得て第三者に通報するため請求したとき，⑤請求者が過去2年以内において，会計帳簿またはこれに関する資料の閲覧・謄写によって知り得た事実につき，利益を得て第三者に通報したことがあるときである（433条2項1

号～5号を参照)。親会社の社員による子会社の帳簿閲覧請求についても、①～⑤の拒絶事由があれば、裁判所は閲覧を許可しない（433条4項）。

なお、会社は、株主の閲覧請求目的が上記の拒否事由に該当することを証明すれば、その請求を拒絶できるが、③の競業について、判例は、会社の会計帳簿等の閲覧謄写請求をした株主が、会社法433条2項3号に規定する拒絶事由に該当するというためには、当該株主が会社と競業をなす者であるなどの客観的事実が認められれば足り、当該株主に会計帳簿等の閲覧謄写によって知り得る情報を自己の競業に利用するなどの主観的意図があることを要しないとする（最決平21・1・15民集63・1・1）。この点、学説の中には、主観的意図を要するとする見解も存する。

このほか、③の競業については、請求する株主が近い将来競業をなす蓋然性が高い場合にも、会社法433条2項3号のいう「競争関係」に含まれるとした裁判例もある（東京地判平19・9・20判時1985・140）。

II 検査役による調査

1 制度の趣旨

株主は、会社の経営を監督・是正する権利（取締役や指名委員会等設置会社における執行役の違法行為差止請求権［360条］、責任追及等の訴え［847条］等の権利）を有している。こうした権利を適切に行使するには、会社の業務や財産の状況に関する正確かつ詳細な情報を得ておく必要があるだろう。株主には、先述のような会計帳簿閲覧請求権が認められているが、この権利では会計の範囲でしか調査できない。

しかし、株主としては、会社の業務・財産の状況を調査したいということもあるだろう。こうした株主の調査のために設けられている制度が業務執行検査役の選任申立権である。この権利は、強力であるだけでなく濫用の危険も大きいことから、その要件や効果につき厳格な規制がなされている。

2 申立ての要件等

総株主の議決権の100分の3（定款で緩和可）以上の議決権を有する株主また

は発行済株式の100分の3（定款で緩和可）以上の数の株式を有する株主は，会社の業務執行に関し，不正の行為または法令・定款に違反する重大な事実を疑うに足りる事由があるときには，会社の業務・財産の状況を調査するため，裁判所に対し検査役の選任を申立てることができる（358条1項～3項）。なお，検査役には，会社と特別な利害関係人のない弁護士が選任される場合が多いとされ，その補助者として公認会計士や不動産鑑定士が選任されることもあるという。

　検査役は，会社の業務・財産状況について必要な調査を行い，その結果を記載・記録等した書面（調査報告書）または電磁的記録を裁判所に提供し報告しなければならない（358条5項）。裁判所は，調査報告の内容を明瞭にしまたはその根拠を確認するため必要があると認めるときには，検査役に対してさらに報告を求めることができる（358条6項）。

　また，検査役は，会社および検査役選任の申立てをなした株主に対しても裁判所に提供した書面の写しを交付し，または電磁的記録に記録された事項を会社法施行規則229条5号に定める方法（会社則222条を参照）により提供しなくてはならない（358条7項）。

　なお，検査役はその職務を遂行するにあたり，必要であれば，子会社の業務・財産の状況を調査することもできる（358条4項）。

　検査役の報告を受けて，裁判所は，必要があると認めるときは，取締役（代表取締役等）に対し，株主総会の招集または検査役による調査の結果を株主に通知することの両方またはいずれか一方を命じなくてはならない（359条）。

　検査役の選任に関わる裁判例としては，①代表取締役による会社資金の不正支出や多額の役員報酬の授受が問題とされた事案につき，検査役選任の請求が認められたもの（大阪高決昭55・6・9判タ427・178），②法令違反の内容として取締役の善管注意義務違反が主張された事案につき，経営判断の原則を適用して株主からの申立てが却下されたもの（東京高決平10・8・31金判1059・39），③申立ての持株要件を満たしていた株主が検査役選任の申立てをしたところ，会社が新株を発行したため，当該株主の持株要件が基準未満になってしまった事案に

第7章　株式会社の計算

つき，会社側が株主権行使を妨害する目的で新株を発行したなどの特段の事情がない限り，株主の申請は適格を欠き不適法却下されるとしたもの（最決平18・9・28民集60・7・2634）などがある。

Column

会社法の下でも「最低資本金制度」は維持されている？

　平成18年の会社法施行前までは，会社財産を確保して会社債権者を保護するため，次のような資本制度に関わる原則が存在した。すなわち，①資本の額に相当する財産が現実に会社に拠出され，それが維持されなければならないとする「資本充実・維持の原則」，②会社が自由に資本を減少することを許さないとする「資本不変の原則」，③予定された資本の額に相当する財産の拠出者が得られない限り，会社の設立または増資の効力が否定される「資本確定の原則」である。こうした原則との関係上，平成17年の改正前商法の下では最低資本金制度が設けられ，株式会社の資本金の額は1000万円以上（会社法施行前に存した有限会社については300万円以上）であることが要求されていた。

　しかし，事業が開始されると，会社が保有する財産は必ずしも資本の示す金額と一致しなくなり，実際に資本金の額が大きい会社であっても経営危機により倒産し，債権者が会社から自己の債権を取り立てることができないケースもあるなど，資本金制度が必ずしも債権者保護の機能を果たしているというわけではなかったのである。

　最低資本金について，諸外国，たとえば，アメリカでは，多くの州（同国を拠点とする株式公開会社の半数以上が設立準拠地としているデラウェア州等）がこれを採用しておらず，ヨーロッパでは，国により一定の基準を満たす会社（イギリスにおける公開会社等）に規制を課すところもあるが，そうでない会社には規制を課していないところもあり，資本金制度を重視しない傾向にあった。

　以上のような資本金制度の実態や海外の状況，さらには，IT等の新技術を利用したベンチャー起業の促進（起業したい者にとって1000万円の壁は厚かったといえる）等を考慮し，わが国においても会社法制定を機に最低資本金制度が廃止されたのである。したがって，現在では「1円」でも株式会社が設立できる。

　とはいえ，会社法では，債権者保護との関係上，剰余金配当に関わる財源規制をなしている（純資産の額が300万円以上ないと剰余金を配当することができない）ことから，現在でも財源規制を通して，間接的に最低資本金制度が維持されているといえよう。

第8章 組織再編

1 組織再編と企業買収

1 組織再編の意義

　今日における企業の活動は，国境を越えて行われるため，企業は，厳しい競争にさらされている。企業がこのような社会経済情勢の下で経営の効率性を高め，企業統治（コーポレートガバナンス）の実効性を確保し，国際的な競争力を向上させるためには，組織を結合したり分割したりして柔軟に再編できるようにする必要がある。そのため，会社法は，第5編において組織変更，合併，会社分割，株式交換および株式移転について規定している。また，事業譲渡も，取引法上の行為ではあるが，組織再編手段となりうる。

2 企業買収

　企業買収とは，既存の企業を支配下に置く行為であり，よく使用されるM＆A（mergers and acquisitions，合併と買収）という言葉は，組織再編と企業買収が密接な関係にあることを示している。

　(1) 方法と形態　　企業買収は，合併，営業の譲受け等によっても行われるが，その大半は，支配株式の取得により行われる。ここにいう支配株式とは，取締役の任免を左右することによって会社意思を決定できる数量の株式をいう。企業買収が会社の合併または営業の譲受けにより行われる場合には，契約は，買収会社と対象会社との間で行われ，対象会社の財産は，買収会社に移転する。これに対し，企業買収が支配株式の取得により行われる場合には，契約は，買収会社と対象会社の株主との間で行われ，買収会社は，対象会社の支配権を取

得し，間接的にその財産を支配下に置く。

　企業買収は，その形態により，対象会社の経営陣の同意の下に行われる友好的買収と対象会社の経営陣に敵対して行われる敵対的買収に分けられる。合併および営業の譲受けによるものは，契約が買収会社と対象会社との間で行われるため友好的なものである。わが国における企業買収の多くは，支配株式の取得によるものも含めて友好的なものであり，敵対的買収は失敗例が多いが（2005年のライブドアによるニッポン放送の買収，2006年の王子製紙による北越製紙の買収等），成功例もある（2015年の成和による日本ギア工業の買収）。最近では，経営陣が株主から自社株式を取得するマネジメント・バイアウト（Management Buyout, MBO, 経営陣買収）も増加している（2010年のコンビ，2011年のカルチュア・コンビニエンス・クラブ等）。

　(2)　支配株式の取得規制　　支配株式を取得すれば，自ら取締役に就任して役員報酬を取得したり当該会社を自己の企業と取引させて事業利益を取得することにより，会社利益の分配を受けるにすぎない他の株主には取得できない経済的利益を取得することができる。それゆえ，支配株式は，市場外においてその株式の市場価格よりも高値で取引されるのが通例であるが，このような支配プレミアムの支払を伴う株式の譲受が一部の株主との間で秘密裏に行われることは，株主の平等という観点から望ましいことではない。そこで，金融商品取引法は，公開会社の株券を株式市場外で買付ける場合に，その株券所有割合が3分の1を超えるときには，公開買付け（TOB：take-over bid）によらなければならないものとしている（金商27条の2第1項3号）。

　(3)　二段階買収とキャッシュアウト　　最近では，公開買付けが行われた後に会社が全部取得条項付種類株式等を利用して公開買付けに応募しなかった株主から株式を取得して少数株主をキャッシュアウトする二段階買収の事例が見られる（2011年のユニゾン・キャピタルによる旭テックの買収，2014年のアメリカのスターバックス・コーポレーションによる日本のスターバックスコーヒージャパンの買収等）。キャッシュアウトに際しては，株式の取得価格が問題とされるが，裁判所が株式の取得日における公正な価格を定めるにあたっては，取得日にお

243

ける客観的価値に加え，強制的取得により失われる今後の株価上昇に対する期待を評価した額を考慮するのが相当とされる（東京高決平20・9・12金判1301・28）。他方，独立した第三者委員会や専門家の意見を聴くなど多数株主等と少数株主との間の利益相反関係の存在により意思決定過程が恣意的になることを排除するための措置が講じられ，公開買付けに応募しなかった株主の保有する株式も公開買付けに係る買付け等の価格と同額で取得する旨が明示されているなど一般に公正と認められる手続により公開買付けが行われ，その後に会社が買付け等の価格と同額で全部取得条項付種類株式を取得した場合には，特段の事情がない限り，裁判所は，株式の取得価格を公開買付けにおける買付け等の価格と同額とするのが相当とされる（最決平28・7・1金判1497・8）。

2 合　　　併

I　前　　説

1　意義と種類

　企業結合は，事業譲渡，株式の保有，役員の兼任などによっても生ずるが，合併は，複数の企業の法人格を合同させるものであり，最も強力な企業結合の手段といえる。

　合併には，「会社が他の会社とする合併であって，合併により消滅する会社の権利義務の全部を合併後存続する会社に承継させる」吸収合併（2条27号）と，「2以上の会社がする合併であって，合併により消滅する会社の権利義務の全部を合併により設立する会社に承継させる」新設合併（2条28号）とがある。新設合併は，新会社の設立という法形式をとることから，手続が煩雑となるため，従来ほとんど行われてこなかった。実務上は，対等の会社が合併する場合にも，抽選などの方法で存続会社を決定して吸収合併が行われるのが通例である（1964年の三井船舶と大阪商船との合併等）。

2　法的性質

　合併の法的性質について，通説は，会社の合同を生ずる組織法上の一種特別

の契約と解している（人格合一説）。これに対しては，解散会社の営業全部を現物出資とする存続会社の新株発行あるいは新会社の設立と解する説（現物出資説）が対立し，さらに解散会社の全株主がその株式を存続会社または新設会社に現物出資するものと解する説（社員現物出資説）も存する。合併の法的性質をいかに解するかという点は，理論的に重要な問題ではあるが，いずれの説も，実務との抵触を避けるべくその理論をあえて徹底させていないため，個別的な問題の解決には大きな差異を生じない。

3　自由と制限

(1)　会社法上の問題　　4種の会社は，いずれの種類の会社とも自由に合併できる（748条）。しかし，会社が解散した場合には，当該会社を存続会社とする合併はできない（474条1号）。

のれん等を含めて資産を再評価した場合に債務超過となる会社が合併できるかについては争いがある。通説は，そのような会社を存続会社とする吸収合併は可能であるが，そのような会社を消滅会社とする吸収合併については，存続会社の資本充実の要請を理由として，完全親会社が完全子会社を吸収合併するとき等を除き，これを許さないものと解している。

(2)　独占禁止法上の制限（独禁15条）　　合併によって一定の取引分野における競争を実質的に制限することとなる場合および合併が不公正な取引方法によるものである場合には，合併をしてはならない。これに違反するときは，公正取引委員会は，違反行為を排除するために必要な措置を命ずることができる（独禁17条の2第1項）。そして，違反行為を予防するため，会社が合併しようとする一定の場合には，原則としてあらかじめ公正取引委員会に届け出なければならず，その届出受理の日から原則として30日を経過するまでは合併をしてはならないとされる。

Ⅱ　手　　続

ここでは，株式会社同士が合併する場合の手続について概説する。

1 吸収合併の場合

(1) **合併契約の締結**（749条） 会社が合併するためには，相手方との間で合併契約を締結しなければならないが，吸収合併契約においては，存続会社および消滅会社の商号および住所，消滅会社の株主に対してその株式の対価として存続会社の株式を交付するときは，その株式数またはその数の算定方法ならびに存続会社の資本金・準備金，株式の割当てに関する事項，合併の効力発生日等が定められなければならず，株式の割当てに関する事項は，消滅会社の株主の有する株式の数に応じて交付することを内容とするものでなければならない。効力発生日は，その後，変更することができる（790条）。

(2) **消滅会社の手続** (a) **書面等の備置および閲覧等**（782条） 合併契約等備置開始日から効力発生日までの間，合併契約の内容等を記載しまたは記録した書面または電磁的記録を本店に備え置き，株主および債権者による閲覧等に供しなければならない。

(b) **承認決議**（783条・784条） 原則として効力発生日の前日までに合併契約について株主総会の特別決議等（309条2項12号・3項2号参照）による承認を受けなければならない。また，消滅会社が種類株式発行会社である場合に合併対価等の全部または一部が譲渡制限株式であるときは，種類株主総会の特殊決議（324条3項2号参照）が必要とされる。ただし，存続会社が消滅会社の特別支配会社である場合には，原則として合併承認決議を要しない（略式合併）。ここにいう特別支配会社とは，「ある株式会社の総株主の議決権の十分の九（これを上回る割合を当該株式会社の定款で定めた場合にあっては，その割合）以上を他の会社及び当該他の会社が発行済株式の全部を有する株式会社その他これに準ずるものとして法務省令で定める法人が有している場合における当該他の会社」をいう（468条1項参照）。

(c) **株主の差止請求**（784条の2） 合併が法令または定款に違反するか，略式合併が著しく不当（合併比率の不当または不公正等）である場合に株主が不利益を受けるおそれがあるときは，株主は，会社に対し合併をやめることを請求することができる。

(d)　反対株主の株式買取請求等（785条〜788条）　　反対株主は，原則として会社に対し「公正な価格」による株式買取請求をすることができる。株式の価格の決定について協議が調わないときは，株主または会社は，裁判所に対し価格の決定の申立てをすることができる。新株予約権についても，買取請求が認められる場合がある。

　組織再編によりシナジー（相乗効果）その他の企業価値の増加が生ずる場合と生じない場合とがある。これが生じない場合，株式の「公正な価格」は，原則として，株式買取請求日における，組織再編契約等を承認する旨の株主総会の決議がされることがなければその株式が有したであろう価格であり，その価格を算定するに当たって参照すべき市場株価として，同日における市場株価やこれに近接する一定期間の市場株価の平均値を用いることは，裁判所の裁量の範囲内にあるとされる（最決平23・4・19民集65・3・1311）。組織再編によりシナジーその他の企業価値の増加が生ずる場合，「公正な価格」は，原則として組織再編計画において定められていた合併比率等が公正なものであったならば株式買取請求日においてその株式が有していると認められる価格であり，相互に特別の資本関係がない会社間において一般に公正と認められる手続により組織再編の効力が発生した場合，特段の事情がない限り，その合併比率等は公正であり，その比率が公正なものと認められる場合は，株式買取請求日における市場株価等を用いて「公正な価格」を定めることは，裁判所の裁量の範囲内にあるとされる（株式移転に関する最決平24・2・29民集66・3・1784参照）。また，非上場会社において株式買取請求がされ，裁判所が収益還元法（将来期待される純利益などを基に現在の株価を算定する手法）を用いて株式の買取価格を決定する場合には，非流動性ディスカウント（当該会社の株式には市場性がないことを理由とする減価）を行うことはできないとされる（最決平27・3・26民集69・2・365）。

　(e)　債権者保護手続（789条）　　債権者は，消滅会社に対し合併について異議を述べることができる。そのため，消滅会社は，吸収合併をする旨，存続会社の商号および住所，消滅会社および存続会社の計算書類に関する事項，債権者が一定の期間内に異議を述べることができる旨を官報に公告し，かつ，原

則として知れている債権者には各別にこれを催告しなければならない。

　債権者が上の期間内に異議を述べなかったときは，合併を承認したものとみなされる。債権者が異議を述べたときは，合併によってその債権者が害されるおそれがない場合を除いて，会社は，弁済をするか相当の担保を供し，または債権者に弁済を受けさせることを目的として信託会社等に相当の財産を信託しなければならない。

　　(f)　株式の併合・分割　　消滅会社の多数の株式に対し存続会社の少数の株式を割り当てる場合には，効力発生日において消滅会社の株式1株に対して存続会社の株式1株を割り当てるために，消滅会社において株式の併合（180条以下参照）が行われる。これに対し，消滅会社の少数の株式に対し存続会社の多数の株式を割り当てる場合には，消滅会社において株式の分割（183条以下参照）が行われる。

　(3)　存続会社の手続　　(a)　書面等の備置きおよび閲覧等（794条）　　合併契約等備置開始日から効力発生日後6ヵ月を経過する日までの間，合併契約の内容等を記載しまたは記録した書面または電磁的記録を本店に備え置き，株主および債権者による閲覧等に供しなければならない。

　　(b)　承認決議（795条・796条）　　原則として効力発生日の前日までに合併契約について株主総会の特別決議（309条2項12号参照）による承認を受けなければならず，存続会社が承継する消滅会社の債務の額が承継する資産の額を超える場合または存続会社が消滅会社の株主に対して交付する金銭等の帳簿価格が承継資産額から承継債務額を控除した額を超える場合には，取締役は，その株主総会においてその旨を説明しなければならない。ただし，消滅会社が存続会社の特別支配会社である場合には，原則として合併承認決議を要しない（略式合併）。また，消滅会社の株主に対して交付する存続会社の資産が総資産の5分の1を超えないような場合には，原則として存続会社における株主総会の承認を要しない（簡易合併）。

　　(c)　株主の差止請求（796条の2）　　簡易合併の場合を除き，合併が法令または定款に違反するか，略式合併が著しく不当（合併比率の不当または不公正

等）である場合に株主が不利益を受けるおそれがあるときは，株主は，会社に対し合併をやめることを請求することができる。

　(d)　反対株主の株式買取請求等（797条・798条）　　反対株主は，原則として会社に対し公正な価格による株式買取請求をすることができる。株式の価格の決定について協議が調わないときは，株主または会社は，裁判所に対し価格の決定の申立てをすることができる。

　(e)　債権者保護手続（799条）　　債権者は，存続会社に対し合併について異議を述べることができる。債権者が一定の期間内に異議を述べなかったときは，合併を承認したものとみなされ，債権者が異議を述べたときは，会社は，原則として弁済等の措置をとらなければならない。

　(f)　消滅会社の株主に対して交付する金銭等が存続会社の親会社株式である場合の特則（800条）　　子会社が親会社株式を取得することは，原則として禁じられているが（135条），消滅会社の株主に対し存続会社の親会社株式を交付する場合には，存続会社は，その親会社株式を取得し，効力発生日までの間，これを保有することができる。「三角合併」を行うための規定である。

　(g)　書面等の備置きおよび閲覧等（801条）　　効力発生日後遅滞なく承継した消滅会社の権利義務等を記載または記録した書面または電磁的記録を作成し，これを効力発生日から6ヵ月間本店に備え置き，株主および債権者による閲覧等に供しなければならない（801条）。

　(4)　登記（921条）　　効力発生日から2週間以内にその本店の所在地において，消滅会社については解散の登記，存続会社については変更の登記をしなければならない。

2　新設合併の場合

　(1)　消滅会社の手続　　(a)　合併契約の締結（753条）　　消滅会社の商号および住所，設立会社の目的，商号，本店の所在地および発行可能株式総数，設立会社の定款で定める事項，設立会社の設立時取締役の氏名，消滅会社の株主に対して交付する株式数またはその数の算定方法ならびに設立会社の資本金・準備金，株式の割当てに関する事項等が定められなければならない。

(b) 書面等の備置きおよび閲覧等（803条）　合併契約等備置開始日から設立会社成立の日までの間，合併契約の内容等を記載しまたは記録した書面または電磁的記録を本店に備え置き，株主および債権者による閲覧等に供しなければならない。

　(c) 承認決議（804条）　原則として合併契約について株主総会の特別決議等（309条2項12号・3項3号参照）による承認を受けなければならない。また，消滅会社が種類株式発行会社である場合に合併対価等の全部または一部が譲渡制限株式であるときは，種類株主総会の特殊決議（324条3項2号参照）が必要とされる。ただし，設立会社が持分会社である場合には，合併契約等について消滅会社の総株主の同意を得なければならない。

　(d) 株主の差止請求（805条の2）　合併が法令または定款に違反する場合に株主が不利益を受けるおそれがあるときは，株主は，会社に対し合併をやめることを請求することができる。

　(e) 反対株主の株式買取請求等（806条～809条）　反対株主は，原則として会社に対し公正な価格による株式買取請求をすることができる。株式の価格の決定について協議が調わないときは，株主または会社は，裁判所に対し価格の決定の申立てをすることができる。新株予約権についても，買取請求が認められる場合がある。

　(f) 債権者保護手続（810条）　債権者は，消滅会社に対し合併について異議を述べることができる。債権者が一定の期間内に異議を述べなかったときは，合併を承認したものとみなされ，債権者が異議を述べたときは，会社は，原則として弁済等の措置をとらなければならない。

　(2) 設立会社の手続（815条）　会社成立の日後遅滞なく承継した消滅会社の権利義務等を記載または記録した書面または電磁的記録を作成し，これを会社成立の日から6ヵ月間本店に備え置き，株主および債権者による閲覧等に供しなければならない。

　(3) 登記（922条）　消滅会社の株主総会決議の日等から2週間以内にその本店の所在地において，消滅会社については解散の登記，設立会社については

設立の登記をしなければならない。

Ⅲ 効　　力

1 権利義務の移転

存続会社または設立会社は，効力発生日または成立の日に消滅会社の権利義務を包括的に承継する（750条1項・752条1項・754条1項・756条1項）。存続会社または新設会社が消滅会社の義務を承継するのは，消滅会社の債権者を保護するためであるから，消滅会社の義務を承継しないものとすることはできない（大判大6・9・26民録23・1498参照）。動産および債権については，譲渡の場合にのみ対抗要件が必要とされているため（民178条・467条），存続会社および設立会社は，動産の引渡しや債権者に対する通知または承諾がなくともその承継を第三者に対抗しうる（大判昭12・4・22民集16・487）。これに対し，不動産については，「得喪および変更」に対抗要件が必要とされているため（民177条），存続会社および設立会社は，登記をしなければ，その承継を第三者に対抗できないものと解するのが通説であるが，合併の場合には対抗問題を生ずる余地がないとして反対する見解も有力である。

2 当事会社の解散と新株の発行・新会社の設立

吸収合併の場合における存続会社を除くすべての当事会社は，解散し（471条4号・641条5号），清算を経ないで消滅する（475条1号・644条1号参照）。吸収合併の場合，存続株式会社は，通常，新株を発行して消滅会社の株主を収容する。しかし，親会社が完全子会社を吸収合併する場合には，新株発行は行われない。新設合併の場合，通常，消滅会社の株主を収容した新会社が成立する。

Ⅳ 無　　効

1 無効原因

合併の手続または内容に瑕疵がある場合には，合併は無効となる。具体的な無効原因としては，合併契約書を作成していない場合，合併契約書に法定事項の記載を欠く場合（大判昭19・8・25民集23・524），合併承認決議に取消し，無効

または不存在の原因がある場合，債権者保護手続がとられない場合，独占禁止法15条2項および3項に違反する場合（独禁18条）等がある。錯誤を理由とする合併契約の無効の主張は，合併の登記がなされた後であっても許されないわけではない（名古屋地判平19・11・21金判1294・60）。

前述のように解散会社の義務を存続会社に移転しないものとすることはできず，このようなことを定めた条項は無効であるが，その無効は，合併自体の効力には影響を与えないものと解される。

とくに問題となるのは，合併比率が不当または不公正な場合である。合併比率の算定は必ずしも容易ではないため，下級審判例には，反対株主に株式買取請求権が認められていることから，合併比率の不当または不公正自体は合併無効原因とはならないと解するものがあるが（東京高判平2・1・31資料版商事法務77・193），合併比率の不当または不公正が著しい場合には合併無効原因となると解する見解も有力である。なお，会社の合併比率に不公平があったとしても，原則として会社に損害は生じない（大阪地判平12・5・31判時1742・141）。

2　合併無効の訴え

合併無効の訴えについては，会社法828条以下に詳細な規定がある。

合併の無効は，合併の効力が生じた日から6ヵ月内に，消滅会社の株主・社員・取締役・清算人等であった者，存続会社または設立会社の株主・社員・取締役・清算人等，破産管財人もしくは合併について承認をしなかった債権者に限り，訴えをもってのみ主張しうる。法的安定性を確保するために無効の主張を可及的に制限したものであるが，合併の手続がまったくなされていないにもかかわらず合併登記があるような場合には，合併は不存在であり，誰でもいつどのような方法によってもその不存在を主張することができる。

合併承認決議に瑕疵がある場合，合併の効力発生日前には決議の瑕疵を争う訴えを提起せざるをえないが，効力発生日後は，その訴えは，合併無効の訴えに変更しなければならず，また，独立に決議の瑕疵を争う訴えを提起することはできないものと解すべきである。合併承認決議に取消原因があることを理由とする合併無効の訴えは，決議後3ヵ月以内に提起されなければならないもの

と解される。

合併無効の訴えの被告は，存続会社または設立会社であり，被告会社の本店の所在地を管轄する地方裁判所の管轄に専属する。裁判所は，被告会社が原告の訴えの提起が悪意によるものであることを疎明した場合には，被告会社の申立てにより，訴えを提起した株主または債権者に対し相当の担保を立てるべきことを命ずることができ，原告が敗訴した場合に原告に悪意または重大な過失があったときは，原告は，被告会社に対し連帯して損害賠償責任を負う（846条）。なお，合併無効の訴えが数個同時に係属するときは，その弁論および裁判は，併合される。

なお，株主総会決議の無効ないし取消しの訴えは，訴えの提起後に会社が吸収合併されて消滅した場合に，合併無効の訴えが法定の期間内に提起されていないために会社の消滅を争うことができないときには，訴えの利益を欠くとされる（大阪地判平24・6・29判タ1390・309）。

3 無効判決の効力

合併無効判決は，第三者に対しても効力を有するが（対世効。838条），合併は，将来に向かって効力を失う（遡及効の否定。839条）。その結果，存続会社，設立会社および消滅会社は，それぞれ将来に向かって分割され，消滅し，復活することとなる。各合併当事会社が合併前に有していた財産は，現存する範囲において各合併当事会社に復帰する。

もっとも，存続会社または設立会社が合併効力発生日後に負担した債務は，各合併当事会社が連帯して弁済しなければならず（843条1項），存続会社または設立会社が合併効力発生日後に取得した財産は，合併当事会社の共有に属する（843条2項）。そして，上の債務の負担部分または財産の持分は，協議により定められるが（843条3項），協議が調わないときは，裁判所が各合併当事会社の申立てにより合併効力発生当時の各会社の財産額その他一切の事情を考慮して定めることとなる（843条4項）。

3 会社分割

I 前　説

1　意義と種類

　会社分割とは，会社が事業に関して有する権利義務の全部または一部を他の会社に承継させる組織法上の行為である。事業譲渡と会社分割との差異は，前者が取引法上の行為であるのに対し，後者が合併と同様の組織法上の行為であるという点にある。

　会社分割は，「株式会社又は合同会社がその事業に関して有する権利義務の全部又は一部を分割後他の会社に承継させる」吸収分割（2条29号）と，「1又は2以上の株式会社又は合同会社がその事業に関して有する権利義務の全部又は一部を分割により設立する会社に承継させる」新設分割（2条30号）とに分けられる。吸収分割は，複数の子会社の重複する部門を各子会社に集中させることによって組織の再編を実現する目的等に利用される。新設分割は，複数の営業部門を有する会社が各営業部門を独立した会社とすることによって経営の効率性を向上させる目的等に利用される。2以上の会社が新設分割会社となる場合を共同新設分割という。

2　制　限

　(1)　会社法上の制限　　株式会社および合同会社は，分割会社となることができるが，合名会社および合資会社は，分割会社となることはできない（757条・762条1項）。しかし，承継会社または設立会社には，すべての会社がなることができる。

　(2)　独占禁止法上の制限（独禁15条の2第1項）　　共同新設分割または吸収分割によって一定の取引分野における競争を実質的に制限することとなる場合および共同新設分割または吸収分割が不公正な取引方法によるものである場合には，共同新設分割または吸収分割合併をしてはならず，合併の場合に準じた規制がある。

Ⅱ　手　　　続

　ここでは，株式会社を分割して株式会社に権利義務を承継させる場合の手続について概説する。

1　吸収分割の場合

（1）　分割契約の締結（757条）　　分割会社および承継会社の商号および住所，承継会社が承継する権利義務に関する事項，効力発生日等が定められなければならない。効力発生日は，その後，変更することができる（790条）。

（2）　分割会社の手続　　（a）　書面等の備置きおよび閲覧等（782条。吸収合併消滅会社の場合参照）

　（b）　承認決議（783条・784条。吸収合併消滅会社の場合参照）　　吸収合併消滅会社の場合と異なり，簡易分割による承認決議の省略が認められる。

　（c）　株主の差止請求（784条の2。吸収合併消滅会社の場合参照）　　簡易分割の場合には，株主の差止請求は認められない。

　（d）　反対株主の株式買取請求等（785条～788条。吸収合併消滅会社の場合参照）

　（e）　債権者保護手続（789条。吸収合併消滅会社の場合参照）　　会社の債務が承継会社に承継されるために分割後会社に対して債務の履行を請求することができない債権者等は，会社に対し分割について異議を述べることができる。

　（f）　書面等の備置きおよび閲覧等（791条）　　効力発生日後遅滞なく承継会社と共同して，承継会社が承継した分割会社の権利義務等を記載または記録した書面または電磁的記録を作成し，これを効力発生日から6ヵ月間本店に備え置き，株主，債権者その他の利害関係人による閲覧等に供しなければならない。

（3）　承継会社の手続　　（a）　書面等の備置きおよび閲覧等（794条。吸収合併存続会社の場合参照）

　（b）　承認決議（795条・796条。吸収合併存続会社の場合参照）

　（c）　反対株主の株式買取請求等（797条・798条。吸収合併存続会社の場合参照）

　（d）　債権者保護手続（799条。吸収合併存続会社の場合参照）

(e) 分割会社に対して交付する金銭等が承継会社の親会社株式である場合の特則（800条）　分割会社に対し承継会社の親会社株式を交付する場合には，承継会社は，その親会社株式を取得し，効力発生日までの間，これを保有することができる。

　(f) 書面等の備置きおよび閲覧等（801条。吸収合併存続会社の場合参照）

　(4) 登記（923条）　効力発生日から2週間以内にその本店の所在地において，分割会社および承継会社について変更の登記をしなければならない。

 2 新設分割の場合

　(1) 分割会社の手続　(a) 分割契約の締結（763条）　設立会社の目的，商号，本店の所在地および発行可能株式総数，設立会社の定款で定める事項，設立会社の設立時取締役の氏名，設立会社が承継する権利義務に関する事項，分割会社の株主に対して交付する株式数またはその数の算定方法ならびに設立会社の資本金・準備金等が定められなければならない。

　(b) 書面等の備置きおよび閲覧等（803条。新設合併消滅会社の場合参照）

　(c) 承認決議（804条・805条）　新設合併消滅会社の場合と異なり，簡易分割による株主総会の省略が認められる。

　(d) 株主の差止請求（805条の2。新設合併消滅会社の場合参照）

　(e) 反対株主の株式買取請求等（806条～809条。新設合併消滅会社の場合参照）簡易分割の場合には，反対株主の株式買取請求は認められない。

　(f) 債権者保護手続（810条。新設合併消滅会社の場合参照）　会社の債務が設立会社に承継されるために分割後会社に対して債務の履行を請求することができない債権者等は，会社に対し分割について異議を述べることができる。

　(g) 書面等の備置きおよび閲覧等（811条）　設立会社成立の日後遅滞なく設立会社と共同して設立会社が承継した分割会社の権利義務等を記載または記録した書面または電磁的記録を作成し，これを設立会社成立の日から6ヵ月間本店に備え置き，株主および債権者その他の利害関係人による閲覧等に供しなければならない。

　(2) 設立会社の手続　会社成立の日後遅滞なく分割会社と共同して，設立

会社が承継した分割会社の権利義務等を記載または記録した書面または電磁的記録を作成し，これを会社成立の日から6ヵ月間本店に備え置き，株主および債権者による閲覧等に供しなければならない（815条）。

(3) 登記（924条）　分割会社の株主総会決議の日等から2週間以内にその本店の所在地において，分割会社については変更の登記，設立会社については設立の登記をしなければならない。

Ⅲ　効　　力

1　権利義務の移転

承継会社または設立会社は，効力発生日または成立の日に分割契約の定めに従って分割会社の権利義務を承継する（759条1項・761条1項・764条1項・766条1項）。

分割会社の債務が承継会社または設立会社に承継されるために分割後に分割会社に対し債務の履行を請求することができない債権者等であって，各別の催告を受けなかったものは，分割会社等に対し一定の限度で債務の履行を請求することができる（759条2項・3項・761条2項・3項・764条2項・3項・766条2項・3項）。また，分割会社が承継会社または設立会社に承継されない債務の債権者（残存債権者）を害することを知って分割をした場合には，残存債権者は，原則として承継会社または設立会社に対し承継した財産の価額を限度として当該債務の履行を請求することができる（759条4項〜7項・761条4項〜7項・764条4項〜7項・766条4項〜7項）。この場合に残存債権者が詐害行為取消権（民424条）を行使しうるかについては議論があるが，民法424条と会社法759条4項等とでは趣旨・効果を異にするから，肯定してよいであろう（最判平24・10・12民集66・10・3311参照）。

なお，会社分割は，労働者の利益にも重大な影響を及ぼすため，労働契約承継法は，会社分割に伴う労働者の保護を規律している。労働契約が承継される労働者と分割会社との間で，法に基づく労働契約の承継に関する協議が全く行われなかった場合，または協議が行われたもののその際の会社からの説明や協議の内容が著しく不十分であるため法が協議を求めた趣旨に反することが明ら

かな場合には，労働者は労働契約の承継の効力を争うことができる（最判平22・7・12民集64・5・1333）。

2　分割会社と承継会社または設立会社との関係

分割会社は，分割契約の定めに従って承継会社または設立会社の株主・社員，社債権者または新株予約権者となる（759条8項・761条8項・764条8項・9項・766条8項・9項）。

Ⅳ　無　　　効

会社分割の手続または内容に瑕疵がある場合には，会社分割は無効となり，合併無効の訴えと同様の訴えが認められる（828条以下参照）。

4　株式交換・株式移転

Ⅰ　前　　　説

1　意　　　義

株式交換とは，「株式会社がその発行済株式の全部を他の株式会社又は合同会社に取得させること」であり（2条31号），株式移転とは，「1又は2以上の株式会社がその発行済株式の全部を新たに設立する株式会社に取得させること」である（2条32号）。2以上の会社が株式移転をする場合を共同株式移転という。親会社が子会社の発行済株式の総数を有する完全親子会社関係の創設を簡易かつ円滑に行うことができるようにしたものである（比較的最近における株式交換の例として2011年の三洋電機のパナソニックへの株式交換，株式移転の例として2008年の三越と伊勢丹の三越伊勢丹ホールディングスへの株式移転がある）。

2　制　　　限

(1) 会社法上の制限　　合名会社および合資会社は，株式交換における完全親会社になることができず（767条），持分会社は，株式移転における完全親会社になることができない（772条）。

(2) 独占禁止法上の制限（独禁9条）　　株式の保有について事業支配力が過

度に集中することとなる持株会社は，禁止されている。

Ⅱ　手　　続

1　株式交換の場合

　ここでは，株式会社に株式を取得させる場合の手続について概説する。

　(1)　株式交換契約の締結（768条）　完全子会社および完全親会社の商号および住所，完全子会社の株主に対してその株式の対価として完全親会社の株式を交付するときは，その株式数またはその数の算定方法ならびに存続会社の資本金・準備金，株式の割当てに関する事項，効力発生日等が定められなければならない。

　(2)　完全子会社の手続　(a)　書面等の備置きおよび閲覧等（782条。吸収合併消滅会社の場合参照）

　　(b)　承認決議（783条・784条。吸収合併消滅会社の場合参照）

　　(c)　株主の差止請求（784条の2。吸収合併消滅会社の場合参照）

　　(d)　反対株主の株式買取請求等（785条〜788条。吸収合併消滅会社の場合参照）

　　(e)　債権者保護手続　債権者保護手続は，原則として必要ない（ただし，789条1項3号参照）。

　　(f)　書面等の備置きおよび閲覧等（791条。吸収分割会社の場合参照）

　(3)　完全親会社の手続　(a)　書面等の備置および閲覧等（794条。吸収合併存続会社の場合参照）

　　(b)　承認決議（795条・796条。吸収合併存続会社の場合参照）

　　(c)　株主の差止請求（796条の2。吸収合併存続会社の場合参照）

　　(d)　反対株主の株式買取請求等（797条・798条。吸収合併存続会社の場合参照）

　　(e)　債権者保護手続　債権者保護手続は，原則として必要ない（ただし，799条1項3号参照）。

　　(f)　完全子会社の株主に対して交付する金銭等が完全親会社の親会社である場合の特則（800条。吸収合併存続会社の場合参照）

　　(g)　書面等の備置きおよび閲覧等（801条。吸収合併存続会社の場合参照）

(h)　登記　　新株発行による変更登記がなされる。
2　株式移転の場合
　(1)　完全子会社の手続　　(a)　株式移転計画の作成（773条）　完全親会社の目的，商号，本店の所在地および発行可能株式総数，完全親会社の定款で定める事項，完全親会社の設立時取締役の氏名，完全子会社の株主に対して交付する株式数またはその数の算定方法ならびに完全親会社の資本金・準備金等，完全子会社の株主に交付する株式の割当てに関する事項等が定められなければならない。
　(b)　書面等の備置きおよび閲覧等（803条。新設合併消滅会社の場合参照）
　(c)　承認決議（804条。新設合併消滅会社の場合参照）
　(d)　株主の差止請求（805条の2。新設合併消滅会社の場合参照）
　(e)　反対株主の株式買取請求等（806条〜809条。新設合併消滅会社の場合参照）
　(f)　債権者保護手続　　債権者保護手続は，原則として必要ない（ただし，810条1項3号参照）。
　(g)　書面等の備置きおよび閲覧等（811条。新設合併消滅会社の場合参照）
　(2)　完全親会社の手続　　(a)　書面等の備置きおよび閲覧等（815条。新設合併設立会社の場合参照）
　(b)　登記　　完全子会社の株主総会決議の日等から2週間以内にその本店の所在地において設立の登記をしなければならない（925条）。

III　効　　　　力

　完全親会社は，効力発生日または成立の日に完全子会社の発行済株式の全部を取得する（769条1項・771条1項・774条1項）。株式交換の場合，完全子会社の株主は，通常，完全親会社の株主または社員となり（769条3項・773条3項），株式移転の場合，完全子会社の株主は，完全親会社の株主となる（774条2項）。

IV　無　　　　効

　株式交換・株式移転の手続または内容に瑕疵がある場合には，株式交換・株

式移転は無効となり，合併無効の訴えと同様の訴えが認められる（828条以下参照）。

5 組織変更

1 意 義

　会社は，組織変更計画を作成して組織変更をすることができる（743条）。組織変更とは，会社が法人格の同一性を保ちながら他の種類の会社に変わることをいうが，会社法においては，持分会社（合名会社，合資会社および合同会社）間における会社類型の変更は，組織変更ではなく，定款変更として扱われる（638条参照）。そのため，会社法上の組織変更とは，株式会社が持分会社になるか，持分会社が株式会社になることを意味する。

2 手 続

　ここでは，株式会社が持分会社になる場合の手続について説明する。

　(1) 組織変更計画の作成（743条・744条）　組織変更後に持分会社が合名会社，合資会社，合同会社のいずれであるかの別，組織変更後の持分会社の目的，商号および本店の所在地，組織変更後の持分会社の社員についての事項，効力発生日等が定められなければならない。

　(2) 書面等の備置きおよび閲覧等（775条）　組織変更計画備置開始日から効力発生日までの間，組織変更計画の内容等を記載しまたは記録した書面または電磁的記録を本店に備え置き，株主および会社債権者による閲覧等に供しなければならない。

　(3) 承認決議（776条）　効力発生日の前日までに組織変更計画について総株主の同意を得なければならず，とくに組織変更をする株式会社は，効力発生日の20日前までに組織変更をする旨を登録株式質権者および登録新株予約権者に対し通知するかまたは公告しなければならない。

　(4) 新株予約権買取請求等（777条・778条）　株式会社が持株会社に組織変更する場合，新株予約権は，効力発生日に消滅するが（745条5項），新株予約権者には新株予約権買取請求が認められる。

(5) 債権者保護手続（779条）　債権者は，当該会社に対し組織変更について異議を述べることができる。債権者が上の期間内に異議を述べなかったときは，組織変更を承認したものとみなされ，債権者が異議を述べたときは，会社は，原則として弁済等の措置をとらなければならない（779条）。

　(6) 登記（920条）　会社が組織変更をしたときは，効力発生日から2週間以内にその本店の所在地において，組織変更前の会社については解散の登記をし，組織変更後の会社については設立の登記をしなければならない。

3　効　　力

　株式会社は，効力発生日に持分会社になり，定款変更をしたものとみなされ，株主は，持分会社の社員となり，新株予約権は，消滅する（745条）。持分会社は，効力発生日に株式会社になり，定款変更をしたものとみなされ，社員は，株式会社の株主となる（747条）。

4　無　　効

　組織変更の手続または内容に瑕疵がある場合には，組織変更は無効となり，合併無効の訴えと同様の訴えが認められる（828条以下参照）。

6　事業の譲渡等

1　事業譲渡の意義

　会社法は，467条以下で事業譲渡等について規定する。

　会社法467条1項にいう事業譲渡は，実質的には平成17年改正前商法245条1項における営業譲渡と同じ意義を有するが，最高裁は，同項における営業譲渡の意義について，「同法24条以下（現行会社法21条以下—筆者）にいう営業の譲渡と同一意義であって，営業そのものの全部または重要な一部を譲渡すること，詳言すれば，一定の営業目的のため組織化され，有機的一体として機能する財産（得意先関係等の経済的価値のある事実関係を含む）の全部または重要な一部を譲渡し，これによって，譲渡会社がその財産によって営んでいた営業的活動の全部または重要な一部を譲受人に受け継がせ，譲渡会社がその譲渡の限度に

応じ法律上当然に同法25条（現行会社法21条—筆者）に定める競業避止義務を負う結果を伴うものをいう」と解している（最大判昭40・9・22民集19・6・1600）。これに対し，学説上の多数説は，会社法467条1項の目的が株主保護にあることから，事業の承継や競業避止義務の有無と関係なく，端的に「有機的一体性のある組織的財産の譲渡」であれば足りるものと解している。

2　事業譲渡と合併との異同

　事業譲渡と合併は，いずれも原則として株主総会の特別決議（309条2項）を要し，決議に反対の株主には株式買取請求権が認められる点で共通する（467条以下・783条以下・795条以下・804条以下）。しかし，事業譲渡は取引法上の契約であるのに対し，合併は組織法上の契約であるため，以下の点で相違する。①事業譲渡の場合には，譲渡会社は存続することもでき，解散するときはその株主は残余財産の分配を受けるのに対し，合併の場合には，被合併会社は当然に解散し，その株主は原則として存続会社あるいは新設会社の株式の交付を受ける。②事業譲渡の場合には，譲受会社が当然に譲渡会社の債務を引き受けるわけではなく，譲渡会社が一部の財産を移転しないこともできるのに対し，合併の場合には，消滅会社の債務も含めた全財産が存続会社または新設会社に包括的に移転する。そのため，合併においては，存続会社および新設会社の債権者の保護手続が定められているのに対し，事業譲渡においては，譲受会社の債権者の保護手続は定められていない。

3　独占禁止法上の制限

　会社が①他の会社の事業の全部または重要部分の譲受け，②他の会社の事業上の固定資産の全部または重要部分の譲受け，③他の会社の事業の全部または重要部分の賃借，④他の会社の事業の全部または重要部分についての経営の受任，⑤他の会社と事業上の損益全部を共通にする契約の締結をすることによって一定の取引分野における競争を実質的に制限することとなる場合および①～⑤の行為が不公正な取引方法によるものである場合には，①～⑤の行為をしてはならず，合併の場合に準じた規制がある（独禁16条）。

4　手　　続

(1)　承認決議（467条・468条）　株式会社が①事業の全部の譲渡，②事業の重要な一部の譲渡（規模が小さい場合を除く），③子会社の株式または持分の全部または一部の譲渡（規模が大きく，親子会社関係が維持されないものに限る），④他の会社の事業の全部の譲受け，⑤事業の賃貸，事業の全部の経営の委任，他人と事業上の損益の全部を共通にする契約その他これらに準ずる契約の締結，変更または解約，⑥当該株式会社の成立後2年以内におけるその成立前から存在する財産であってその事業のために継続して使用するものの取得（規模が小さい場合を除く）をする場合には，事柄の重要性から，原則としてその効力発生日の前日までに株主総会の特別決議（309条2項11号参照）による承認を受けなければならない。ただし，上記①～⑤の行為（以下，事業譲渡等という）の相手方がその会社の特別支配会社である場合には，株主総会決議を要しない（略式手続）。また，④の行為の相手方に交付する財産の簿価がその会社の純資産額の5分の1以下の場合にも，原則として株主総会決議を要しない（簡易手続）。

(2)　反対株主の株式買取請求等（469条・470条）　事業譲渡等に反対の株主は，原則として会社に対し公正な価格による株式買取請求をすることができる。株式の価格の決定について協議が調わないときは，株主または会社は，裁判所に対し価格の決定の申立てをすることができる。

5　無　　効

株主総会決議を要するにもかかわらずこれを経なかった事業譲渡等は，無効であるが，譲受人側からの無効の主張が信義則上認められない場合もある（最判昭61・9・11判時1215・125）。

Column

「3大メガバンク」の形成過程

みずほ，三井住友，三菱UFJの「3大メガバンク」は，いずれも幾多の組織再編を経てできた産物であり，その組織形態も単純ではない。

バブル経済が崩壊したあたりから，「3大メガバンク」の形成に至る過程を

第8章 組織再編

簡単にたどると，1990年，三井銀行と太陽神戸銀行は，合併して太陽神戸三井銀行となり，1992年，さくら銀行に商号を変更した。1996年，三菱銀行と東京銀行は，合併して東京三菱銀行となった。2000年，第一勧業銀行，富士銀行および日本興業銀行は，株式移転により金融持株会社としてみずほホールディングスを設立した。2001年，さくら銀行と住友銀行が合併して三井住友銀行となる一方で，東京三菱銀行等は，株式移転により金融持株会社として三菱東京フィナンシャル・グループを設立し，三和銀行および東海銀行等は，株式移転により金融持株会社としてUFJホールディングスを設立した。2002年，三和銀行と東海銀行は，合併してUFJ銀行となり，第一勧業銀行，富士銀行および日本興業銀行を分割・合併してつくったみずほ銀行等が誕生し，三井住友銀行等は，株式移転により金融持株会社として三井住友フィナンシャルグループを設立した。2005年，三菱東京フィナンシャル・グループとUFJホールディングスは，合併して三菱UFJフィナンシャル・グループとなり，2006年，東京三菱銀行とUFJ銀行は，合併して三菱東京UFJ銀行となった。2018年，三菱東京UFJ銀行は，商号を三菱UFJ銀行に変更した。

第9章 解散・清算

1 総　説

　会社が経済的に破綻してしまった場合，これをそのまま放置しておくと，自己の債権を回収しようと我先に勝手な行動をとる債権者が多数現れ，債権者間の公平を保つことができない。また，破綻したままの状態を続けると，債務者は再起を図る機会を失い，あるいは困難となってしまうこともある。さらに，1社の倒産が他の会社の倒産を招くという連鎖倒産を引き起こしかねない。こうなるともはや1社だけの問題ではなく，経済社会全体に悪影響をおよぼしかねない。そのため，経済的に破綻してしまった会社を速やかに処理し，これらの影響を防止する必要性があることから倒産制度が定められているのである。

　従来の倒産法制は，破産法・和議法・会社更生法・商法の整理と特別清算の4法による5制度であった。しかし，和議法は，破産予防のために行う強制和議について定めた法律であったが，使い勝手が悪く十分な効果を上げられないことから，平成11年に民事再生法が制定され，和議法は廃止となった。また，平成17年の商法改正により会社整理も廃止となった。

　倒産制度は，再建型と清算型の2種類に大別することができる。具体的には，会社の倒産を防止しつつ債権者に弁済をし，会社の存続・再建を目指す再建型の会社更生法・民事再生法，会社を清算して消滅させて債権者に弁済を行うことを目指す清算型の破産法・会社法の特別清算である。また，これらの制度とは異なり，裁判外で行われる私的整理もある。

2 整理・更生

　会社の経済活動が破綻した場合，その会社をどのように処理するのかが問題となる。債権者の最大の関心事は，自己の有する債権の回収がどの程度得られるのかであり，会社が消滅しても債権の回収ができなければ何にもならない。もし，再建の可能性があるならば，会社を消滅させるよりもむしろ会社の再建を図り，自己の債権を少しでも多く回収した方が得策であり，また会社にとっても当然都合がよい。

　私的整理（任意整理または内整理ともいわれる）とは，裁判所を利用しない手続であり，債務者が倒産した場合，裁判外で債権者と債務者が協議し，清算または再建を目的として任意に処理することである。私的整理は，債権者と債務者の話合いで進められるため，法的処理に比べて手続の簡易性・柔軟性・迅速性・経済性というメリットがあることから利用頻度は高い。しかし，その一方で，勝手な行動をとる債権者を拘束できないこと，公の監督がないため不正がされやすいこと，整理屋に介入されやすいなどのデメリットもある。

　このような私的整理のデメリットを補う再建型手続として，会社整理手続（旧法381条～403条）が昭和13年の商法改正によって，第2編「会社」第4章に導入された。この整理手続は，株式会社が経済的危機に瀕している場合，裁判所の監督下で利害関係人が会社の債権・債務を整理して，会社の維持・再建を図るための手続であった。この手続の特徴としては，破産原因が生ずるおそれがある場合に開始できること，担保権の実行としての競売手続の中止を命じることができることなどがある。しかし，その一方で，整理案の作成について関係人の自治に委ね，整理案の成立のためには債権者全員の同意が必要であり，法定多数決制を採っていないことから，1人でも債権者の反対があると整理ができなくなるなどの欠点を有しており，平成17年の商法の大改正により廃止となった。

　会社更生手続は，アメリカ合衆国の制度に倣って作られた制度であり，窮地

にあるが再建の見込みがある株式会社について，債権者，株主その他の利害関係人の利害を調整しつつ，その事業の維持更生を図ることを目的とする制度である（会更1条）。会社更生法は，昭和27年に制定され，昭和42年に大改正された後，平成14年に新しい会社更生法が制定され，平成15年の同法施行に伴い，以前の会社更生法は廃止された。この手続の特徴としては，手続の開始原因が緩やかになっていること，株主も手続に参加して会社の損失を負担するものとされていること，担保権者および租税債権者の権利行使が制限されていることなどがあげられる。

3 更生手続・民事再生手続・特定調停

I 更生手続

　更生手続の適用対象は株式会社であり，手続の開始原因は，弁済期にある債務を弁済すれば事業の継続に著しい支障をきたしてしまう場合，および会社に破産の原因たる事実の生ずるおそれがある場合である。そして，この手続の申立権者は，前者の場合には当該会社であり，後者の場合は，当該会社もしくは資本金の10分の1以上に当たる債権を有する債権者，または当該株式会社の総株主の議決権の10分の1以上を有する株主である（会更17条）。

　申立てがなされると裁判所は審理することとなるが，更生計画の認可の見込みがないなど，会社更生法41条1項の各号に該当する事実がない場合には，会社更生手続が開始されることとなる。

　開始決定がなされると，これと同時に裁判所は，1人または数人の管財人を選任し，かつ更生債権などの届出をすべき期間および調査をするための期間を定めることとなる（会更42条1項）。また，開始決定後ただちに裁判所は，更生手続開始の決定の主文，管財人の氏名または名称，更生債権などの届出期間および調査期間，更生会社の財産所持者などに対して更生会社にその財産を交付しまたは弁済してはならない旨などを公告し，管財人・更生会社および知れている更生債権者・株主，更生会社の財産の所持者および更生会社に対して債務

を負担する者などに通知しなくてはならない（会更43条）。また，このような更生手続開始の決定があった場合には，破産手続開始・再生手続開始・更生手続開始・特別清算開始の申立てなどはできなくなり，すでに，破産手続・再生手続などを行っている場合には中止され，特別清算手続を行っている場合には，その効力が失われることになる（会更50条1項）。なお，申立てから開始決定までの間に，会社の存続を図るために保全管理命令がなされることが多い（会更30条）。

　手続開始後，会社の事業の経営ならびに財産の管理および処分をする権利は，管財人に専属することになり（会更72条），更生債権などの弁済は原則禁止となる（会更47条1項）。更生手続に参加を希望する更生債権者および更生担保権者は，裁判所が定めた届出期間内に届け出なければならない（会更138条）。ただし，債権届出期間経過後の届出につき，更生債権者などがその責めに帰することができない事由によって届出期間内に届出をすることができなかった場合に限り，その事由が消滅した後1ヵ月だけ届出ができるとしている（会更139条1項）。このように届出がなされた更生債権などは，調査を経て確定することとなる（会更145条・150条）。なお，連鎖倒産の防止を目的として，下請中小企業の債権につき，この企業が更生債権の弁済を受けられなければ，事業の継続に著しい支障をきたすおそれがあるときには，裁判所は更生計画を認可する前でも弁済を許可することがある（会更47条2項）。また，更生手続の円滑化を目的として，少額債権についても裁判所は更生計画認可の決定前でも弁済を許可することができる（会更47条5項）。しかし租税債権者の権利行使は制限されている（会更50条2項）。他方，管財人は，更生手続開始後遅滞なく，更生会社に属する一切の財産につき，手続開始時の時価によって評定し，貸借対照表および財産目録を作成して裁判所に提出しなくてはならない。また，更生計画認可の決定があったときは，管財人は，更生認可決定時における貸借対照表および財産目録を作成して裁判所に提出しなくてはならない（会更83条）。これによって積極的財産と消極的財産が明確となり，管財人はこれをもとに更生計画案を作成し，裁判所に提出することになる（会更184条1項）。なお，更生会社・届出をした更生債権者・株主も更生計画案を作成し裁判所に提出することが認められている（会

更184条2項)。この更生計画案が提出されると裁判所は，原則として決議に付す決定を行い，更生債権者および株主の議決権行使の方法として，関係人集会を開催して決議するか，またはこれを開催せずに一定期間内に書面などの投票によって決議するかを決めなくてはならないが，これら2つの方法を併用することもできる（会更189条2項）。更生計画案の可決の要件は，以下のように権利者の種類ごとに異なっている（会更196条5項）。①更生債権者については，更生債権者の議決権総額の2分の1を超える者の同意が必要となる。更生担保権者は，更生計画案の内容によって3つに分けられている。②更生担保権の期限の猶予を定めた者は，議決権総額の3分の2以上の同意，③更生担保権の減免を定めるなど，期限の猶予以外の方法で更生担保権者の権利に影響をおよぼすことを定めた者は，議決権総額の4分の3以上の同意，④更生会社の事業全部の廃止を定めた者については議決権総額の10分の9以上の同意が必要である。このように更生計画案は，決定多数の同意を得て可決された後，裁判所の認可を受けることとなる。裁判所は，以下の要件をすべて満たす場合には認可の決定をしなくてはならない（会更199条2項）。①更生手続または更生計画が適法であること，②更生計画の内容が公正かつ衡平であること，③更生計画が遂行可能であること，④更生計画の決議が誠実かつ公正な方法でされたこと，⑤他の会社とともに，持分会社への組織変更または合併・会社分割・株式交換もしくは株式移転を行うことを内容とする更生計画の場合には，認可決定時に当該他の会社がこれらの行為を行うことができること，⑥行政庁の許可・認可・免許・その他の処分を要する事項を定めた更生計画の場合，当該行政庁の意見と重要な点において反していないことである。更生計画は認可のときから効力が生じ（会更201条)，この効果は，更生会社，すべての更生債権者・株主・更生会社の事業の更生のために債務を負担し，または担保を提供する者などにおよぶ（会更203条1項）。その後，更生計画の内容に従って進め，その結果，①更生計画が遂行された場合，②金銭債権の総額の3分の2以上の額の弁済がされ，かつ更生計画に不履行が生じていない場合，③計画が遂行されていることが確実であると認めるに至った場合，裁判所は，管財人の申立てにより，または職権で，

更生手続終結の決定をし，公告しなくてはならない（会更239条）。これによって，会社は裁判所の手を離れ，再建を果たしたこととなる。

II 民事再生手続

　民事再生法は，経済的に窮地にある債務者について，その債権者の多数の同意を得，かつ，裁判所の認可を受けた再生計画を定めることなどにより，当該債務者とその債権者との間の民事上の権利関係を適切に調整し，もって当該債務者の事業または経済生活の再生を図ることを目的とする法律である（民再1条）。そして，この民事再生手続の対象は，会社更生手続とは異なり，制限を設けていないため，法人はもとより自然人も利用することができる。

　民事再生手続の開始原因は，債務者に破産の原因たる事実の生じるおそれがある場合，および事業の継続に著しい支障をきたすことなく弁済期にある債務を弁済できない場合である（民再21条1項）。手続開始申立権者につき，債務者は前者と後者のどちらの場合でも申立権者となることができるが，債権者は前者の場合にのみ申立権者になることができる（民再21条2項）。

　裁判所は，再生手続開始の申立てがあった場合，必要があると認められるときには，利害関係人の申立てによりまたは職権で，再生手続開始の決定があるまでの間に，再生債務者についての破産手続，特別清算手続など，民事再生法26条1項の各号に該当する手続について中止を命じることができる。また，再生債権にもとづく強制執行などの包括的禁止命令（民再27条），仮差押え・仮処分その他の保全処分（民再30条），担保権の実行としての競売手続の中止命令（民再31条）を発することができる。なお，裁判所は，再生手続開始の申立てがあると必要に応じて監督委員を選任することができるほか（民再54条），手続開始の決定と同時にまたはそれ以後，管財人を選任することができる（民再64条）。

　裁判所は手続開始原因を満たす再生手続開始の申立てがあった場合，民事再生法25条の各号に該当するような棄却事由がない限り，再生手続開始の決定をすることとなり，その効力は決定のときから生ずる（民再33条2項）。また，これと同時に，裁判所は，再生債権の届出期間および調査期間を定める（民再34

条1項)。再生債務者は，再生手続が開始された後も，その業務を遂行し，またはその財産を管理し，もしくは処分する権利を有する（民再38条1項)。再生債権については，この法律に特別な定めがある場合を除いて，原則的に弁済が禁止される（民再85条1項)。再生手続に参加しようとする再生債権者は，再生債権の届出期間内に，その内容・原因・議決権の額・約定劣後再生債権の有無・その他最高裁判所規則で定める事項を裁判所に届出なければならない（民再94条1項)。また，再生債務者の事業の継続に欠くことができない財産に担保権がある場合，再生債務者などは，財産時価に相当する金銭を裁判所に納付して，担保権を消滅させることができる（民再148条以下)。この制度は，再生する会社にとって欠くことのできない重要な財産が，担保権の実行によって失われてしまっては，再生が極めて困難となり，本法律の目的に支障が生じてしまうことから導入されたものである。

　再生債務者などは，債権届出期間の満了後，裁判所の定める期間内に再生計画案を作成して，裁判所に提出しなければならない（民再163条1項)。そして，裁判所は，一般調査期間が終了し，財産状況の調査・報告などが終了すれば，再生計画案を決議することができる（民再169条1項)。裁判所は，再生債権者の議決権行使の方法として，債権者集会を開催して決議するか，また，これを開催せずに一定期間内に書面などの投票によって決議するか決めなくてはならないが，これら2つを併用することもできる（民再169条2項)。そして，再生債権者は，額に応じて議決権を行使することになり（民再170条・171条)，法定要件を満たす賛成を得て可決された後（民再172条の3)，裁判所の認可を受けることとなる。再生計画は認可の決定のときから効力が生じ（民再176条)，この効果は，再生債務者，すべての再生債権者・再生のために債務を負担し，または担保を提供する者などにおよぶ（民再177条1項)。

　裁判所は，再生計画認可の決定が確定したときには，監督委員または管財人が選任されている場合を除き，再生手続終結の決定をすることとなる（民再188条1項)。監督委員が選任されている場合には，再生計画が遂行されたとき，または再生計画認可の決定が確定した後3年を経過したとき，監督委員の申立て

または職権により裁判所は再生手続終結の決定をすることができる（民再188条2項）。また，管財人が選任されている場合には，再生計画が遂行されたとき，または再生計画が遂行されることが確実となったとき，管財人の申立てまたは職権により裁判所は再生手続終結の決定をすることになる（民再188条3項）。

Ⅲ　特 定 調 停

　特定調停は，「民事調停法」および「特定債務等の調整の促進のための特定調停に関する法律」（特定調停法）に定められている。特定調停は，債権者と債務者が話し合って問題解決を目指す点で私的整理と似ているが，裁判所を利用する点で大きく異なる。特定調停のメリットとしては，弁護士などの専門家に頼まず，自分で裁判所に申立てができるため安い費用で行えること，調停委員会という中立的な第三者が入ることなどがあげられる。一方，デメリットとしては，債権者の合意が得られなければ不調に終わってしまうことなどにある。

　特定調停とは，経済的に破綻するおそれのある債務者（特定債務者）の経済的再生に資するため，金銭債務に係わる利害関係の調整を行うことを目的とする手続である。この手続は，個人・法人の両方に適用される。なお，特定調停を利用できる法人は，金銭の支払義務を負っており，かつ①から③のいずれかに該当しなくてはならない。それは，①支払不能に陥るおそれのある場合，②事業の継続に必要な機械を処分しないと弁済できない場合など，事業の継続に支障を来すことなく弁済期にある債務を弁済することが困難な場合，③債務超過に陥るおそれがある場合である（特定調停法2条）。なお，個人で利用するときは，①か②に該当しなくてはならない。

　特定調停の申立ては，債権者の所在地を管轄する簡易裁判所に行うこととなる。なお，同一の債務者に関係する複数の事件が同一の裁判所に係属するときには，これらの事件に係わる調停手続は可能な限り併合して行わねばならない（特定調停法6条）。申立時の必要書類として，特定調停申立書，財産の状況を示すべき明細書，特定債務者であることを明らかにする資料，関係権利者一覧表を提出しなくてはならない（特定調停法3条）。また，裁判所が特定調停による

解決が望ましいと判断した場合，特定調停の成立を不能あるいは困難にするおそれがあるとき，または円滑な進行を妨げるおそれがあるときは，無担保でも民事執行の手続の停止を命じることができるとしている（特定調停法7条）。

　特定調停は，申立てがなされると，裁判官と民事調停委員とで構成される調停委員会の仲介により，債務者と債権者の間で話し合い，債務額の確定や返済方法を調整することとなる。調整の結果，両当事者が合意に達した場合には調停成立となり手続は終了することとなる。この場合，合意の内容にしたがって債務者は弁済していくことになる。このように当事者間に合意が成立し，これを調書に記載したときには，裁判上の和解と同一の効力が生じる。特定調停が成立する見込みがなくとも，裁判所は相当と認めるときには，特定調停に代わる決定を出して問題解決を図ることが認められている。これを17条決定という（民事調停法17条）。この場合，裁判所は，当事者双方の衡平を考慮し，全ての事情を踏まえ，双方の申立ての趣旨に反しない点に留意して，この決定を出さなくてはならない。ただし，当事者および利害関係人が決定の告知を受けた日から2週間以内に異議を出すと17条の効力は失われる。なお，期間内に異議申立がない場合，この決定は特定調停の効力と同様に裁判上の和解と同じ効力を有することとなる（民事調停法18条）。また，債権者から異議が出されることが明らかな場合には，17条決定をしないまま手続を終了させることもある。調停委員会は，債権者と債務者の共同申立があるときには，事件の解決のために調停条項を定めることができる（特定調停法17条）。調停委員会が提示するこの調停条項案は，特定債務者の経済的再生に資するとの観点から，公正かつ妥当で経済的合理性を有する内容のものでなくてはならない。

4　解　　散

Ⅰ　解　散　事　由

　解散とは，会社の法人格の消滅をきたす原因となる法律上の事実をいう。株式会社の解散事由は，定款で定めた存続期間の満了，定款で定めた解散事由の

発生，株主総会の決議，会社の合併（合併により当該株式会社が消滅する場合），破産手続開始の決定，解散を命ずる裁判，休眠会社のみなし解散である（471条・472条）。また，持分会社の解散事由には，定款で定めた存続期間の満了，定款で定めた解散事由の発生，総社員の同意，社員が欠けたこと，会社の合併（合併により当該持分会社が消滅する場合），破産手続開始の決定，解散を命ずる裁判がある（641条）。

　解散を命ずる裁判には，裁判所の解散命令（824条1項）と解散判決（833条）とがある。解散命令は，公益を維持するため，会社の存立を許すことができないと認められるときに，法務大臣または株主・社員・債権者などの利害関係人の申立てにより，裁判所は解散を命ずることができるというものである。これに該当するケースとして以下の3つがある。会社の設立が不法な目的をもってなされた場合，会社が正当な事由なく設立の日から1年以内に開業せず，または1年以上営業を休止した場合，業務執行取締役・執行役・会社の業務を執行する社員が，法令もしくは定款で定める会社の権限を逸脱もしくは濫用する行為または刑罰法令に触れる行為をし，法務大臣より書面による警告を受けたにもかかわらず，なおも継続または反覆した場合である。一方，解散判決は，やむを得ない事由があるときに，一定割合の株式を持つ少数株主が，一定の条件のもとで会社の解散の訴えを提起することを認めたものである。やむを得ない事由とは，解散以外に株主の利益を保護する方法がないことである。また，この場合の少数株主とは，総株主（株主総会の決議事項の全部につき議決権を行使することができない株主を除く）の議決権の10分の1（定款でこれを下回ることは可能）以上を有する株主，または発行済株式（自己株式を除く）の10分の1（定款でこれを下回ることは可能）以上を有する株主である。一定の条件とは，株式会社の業務執行上，著しく困難な状況に至り，会社に回復できないほどの損害が生じ，または生ずるおそれがあるとき（たとえば取締役間に対立が生じたため会社の業務が停滞した場合），あるいは，株式会社の財産の管理または処分が著しく失当で会社の存立を危うくするときである。なお，持分会社の場合は，やむを得ない事由のあるときに会社の解散を裁判所に請求することができるとし

ている（833条2項）。

　会社法472条の休眠会社のみなし解散とは，その会社に関して12年間なにも登記がなされていない場合，法務大臣がこの会社に対して2ヵ月以内に本店所在地を管轄する登記所に事業を廃止していない旨の届出を出すように官報に公告し，その間にこの届出あるいは登記がなされなければ解散したものとみなすというものである。株式会社の中には，すでに事業を廃止し，実体のない登記簿上の名ばかりの会社が少なくない。このような会社を放置することは，登記への信頼性を損なうだけでなく，商号を決める際に障害となり，また不正に利用されるなどトラブルが生じる可能性が高い。その解決として，この制度が認められている。

　なお，業種によっては，特別法に事業の免許の取消しが会社の解散事由となることが定められている場合がある（銀行法40条，保険業法152条3項2号）。

II　解散の効果

　株式会社は，合併による解散および破産手続開始の決定による解散の場合を除いて清算に入ることになる（475条1号・644条1号）。そのため，解散によってただちに会社が消滅するのではなく，清算の目的の範囲内に限って存続することとなり，営業行為など通常行っていた事業はできなくなる（476条）。そして清算手続の結了によって，ようやく株式会社は消滅することとなる。

　合併は2つ以上の会社が法的手続にしたがって1つの会社になることであり，解散によって消滅する会社の権利・義務は全て存続会社あるいは新設会社に継承されるため，清算の手続は不要となる（750条・754条）。また，破産手続開始の決定による解散のとき，破産手続が終了していない場合には，清算手続ではなく破産手続によって清算が行われることになる（475条1号）。定款で定めた存続期間の満了，定款で定めた解散事由の発生，株主総会の決議の事由により，株式会社が解散したときには，2週間以内に解散の登記をしなくてはならない。一方，持分会社の場合には，定款で定めた存続期間の満了，定款で定めた解散事由の発生，総社員の同意，社員が欠けた場合には，株式会社と同様に登記し

なくてはならない (926条)。

Ⅲ 会社の継続

　会社の継続とは，一度解散した会社が解散前の状態に復帰することである。株式会社が，定款で定めた存続期間の満了，定款で定めた解散事由の発生，株主総会の決議によって解散した場合は，清算が結了するまでに株主総会の決議があれば会社を継続することができる (473条)。また，破産手続開始の決定によって解散したときでも，破産債権者の同意による破産手続廃止の決定の場合には，会社を継続することができる (破218条・219条)。さらに，休眠会社とみなされて解散した場合には，解散したものとみなされた後3年以内に限って，株主総会の特別決議によって会社を継続することができる (473条)。しかし，解散を命ずる裁判によって解散した場合には会社の継続はできない。なお，持分会社においては，定款で定めた存続期間の満了・解散事由の発生，総社員の同意によって解散した場合には，清算が結了するまでならば社員の全部または一部の同意により持分会社を継続することができる (642条1項)。

　会社が継続したときには，2週間以内に，その本店の所在地において，継続の登記をしなくてはならない (927条)。

5　清　　算

Ⅰ　清算の意義

　清算とは，合併や破産以外の原因で会社が解散した場合，会社の法律関係の後始末をすることをいう。清算には，任意清算と法定清算とがあり，法定清算には通常清算と特別清算とがある。株式会社の場合には法定清算のみが認められている。一方，合名会社と合資会社では法定清算の他に任意清算も認められている。ただし，任意清算を行うためには，定款または総社員の同意によってその旨を定め，かつ，定款で定めた存続期間の満了，定款で定めた解散事由の発生，総社員の同意による解散が生じた場合にできるとなっている (668条)。

Ⅱ　通常清算

　株式会社が清算に入ると，本来の業務を行うことができなくなり，清算の目的の範囲内で存続することになる。したがって，取締役はその地位を失い，清算人が清算株式会社の清算業務を執行することになる（482条1項）。そして，この清算人が清算株式会社を代表することとなる（483条1項）。

　清算人は，定款で定める者または株主総会の決議によって選任された者がなるが，これらがいない場合には取締役であった者が清算人となる（478条1項）。しかし，それでも清算人となる者がいない場合には，裁判所が利害関係人の請求によって清算人を選任することとなる（478条2項）。また，株式会社が解散を命ずる裁判によって解散した場合には，利害関係人もしくは法務大臣の請求または職権により裁判所が清算人を選任することとなる（478条3項）。清算株式会社には1人以上の清算人を置かなくてはならないが，定款に定めることによって清算人会・監査役・監査役会を置くことができる（477条1項・2項）。しかし，監査役会を置くことを定款に定めている清算株式会社の場合には，清算人会を置かなくてはならない（477条3項）。また，清算開始時に公開会社または大会社であった場合には，監査役を置かなくてはならない（477条4項）。清算開始時に監査等委員会設置会社であった場合には，監査等委員である取締役が監査役となり，監査等委員である取締役以外の取締役が清算人となる（477条5項・478条5項）。清算開始時に指名委員会等設置会社の場合には，監査委員が監査役となり，監査委員以外の取締役が清算人となる（477条6項・478条6項）。

　清算人には任期の定めはなく，裁判所が選任した者を除き，株主総会の決議によって解任することができる（479条1項）。また，重要な事由があるときには，少数株主の請求により，裁判所は解任することができる（479条2項）。この場合の少数株主とは，総株主の議決権の3％の議決権を6ヵ月前から持っている株主，あるいは発行済株式の3％以上の株式を6ヵ月前から持っている株主である。

　持分会社においては，業務を執行する社員，定款で定める者，社員（業務を

執行する社員を定款で定めた場合は，その社員）の過半数の同意によって定めた者が清算人となる（647条1項）。これらの者がいない場合，裁判所が利害関係人の申立てによって清算人を選任することとなる（478条2項・647条2項）。また，持分会社の解散事由である，社員が欠けたこと，および解散を命ずる裁判によって解散した場合には，利害関係人もしくは法務大臣の請求または職権により裁判所が清算人を選任することとなる（647条3項）。清算持分会社の清算人は，裁判所が選任したものを除き，定款に別段の定めがある場合を除いて，社員の過半数をもって解任することができる（648条1項・2項）。また，重要な事由があるときには，社員その他利害関係人の申立てにより，清算人を解任することができる（648条3項）。

　清算事務の主なものは，現務の結了（解散時に未了となっている事務を完了すること）・債権の取立て・そして債務の弁済・残余財産の分配である（481条・649条）。これ以外にも清算人は，会社財産を調査して財産目録と貸借対照表の作成などの清算事務も行わなくてはならない（492条・658条）。清算株式会社は，一定の期間内（2ヵ月以上）に債権を申し出るように官報に公告し，かつ知れている債権者には各別にこれを催告しなくてはならない（499条）。そして，この期間内に申し出た債権者と知れている債権者に弁済することとなるが，申し出なかった債権者は除斥される（503条1項）。除斥された債権者は，分配されていない残余財産に対してのみ弁済の請求ができることとなる（503条2項）。債務の弁済後，残余財産がある場合，株主に保有する株式の割合に応じて分配するが，種類の異なる株式ごとに異なる扱いをすることもできる（504条2項・3項）。一方，清算持分会社において，債権の公告（660条），債権者の除斥（665条1項），除斥された債権者の請求権（665条2項）には同様の規定があるものの，残余財産の分配割合については，定款に定めがなければ各社員の出資価額に応じて定めることとなっている（666条）。

　清算株式会社における清算事務が終了したときには，清算人は，遅滞なく決算報告書を作り，これを株主総会に提出し，その承認を求めなくてはならない（507条）。この承認を得ることによって清算が結了すれば会社は消滅し，清算結

了の登記がなされる (929条)。また，会社の帳簿ならびにその営業および清算に関する重要資料は，清算結了の登記後10年間は保存され，保存者は利害関係人の請求によって裁判所がこれを選任する (508条)。一方，清算持分会社における清算事務の終了の場合には，遅滞なく，清算に関わる計算を行い，社員の承認を受けることになる (667条)。この承認を得ることによって清算が結了すれば会社は消滅し，清算結了の登記がなされる (929条)。また，会社の帳簿ならびにその営業および清算に関する重要書類は，清算結了の登記から10年間保存され，保存者は清算人あるいは定款または社員の過半数をもって定めることができ，また利害関係人の請求によって裁判所がこれを選任することもできる (672条)。

III 特別清算

特別清算とは，清算の遂行に著しい支障をきたす事情があると認められるとき，または債務超過の疑いがあると認められたときに，裁判所は債権者・清算人・監査役もしくは株主の申立てにより，会社に対して特別な清算の開始を命じるものである (510条)。会社が解散する場合，業績不振で経済的に破綻に瀕していることが多い。そのような場合，特別清算は，破産手続よりも簡易であるため，費用と時間をかけずに済むというメリットがある。

特別清算の中心となるのは，債権者集会において決定される協定である。清算の実行上必要があると認められる場合，清算人または総債権の10分の1以上に当たる債権者は，債権者集会を招集することができる (547条)。清算人が協定案を作成し，債権者集会において出席した議決権者の過半数の同意および議決権者の議決権の総額の3分の2以上の議決権を有する者の同意によって協定の可決・変更などがなされ，そして裁判所の認可が得られると，その協定に従って弁済がなされることとなる (567条・568条)。この協定は，認可の決定の確定により効力が生じ，清算株式会社および全ての協定債権者に効力がおよぶこととなる (570条・571条)。協定の見込みがないか，または協定は成立したものの実行の見込みがない場合，特別清算によることが債権者の一般の利益に反する

場合には，破産手続に移行することとなる（574条）。また，特別清算が結了しあるいは特別清算の必要がなくなったときは，裁判所は，終結決定をする。前者の場合には会社は消滅することとなり，後者の場合には通常の清算手続に入ることになる（573条）。

6 破　　　産

　破産法は，債務者である自然人あるいは法人が経済的に破綻したときに，債務者の総財産を管理・換価して，総債権者に公平に弁済する倒産処理のための清算型の手続である。

　破産法は，一般の破産原因として支払不能を定め，支払停止は支払不能を推定するものとした（破15条）。なお，法人の破産原因としては支払不能に加え債務超過も規定している（破16条1項）。ただし，合名会社と合資会社の場合には，その存立中は適用されない（破16条2項）。そして，この破産手続開始の申立権者は，一般に債権者と債務者であるが，法人の場合には理事・無限責任社員・取締役・清算人などである（破18条・19条）。破産手続開始の申立ては，最高裁判所規則で定める事項を記載した書面によって行わなくてはならない（破20条1項）。債権者以外の者がこの申立てをするときには，債権者一覧表を裁判所に提出しなくてはならない（破20条2項）。また，申立人が債権者および法人の理事や取締役のように債務者に準ずる者の場合，申立ての濫用を防止するため，債権の存在および破産原因を疎明しなくてはならない（破18条2項・19条）。さらに破産宣告の前後には出費が予想されるため，申立人には費用の予納が義務づけられている（破22条1項）。裁判所は破産手続開始の申立てがあった場合，破産手続開始の原因があると認められ，かつ，破産手続費用の予納がない場合および不当な目的で申立てがされたり，誠実になされたものでない場合を除いて破産手続開始の決定をすることとなる（破30条1項）。そして，この決定と同時に裁判所は破産管財人の選任，破産債権の届出をすべき期間，破産状況報告集会の期日，破産債権の調査をする期間あるいは期日を定めなくてはならない（破

31条1項)。裁判所は，申立てに対して任意的口頭弁論で審査をし，必要であれば職権により調査することができる（破8条）。

　破産手続開始の効果として，財産の管理処分権は，裁判所が選任した破産管財人に専属することになる（破78条）。したがって，破産手続開始決定以降は破産会社の持っている財産は全て破産財団となり，破産会社は財産を自由に処分することはできなくなる。破産債権は破産手続によらなければ，これを行使することができない。ただし，別除権，つまり，破産財団に属する財産の上に担保権を有する債権者は，破産手続によらずに担保権を実行して自己の債権の満足を得ることができる（破65条）。また，倒産状態になる以前から債権者と債務者間で債権・債務が相殺できる状態にあったときは，破産手続によらずに相殺することができる（破67条）。

　簡易配当・同意配当または最後配当が終了した場合，破産管財人は，遅滞なく計算の報告書を裁判所に提出しなくてはならない。そして，破産管財人は任務終了による計算報告のための債権者集会の招集を申し立てるか，これに代えて書面による計算の報告をする旨を申し立てなくてはならない（破88条3項・89条1項）。そして，計算報告のための債権者集会が終了したとき，または文書による計算報告に対する異議申立期間が経過した時には，裁判所は破産手続終結決定をし，ただちにその主文および理由の要旨を公告し，これを破産者に通知しなくてはならない（破220条）。これにより破産手続は終了することになる。

　破産手続の終了には，前述の破産手続終結決定の他に破産手続廃止（同時廃止，異時廃止，同意廃止）がある。もともと破産手続は，債務者の財産を換価処分し，これによって得られた金銭を債権者に配当することを基本としている。そして，この換価処分と配当を行うために裁判所は破産手続開始決定と同時に破産管財人を選任することとなる。しかし，債務者が財産を持っているとは限らない。このような場合，財産の換価処分や配当ができないため，これを行う破産管財人を選ぶ必要がないことから，破産手続開始決定と同時に破産手続を終了させ，破産管財人を選任しないことがある。これを同時廃止あるいは同時破産廃止という（破216条1項）。また，同時廃止によって破産手続が終了しなかっ

第9章 解散・清算

た場合であっても，破産管財人の調査の結果，多額の債務の存在が明らかになったり，財産価値の著しい下落など，破産財団をもって破産手続の費用を支弁するのに不足する事が分かった場合にも破産手続は廃止される。これを異時廃止という（破217条1項）。これらの破産手続廃止は時間の違いはあるものの，支弁する費用の不足という点では同じである。一方，同意廃止は，破産手続において債権届出期間内に届出をした破産債権者全員が同意しているとき，または，廃止に同意しない破産債権者がいる場合この債権者に裁判所が相当と認める担保を供しているときに認められるものである（破218条1項）。

Column

企業の再建と民事再生法

　倒産による処理手続には，法的手続によるものと裁判外によるものとがあり，後者を私的整理という。この私的整理には，再建型のものと清算型のものとがある。一方，法的手続には再建型として会社更生・民事再生があり，清算型として破産と特別清算がある。会社更生は会社更生法に，民事再生は民事再生法に，破産は破産法に，特別清算は会社法によって定められている。これらの処理手続には，それぞれ特徴があり，経済的に破綻した会社の実情に合わせた選択が望まれる。

　バブル経済の崩壊以降，長く続く深刻な景気低迷による企業の倒産件数は，年々増加する傾向にある。近時では，中小企業の倒産のみならず，大企業の倒産も珍しくない。そのような社会情勢の中で倒産に関する法領域は，注目を集めるとともに需要が高まり，現状に応じた法整備が強く要請されている。このような要請に応じるため，和議法の不備を補い，現状の倒産に即した規定を盛り込んだ民事再生法が制定されたのである。たとえば，経営者としては，できるならば他の者と経営を代わることなく再建を図りたいと考える。再建型には再建型私的整理・会社更生・民事再生があるが，再建型私的整理は債権者と債務者との話合いで決められるため，必ず経営が代わらないとは言い切れず，また，会社更生では，経営権が移ることになっており，このような希望を叶えることはできない。したがって，かつて経営者は，和議手続を申し出る傾向があった。しかし，この手続では，開始原因が狭すぎるため，再建を図るには手遅れとなってしまうなどの欠点があり，こうした情勢を背景に民事再生法が制定されたのである。

　民事再生法は，手続が開始しても経営者は当然に管理・処分権を失うもので

はなく，裁判所の監督を受けながら自ら再建を図るというDIPを導入しており，前述の経営者の要望に応じている。対象となるのは，株式会社のみならず，医療法人や学校法人など，あらゆる形態の法人と自然人を含んでいる。手続開始原因および再生計画の成立要件は，和議法に比べて緩和されており，早期に手続を開始することができ，また，財産の保全として，担保権の実行としての競売手続の中止命令が規定されている他，事業の継続に必要な財産については，価額に相当する金銭を支払って強制的に担保権を消滅させる制度を導入し，会社の再建が円滑に進むように配慮している。なお，労働債権は，再生手続によらず弁済できるため，労働者に犠牲を強いることがないことも現実に即している点としてあげられる。

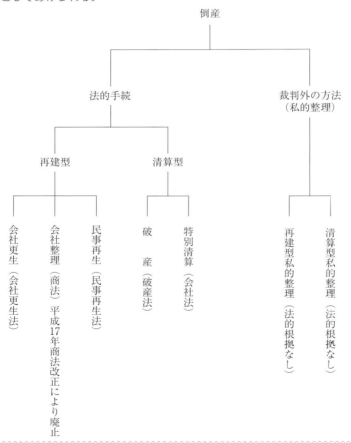

参 考 文 献

相澤　哲編著『立案担当者による新・会社法の解説（別冊商事法務No.295）』商事法務，2006年
相澤　哲・葉玉匡美・郡谷大輔編著『論点解説　新・会社法』商事法務，2006年
石山卓磨『現代会社法講義〔第3版〕』成文堂，2016年
伊藤　眞『会社更生法』有斐閣，2012年
伊藤　眞『破産法・民事再生法〔第3版〕』有斐閣，2014年
伊藤靖史・大杉謙一・田中亘・松井秀征『会社法〔第4版〕（LEGAL QUEST）』有斐閣，2018年
岩原紳作・神田秀樹・野村修也編『平成26年会社法改正』有斐閣，2015年
江頭憲治郎『株式会社法〔第7版〕』有斐閣，2017年
江頭憲治郎ほか編『会社法コンメンタール　第1巻〜』商事法務，2008年〜
大隅健一郎・今井　宏・小林　量『新会社法概説〔第2版〕』有斐閣，2010年
落合誠一『会社法要説〔第2版〕』有斐閣，2016年
尾崎哲夫『条文ガイド六法　会社法』自由国民社，2006年
加藤哲夫『破産法〔第6版〕』弘文堂，2012年
川村正幸・仮屋広郷・酒井太郎『詳説　会社法』中央経済社，2016年
河本一郎・川口恭弘『新・日本の会社法』商事法務，2015年
神田秀樹『会社法〔第20版〕（法律学講座双書）』弘文堂，2018年
神田秀樹編『論点詳解　平成26年改正会社法』商事法務，2015年
北村雅史・柴田和史・山田純子『現代会社法入門〔第4版〕』有斐閣，2015年
國友順市編著『会社法』晃洋書房，2010年
近藤光男『最新株式会社法〔第8版〕』中央経済社，2016年
近藤光男・柴田和史・野田　博『ポイントレクチャー会社法〔第2版〕』有斐閣，2015年
酒井太郎『会社法を学ぶ（法学教室ライブラリィ）』有斐閣，2016年
酒巻俊雄・龍田　節編『逐条解説　会社法　第2巻・第3巻　株式・1・2』中央経済社，2009年
坂本三郎編著『一問一答　平成26年改正会社法〔第2版〕』商事法務，2015年
宍戸善一監修／岩倉正和・佐藤丈文編著『会社法実務解説』有斐閣，2011年

新谷　勝『詳解改正会社法―平成26年改正の要点整理』税務経理協会，2014年
高橋公忠・砂田太士・片木晴彦・久保寛展・藤林大地『プリメール会社法〔新版〕（αブックス）』法律文化社，2016年
髙橋美加・笠原武朗・久保大作・久保田安彦『会社法〔第2版〕』弘文堂，2018年
龍田　節・前田雅弘『会社法大要〔第2版〕』有斐閣，2017年
田中　亘『会社法〔第2版〕』東京大学出版会，2018年
田邊光政監修『詳解新会社法の理論と実務』民事法研究会，2006年
戸嶋浩二『新・会社法実務問題シリーズ―2 株式・種類株式〔第2版〕』中央経済社，2015年
鳥山恭一・福原紀彦・甘利公人・山本爲三郎・布井千博『会社法〔第2次改訂版〕』学陽書房，2015年
中東正文・白井正和・北川　徹・福島洋尚『会社法（有斐閣ストゥディア）』有斐閣，2015年
前田　庸『会社法入門〔第13版〕』有斐閣，2018年
松岡啓祐『最新会社法講義〔第3版〕』中央経済社，2016年
松嶋隆弘編『会社法講義30講』中央経済社，2015年
宮島　司『新会社法エッセンス〔第4版補正版〕』弘文堂，2015年
弥永真生・岩倉正和・太田　洋・佐藤丈文監修『新会社法実務相談』商事法務，2006年
弥永真生『会社法新判例50』有斐閣，2011年
山本克己編著・佐藤鉄男・長谷部由起子・畑瑞穂・山本弘『破産法・民事再生法概論』商事法務，2012年
山本爲三郎『会社法の考え方〔第10版〕』八千代出版，2017年
吉田　直『重要論点 株式会社法』中央経済社，2016年
吉田正之『コンパクト 会社法（コンパクト法学ライブラリ9）』新世社，2012年
吉本健一『レクチャー会社法』中央経済社，2008年

判 例 索 引

大 審 院

大判明41・1・29民録14・22	35
大判大6・9・26民録23・1498	251
大判昭2・7・4民集6・428	42
大判昭12・4・22民集16・487	251
大判昭19・8・25民集23・524	251

最 高 裁 判 所

最判昭28・12・3民集7・12・1299	41
最判昭31・6・29民集10・6・774	127
最判昭33・10・3民集12・14・3053	117
最判昭33・10・24民集12・14・3228	41
最判昭35・10・14民集14・12・2499	134
最判昭36・11・24民集15・10・2583	116
最判昭38・9・5民集17・8・909	133
最判昭38・12・6民集17・12・1633	50
最判昭39・12・11民集18・10・2143	146
最判昭40・6・29民集19・4・1045	117
最大判昭40・9・22民集19・6・1600	263
最判昭40・11・16民集19・8・1970	77
最判昭41・12・20民集20・10・2160	126
最判昭41・12・23民集20・10・2227	47
最判昭42・12・14刑集21・10・1369	50
最判昭43・11・1民集22・12・2402	111
最判昭43・12・24民集22・13・3334	124
最判昭44・2・27民集23・2・511	6
最判昭44・3・28民集23・3・645	131
最大判昭44・11・26民集23・11・2150	180
最判昭45・4・2民集24・4・223	116
最判昭45・4・23民集24・4・364	142
最大判昭45・6・24民集24・6・625［八幡製鉄政治献金事件］	9, 10, 135
最大判昭45・7・15民集24・7・804	58
最判昭45・11・24民集24・12・1963	60
最判昭46・3・18民集25・2・183	116
最大判昭46・10・13民集25・7・900	142, 143
最判昭47・11・8民集26・9・1489	87
最判昭48・5・22民集27・5・655	136
最判昭48・12・11民集27・11・1529	143
最判昭49・9・26民集28・6・1306	7

287

最判昭49・12・17民集28・10・2059	181
最判昭50・6・27民集29・6・879	124
最判昭50・11・28民集29・10・1698	10
最判昭52・10・14民集31・6・825	134
最判昭53・9・14判時906・88	7
最判昭57・1・21判時1037・129	123
最判昭60・3・26判時1159・150	145, 146
最判昭60・12・20民集39・8・1869	105
最判昭61・2・18民集40・1・32	150
最判昭61・9・11判時1215・125	42, 264
最判平1・9・21判時1334・223	181
最判平2・11・8金判863・20	238
最判平3・2・28刑集45・2・77	51
最判平4・12・18民集46・9・3006	145
最判平5・12・16民集47・10・5423	198
最判平6・1・20民集48・1・1	126
最判平7・4・25裁判集民175・91	86
最判平8・3・19民集50・3・615	10
最判平8・11・12判時1598・152	108
最判平9・1・28民集51・1・40	198
最判平9・1・28民集51・1・71	198
最判平10・3・27民集52・2・661	123
最判平10・7・17判時1653・143	198
最判平15・2・12資料版商事法務274・192［熊谷組株主代表訴訟事件］	10
最判平15・2・21金判1180・29	145
最判平15・2・27（不登載）	10
最決平15・2・27民集57・2・202	84
最判平15・3・27民集57・3・312	198
最判平16・7・1判時1870・128	238
最判平17・2・15判時1890・143	145, 151
最判平17・7・15民集59・6・1742	8
最判平18・4・10民集60・4・1273	72, 175
最決平18・9・28民集60・7・2634	241
最決平18・11・14資料版商事法務274・192	10
最決平19・8・7民集61・5・2215	204, 205
最判平20・7・18刑集62・7・2101	219
最決平21・1・15民集63・1・1	239
最判平21・2・17金判1317・49	86
最判平21・4・17民集63・4・535	133
最判平21・7・9判時2055・147	173
最判平22・7・12民集64・5・1333	258
最判平22・7・15判時2091・90	135
最決平23・4・19民集65・3・1311	247

最決平24・2・29民集66・3・1784 ……………………………………………… 247
最判平24・10・12民集66・10・3311 ……………………………………………… 257
最決平27・3・26民集69・2・365 ………………………………………………… 247
最決平28・7・1金判1497・8 ……………………………………………………… 244

高 等 裁 判 所

東京高判昭34・3・30金法206・5 ………………………………………………… 143
広島高岡山支決昭35・10・31下民集11・10・2329 ………………………………… 107
大阪高決昭55・6・9判タ427・178 ……………………………………………… 240
大阪高判昭56・1・30判タ444・140 ……………………………………………… 123
東京高判平2・1・31資料版商事法務77・193 …………………………………… 252
札幌高判平9・1・28資料版商事法務155・107 …………………………………… 106
東京高決平10・8・31金判1059・39 ……………………………………………… 240
大阪高判平14・4・11判タ1120・115 ……………………………………………… 10
東京高決平17・3・23判時1899・56 ……………………………………………… 205
東京高決平20・5・21判タ1281・274 ……………………………………………… 137
東京高決平20・9・12金判1301・28 ……………………………………………… 244
大阪高判平27・5・21判時2279・96 ……………………………………………… 138

地 方 裁 判 所

東京地判昭27・9・10判タ23・33 ………………………………………………… 197
東京地判昭56・3・26判時1015・27 ……………………………………………… 139
東京地判昭57・12・23金判683・43 ……………………………………………… 123
横浜地判平3・4・19判時1397・114 ……………………………………………… 238
東京地判平4・2・7判タ72・65［チッソ水俣病東京訴訟第一審判決］ ………… 7
大阪地判平12・5・31判時1742・141 ……………………………………………… 252
大阪地判平12・9・20判時1721・3 ……………………………………… 127, 137, 138, 175
東京地決平17・3・16判タ1173・140 ……………………………………………… 205
東京地判平17・6・27判時1923・139 ……………………………………………… 182
さいたま地決平19・6・22金判1270・55 ………………………………………… 197
東京地判平19・9・20判時1985・140 ……………………………………………… 239
名古屋地判平19・11・21金判1294・60 …………………………………………… 252
大阪地判平20・4・18判時2007・104 ……………………………………………… 158
東京地決平20・6・23金判1296・10 ……………………………………………… 197
東京地決平20・11・26資料版商事法務299・330 ………………………………… 154
新潟地判平21・12・1判時2100・153 ……………………………………………… 137
大阪地判平24・6・29判タ1390・309 ……………………………………………… 253
横浜地判平24・7・20判時2165・141 ……………………………………………… 123

事 項 索 引

あ 行

預合い　49

委員会型会社制度　162
委員会設置会社　167
委員会等設置会社　167
異質説　135
一時取締役　124
一人会社　11
委任　134
委任契約　144
委任状　110
違法行為等差止請求権　153, 179
違法性監査　151
違法配当　233
インセンティブ報酬　147

営利企業　1
閲覧請求の拒絶　238
M＆A　242

お手盛り　144, 170

か 行

開業準備行為　40
会計監査　148
会計監査人　156
　　――の終任　159
　　――の任期　158
会計参与　160
会計帳簿　219
会計帳簿閲覧請求権　237
解散　274
　　――を命ずる裁判　275
解散事由　274
解散判決　275

解散命令　275
会社
　　――の営利性　11
　　――の継続　277
　　――の成立　48
会社更生法　268
会社整理手続　267
会社・取締役間の訴訟における会社代表　154
会社分割　254
仮装した払込金額　193, 198
合併　244
合併比率　252
合併無効の訴え　252
合併無効判決　253
株券　76
　　――の善意取得　77
株券喪失登録制度　77
株券発行会社　76
株券発行前の株式譲渡の制限　87
株券不発行会社　75
株式　29
　　――の買入（株式の担保）　97
　　――の消却　88
　　――の相互保有　97
　　――の分割　90
　　――の併合　88
　　――の無償割当て　91
株式移転　258
株式買取請求権　58
株式交換　258
株式譲渡の自由とその制限　80
株式等振替制度　76
株主権　57
株主資本等変動計算書　226
株主総会　104
株主総会決議の瑕疵　115

事項索引

株主総会検査役　107
株主代表訴訟　176
株主提案権　106
株主平等の原則　59
株主名簿　78
　　――の書換え　75
株主有限責任　30, 58
株主割当て　191
簡易合併　248
簡易分割　255, 256
監査委員会　170
監査機関　158
監査等委員　164
監査等委員会　164
監査等委員会設置会社　102, 103, 163
監査費用　154
監査報告　154
監査法人　157
監査役　148
　　――の解任の訴え　149
　　――の資格　150
　　――の任期　150
　　――の報酬　151
監査役会　155
監視義務　136
間接損害　181
間接取引　141
監督是正権　59

機関　101
機関投資家　112
企業買収　242
議決権　106
議決権制限（種類）株式　63, 108
擬似発起人　53
基準日株主　79
基準日後発行株式　109
議事録　175
議長　107
キャッシュ・アウト　68, 243

吸収合併　244
吸収分割　254
休眠会社のみなし解散　276
共益権　59
競業取引規制　138
業績連動型報酬　147
共同企業　3
業務監査　148
虚偽記載等による責任　181
拒否権付種類株式　70

組合　3

経営のプロ　136
経営判断原則　135
継続会　108
欠格事由　118
決議取消しの訴え　115
決議不存在の確認の訴え　116
決議無効確認の訴え　117
決算　220
決算監査　170
検査役　39, 162, 239
現物出資　38, 187
権利株譲渡の制限　86
権利能力　8

公開買付け　243
公証人　37
更生計画　269
公正証書原本不実記載罪　51
更生手続　267, 268
　　――の開始原因　268
　　――の申立権者　268
合同会社（LLC）　14
公認会計士　157, 160
合理的無関心　120
コーポレート・ガバナンス　164
コーポレートガバナンス・コード　163, 182

291

子会社による親会社株式の取得禁止　96
個人企業　2
個別注記表　226
混合株　62

さ 行

財産引受け　38
最終完全親会社等　178
再生計画　272
最低資本金制度　34
最低責任限度額　180
差止請求　196, 198, 204
三角合併　249
参加的・非参加的優先株式　62
３大メガバンク　264
残余財産分配請求権　58

自益権　58
事業譲渡　262
事業報告　226
資金調達　184
自己株式　108, 185
　──と親会社株式の取得制限　92
　──の取得制限　92
自然人　119
質権の設定　98
執行役　170
　──の終任　171
私的整理　267
支配株式　242
資本　31
資本金　228
資本準備金　228
資本剰余金　228
指名委員会　170
指名委員会等設置会社　103, 167
社員権　57
社員現物出資説　245
社員の責任の態様　12
社外監査役　103, 155

社外取締役　103, 119, 163, 182
　──を置くことが相当でない理由　120
社債管理者　213, 214
社債券　209
社債権者集会　213, 215
社債原簿　212
社団性　10
社長　133
従業員持株制度　85
住民訴訟　177
授権資本制度　186
出資の履行　43
出資を仮装した場合　200
取得条項付株式　66
取得請求権付種類株式　65
種類株式　62, 185, 195
種類株式発行会社　61
種類株主総会　114
　──の特殊決議事項　71
　──の特別決議事項　71
　──の普通決議事項　71
準則主義　34
準備金　228
常勤監査役　156
少数株主権　59
譲渡制限株式　64
使用人兼取締役　145
常務　124
常務取締役　134
剰余金　231
剰余金配当請求権　58
剰余金分配　175
職務執行停止　124
職務代行者　124
書面決議　114
書面投票　111
人格合一説　245
新株発行　184
新株予約権原簿　202
新株予約権証券　202

事項索引

新株予約権付社債　208
新株予約権の無償割当て　217
新設合併　244
新設分割　254
信託銀行　112
人的会社　19
信頼の原則　138
信頼の権利　138

ステークホルダー　115
ストック・オプション　147, 199

清算　277
清算事務　279
税理士　160
絶対的記載事項　37
設立時株主　46
設立時代表取締役　45
設立時取締役　45
設立時募集株式　46
設立時役員等　44
設立中の会社　41
設立費用　42
善管注意義務　134
全部取得条項付種類株式　67
専務取締役　134

総会屋対策　111
総額引受け契約　192
総株主の同意　179
相互保有株式　109
相対的記載事項　38
創立総会　47
組織変更　261
損益計算書　225

た　行

第三者割当て　189
貸借対照表　222
退職慰労金　146

退任取締役　124
代表執行役　167, 171
代表社債権者　216
代表取締役　131
代理行使　110
代理人　110
多重代表訴訟　178
妥当性監査　151, 170
単元株制度　73, 108
単元未満株式　108
単元未満株式売渡請求権　74
単独株主権　59
担保付社債　209
担保提供　177

注意義務　134
忠実義務　134
中小企業　160
直接損害　181
直接取引　141

通常清算　278

定款　35
　──による譲渡制限　83
定時株主総会　105
定足数　113
敵対的買収　243
テレビ会議　128
電子投票　112
電話会議　128

同質説　135
特殊決議　113
特定調停　273
　──の申立て　273
特定引受人　189, 204
特に有利な金額　189, 190, 194, 197, 201
独任制　152
特別決議　113

293

特別支配会社　246, 264
特別支配株主　78
特別清算　280
特別取締役　129
匿名組合　4
特例有限会社　13, 102
取締役　118
　——の説明義務　107
　——の任期　120, 150
　——のプライバシー　146
　——の報酬　144
取締役会　124
　——の議事　129
取締役会議事録　130
取締役会規則　125
取締役解任の訴え　123
取締役・監査役選解任権付種類株式　69

な行

内部統制システム　127, 165, 173
内部統制システム構築義務　137

二段階買収　243
任意清算　277
任意的記載事項　39
任務懈怠責任　172

は行

白紙委任状　111
破産原因　281
破産手続開始の申立権者　281
破産手続廃止　282
破産法　281
発行可能株式総数　37, 187, 203
払込取扱（い金融）機関　44, 192, 200
払込みまたは給付の仮装　205
反対株主の株式買取請求　247

非営利企業　1
非業務執行取締役等　180

一株一議決権原則　108
一人一議決権　128, 156
表見代表執行役　172
表見代表取締役　133
費用対効果　137
非流動性ディスカウント　247

副社長　133
複数議決権株式　108
附属明細書　228
不存在確認の訴え　197, 205
普通株式　60
普通決議　113
普通取引約款　142
物的会社　19
不提訴理由書　177
不統一行使　110
不法行為責任　180
振替社債　216

変態設立事項　39

報酬委員会　170
報酬規制　144
法人　101, 118
　——の意義　5
法人格　34
法人格否認の法理　6
法定清算　277
募集株式の発行等　185
募集株式の割当てを受ける権利　58
募集設立　43
発起設立　43
発起人　35

ま行

マネジメント・バイアウト　243

見せ金　49
3つの委員会　169

民事再生手続　271
　——の開始原因　271
民事再生手続開始申立権者　271
民事再生法　271

無額面株式　87
無効の訴え　197, 205
無償発行　205
無償割当て　201

モニタリング・モデル　164, 167

や　行

役員等の損害賠償責任　172

有限会社　102
有限責任事業組合（LLP）　15
友好的買収　243
優先株式　62

ら　行

ライツ・オファリング　217
濫用的買収者　205

利益供与　174
利益準備金　228
利益剰余金　228
利益相反取引規制　140
利益相反取引の特則　173
リスク管理体制　127
リスクテイク　135
利札　213
略式合併　246, 248
臨時株主総会　105
臨時計算書類　221

累積的・非累積的優先株式　62
累積投票　121

劣後株式　62
連結計算書類　221

労働契約承継法　257

わ　行

和議法　266
割当自由の原則　46

会社法概論　　　　　　　　　　　　　　　　《検印省略》

2017年3月31日　第1版第1刷発行
2019年3月20日　第1版第2刷発行

編著者　國　友　順　市

発行者　前　田　　　茂

発行所　嵯　峨　野　書　院

〒615-8045　京都市西京区牛ヶ瀬南ノ口町39　電話(075)391-7686　振替 01020-8-40694

Ⓒ Junichi Kunitomo, 2017　　　　　　　　　　　　　　　　　西濃印刷㈱

ISBN978-4-7823-0566-9

JCOPY ＜出版者著作権管理機構委託出版物＞
本書の無断複製は著作権法上での例外を除き禁じられています。複製される場合は，そのつど事前に，出版者著作権管理機構（電話03-5244-5088, FAX03-5244-5089, e-mail: info@jcopy.or.jp）の許諾を得てください。

◎本書のコピー，スキャン，デジタル化等の無断複製は著作権法上での例外を除き禁じられています。本書を代行業者等の第三者に依頼してスキャンやデジタル化することは，たとえ個人や家庭内の利用でも著作権法違反です。

新 商法入門 ―企業取引と法― 國友順市・西尾幸夫・ 田中裕明　編著	商法を初めて学ぶ人のための教科書として分かりやすく作成。企業の現実の動きを念頭におきながら，通説をベースとして簡潔に解説する。 Ａ５・並製・218頁・定価（本体2350円+税）
ワンステップ法学 國友順市・畑　雅弘　編著	交通事故，契約，決済，家族，労働……私たちの日常生活にひそむ「法」を身近な事例を用いて，平易に解説。これから法学を勉強しようとする学生だけでなく，教養として「法」を学びたい社会人にも「リーガル・マインド（法的ものの考え方）」が身につく１冊。 Ａ５・並製・340頁・定価（本体2650円+税）

嵯峨野書院